Anna DERVOUT

Jacquard

am Stück gestrickt

Techniken & Projekte

stiebner

Einführung

Was ist Jacquard?

Die Jacquardtechnik ist eine von verschiedenen Methoden, um mehrfarbige Einstrickmuster zu arbeiten. Dabei wird in einer Reihe mit mehreren Farben gleichzeitig gearbeitet, was auf den ersten Blick abschreckend wirken kann.

Einstrickmuster werden für Pullover, Mützen, Schals, Fäustlinge, aber auch für verschiedene Accessoires (Kissen, Weihnachtsstrümpfe, Tassenwärmer ...) verwendet. Es gibt eine Fülle von Motiven: waagrecht, senkrecht, geometrische Muster oder auch Einzelmotive (Intarsien).

Technik und Muster gibt es seit vielen Jahren, doch der Stil der Modelle hat sich gewandelt. Die weiten formlosen Pullover der 1990er Jahre sind modern geschnittener Kleidung in schönen Mustern und Farben gewichen.

Tradition des Jacquardstrickens

Die Jacquard-Stricktechnik stammt nicht von einem bestimmten Ort. Man findet sie in verschiedenen Gegenden: Fair Isle, Norwegen, Schweden, Island, die Färöer-Inseln, Estland, Lettland, Litauen oder auch die Anden – jedes Land hat seine eigene Geschichte der Jacquardmuster.

Betrachten wir drei Beispiele aus verschiedenen Ländern: Island, Fair Isle und Norwegen.

Island

Seit etwa 50 Jahren sind die Lopapeysa-Pullover (Lopapeysa = „Wollpullover“) aus der Folklore des Landes nicht mehr wegzudenken, doch die typischen Islandpullover existieren schon viel länger. Die hierfür verwendete Wolle, die sehr warm und wasserabweisend ist, wurde bereits von den Wikingern zum Weben der Segel für ihre Schiffe gebraucht.

Die Wolle der isländischen Schafe gehört zu den wärmsten Wollarten der Welt: Die langen und weichen äußeren Fasern sind sehr strapazierfähig und wasserabweisend, während die dünneren, mohairartigen inneren Fasern ausgezeichnet gegen Kälte schützen.

In den Anfängen wurden die Lopapeysa fast ausschließlich in Weiß, Grau, Hell- oder Dunkelbraun und Schwarz gestrickt, also in den natürlichen Farben der isländischen Schafe. Heute sind hingegen viele verschiedene Farben erhältlich.

Fair-Isle-Stil

Der Fair-Isle-Stil stammt von einer der Shetlandinseln, die nördlich von Schottland zwischen den Orkneyinseln und der Hauptgruppe der Shetlandinseln liegt. Der Begriff Fair Isle Knitting wird heute oft für Jacquardmuster aus der ganzen Welt verwendet. Fair Isle ist jedoch ein ganz eigener Stil, der sich auf der gleichnamigen Insel schon vor langer Zeit entwickelte, als man entdeckte, dass durch Muster mit auf der Rückseite mitgeführten Fäden (Stranded-Technik) ein doppelt dickes Gestrick entstand und man so aus dünnem Garn (Stärke Fingering/Nadelstärke 2,25–3,25) leichte und doch wärmende Kleidung stricken konnte.

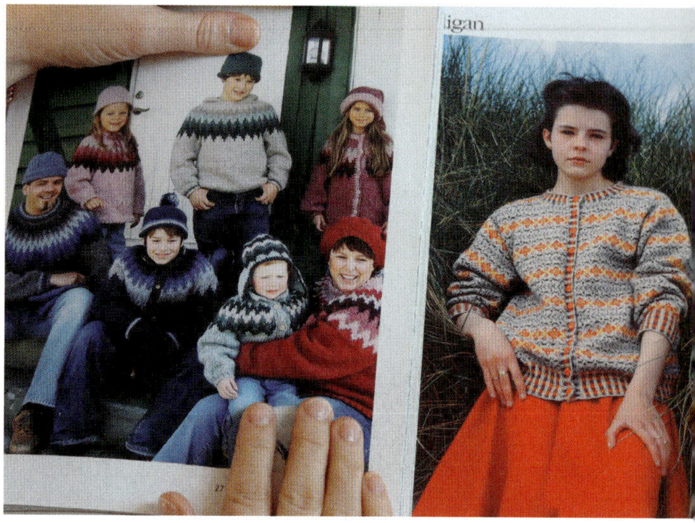

Islandpullover und -jacken (links), Jacke im Fair-Isle-Stil (rechts)

Meist werden für Fair-Isle-Modelle viele verschiedene Farben verwendet (manchmal 15 oder 16), und die Muster erstrecken sich über die gesamte Fläche.

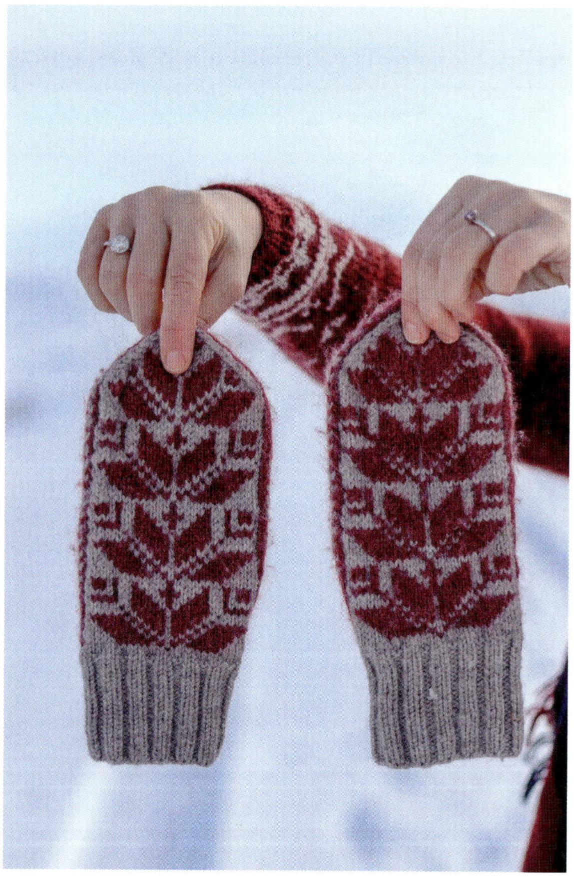

Nordischer Stil am Beispiel Norwegen

Norwegermuster bestehen im Unterschied zu den Fair-Isle-Mustern meist aus nur zwei Farben, einer Grundfarbe und einer Kontrastfarbe, in der Regel Weiß zusammen mit Schwarz, Rot oder Blau.

Die traditionellen nordischen Motive variieren je nach Land, doch meist sind es Sterne, Blumen und geometrische Figuren.

Die berühmten Selbu-Fäustlinge sind zu einem norwegischen Nationalsymbol geworden. Von anderen Fäustlingen unterscheiden sie sich dadurch, dass Handrücken und Handfläche unterschiedliche Motive aufweisen und durch eine senkrechte Linie getrennt werden. Eine weitere Besonderheit: Das Bündchen wird an Damenmodellen anders gearbeitet als an Herrenmodellen.

Modell: Norwegische Fäustlinge für Mimi von Anna Mazzarella

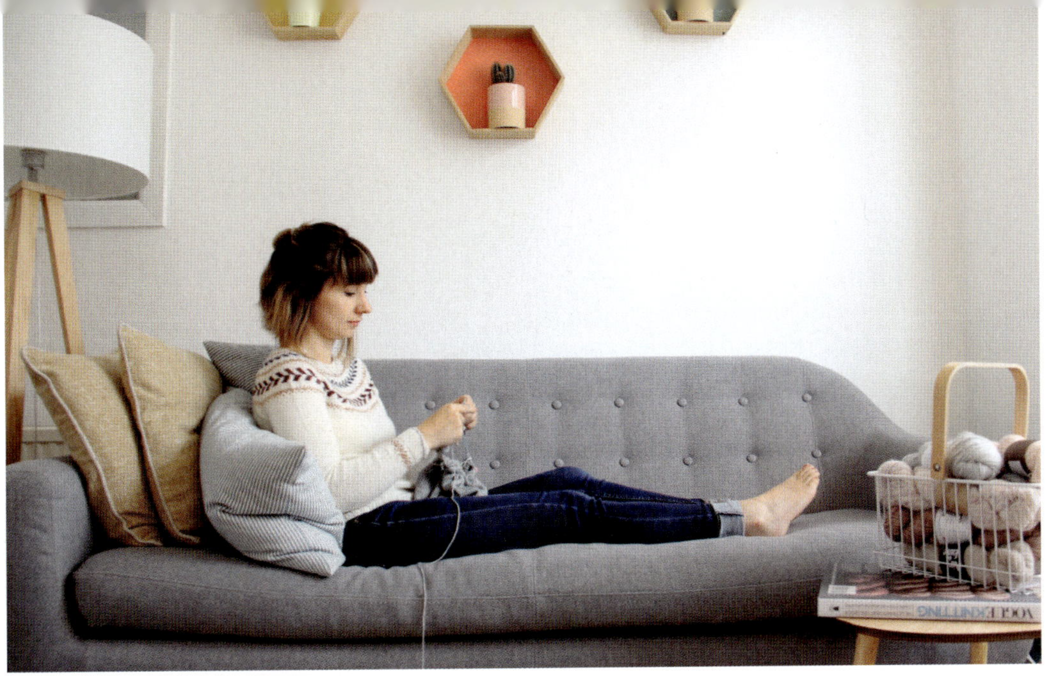

Jacquardstricken: für wen?

Alle, die eine neue Technik ausprobieren oder sich weiterentwickeln möchten, Anfänger und Fortgeschrittene, können sich an Jacquardmustern versuchen. Das Wichtigste ist, dass man mit Begeisterung an die Sache herangeht und sorgfältig ein geeignetes Modell auswählt, das man problemlos bewältigen kann.

In diesem Buch werden die einzelnen Schritte, die für das Rundstricken von Jacquardmustern wichtig sind, genau erläutert, damit Anfänger die Technik leicht erlernen können. Wenn Sie bereits mit der Technik vertraut sind, können Sie ein schwierigeres Modell auswählen.

Wie ich zum Jacquardstricken kam

Soweit ich mich erinnere, war ich schon immer fasziniert von den skandinavischen Ländern und ihren traditionellen Strickmustern. Noch bevor ich stricken konnte, träumte ich davon, eines Tages einen handgestrickten Jacquardpullover zu haben. Mir gefielen alle Stilrichtungen, doch da ich Island besonders reizvoll fand, wollte ich immer gern einen selbstgemachten Lopapeysa besitzen.

Während meiner Schwangerschaft vor einigen Jahren begann ich dann tatsächlich zu stricken und war sofort begeistert von diesem Hobby. Nach einigen rundgestrickten Modellen wollte ich mich an die Jacquardtechnik wagen, um endlich den berühmten Pullover zu bekommen, von dem ich schon so lange träumte – auch wenn ich gehörigen Respekt vor der Technik hatte! Der erste Versuch einer Mütze gelang mir nur mittelmäßig, doch das schreckte mich nicht ab. Ich beschloss, mich an einen Pullover mit Jacquard-Rundpasse zu wagen, das Modell Riddari von Védis Jónsdóttir, einen klassischen Islandpullover. Das hat mir auf Anhieb riesig Spaß gemacht, und seither stricke ich regelmäßig Jacquardmuster für meine Tochter und mich und entwerfe sogar eigene Modelle!

Damit Sie die Technik rundgestrickter Jacquardmuster direkt anwenden können, finden Sie im letzten Teil des Buches mehrere Modellanleitungen: für einen Kinderpullover sowie eine Mütze, zwei Pullover und eine Jacke für Damen.

Die Pullover werden entweder mit Raglanärmeln und Jacquardbordüre am Saum oder mit einer gemusterten Rundpasse gearbeitet.

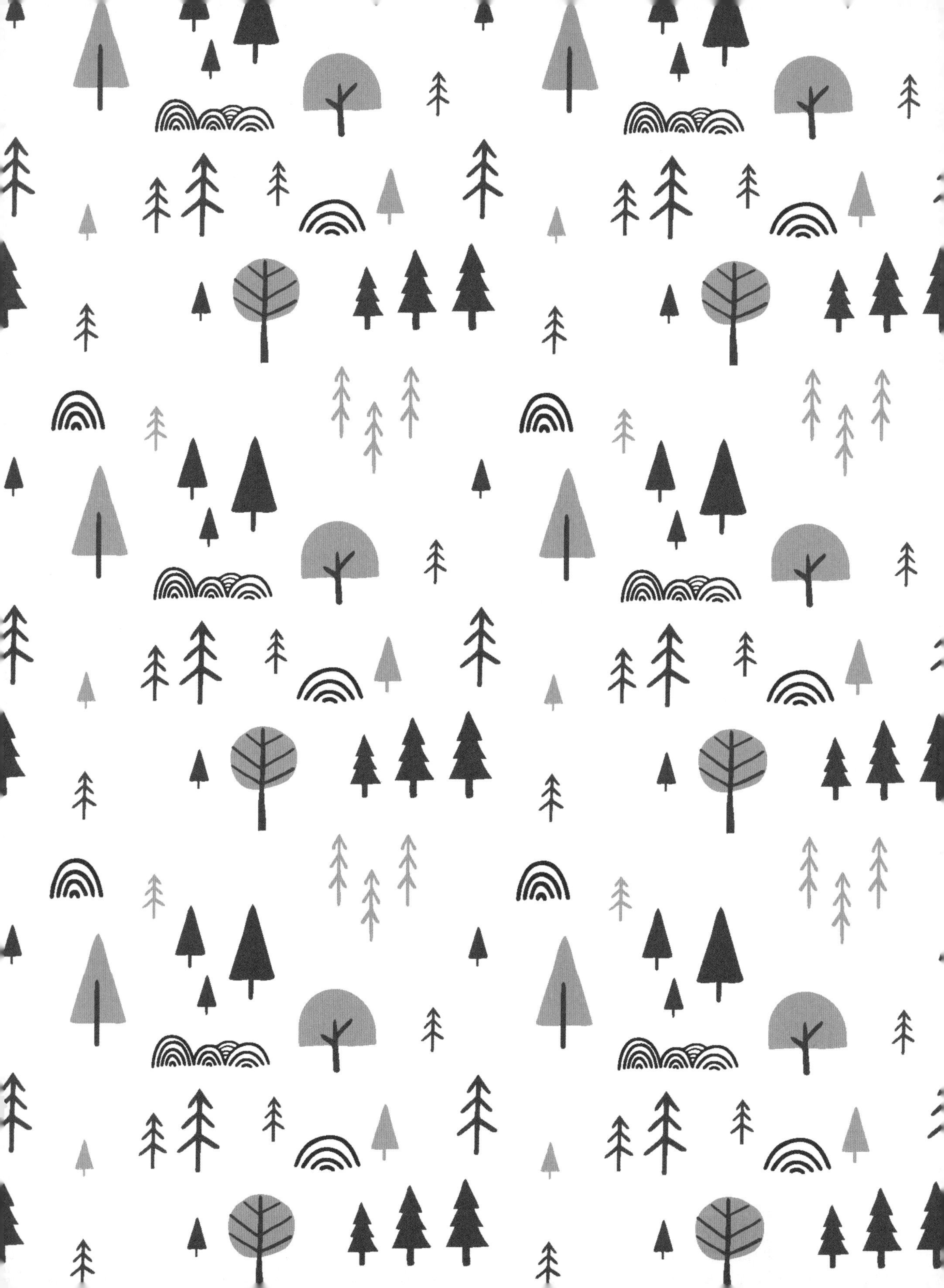

Techniken

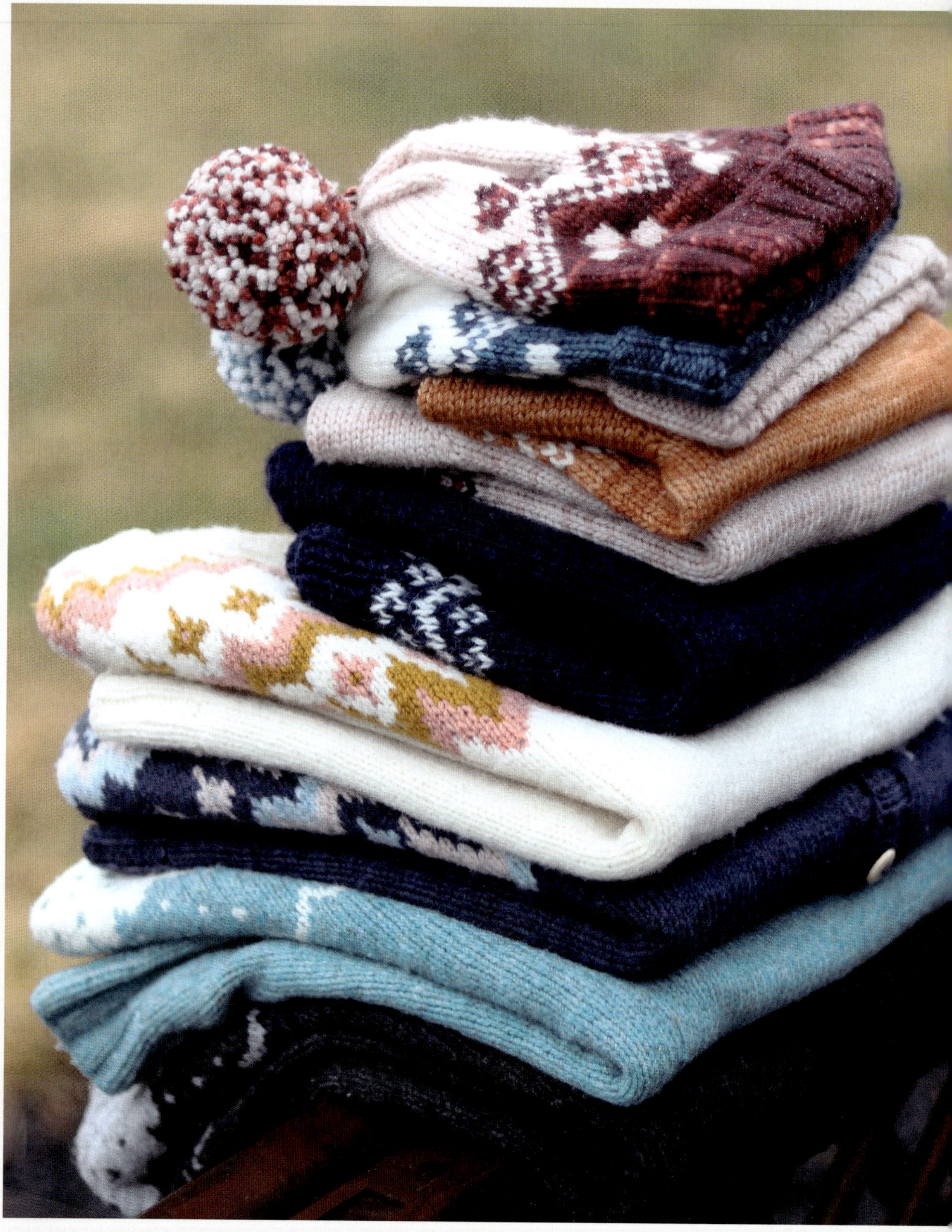

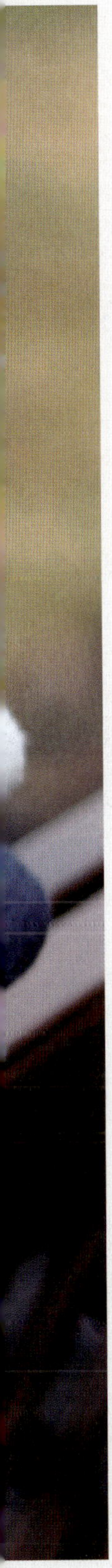

KAPITEL 1

Einstrickmuster: Unterschiede

Umgangssprachlich wird „Jacquard“ häufig für alle Formen des mehrfarbigen Strickens verwendet. Der fachlich korrekte Oberbegriff ist jedoch „Einstrickmuster“. Einstrickmuster können wiederum in Jacquardmuster und Intarsienmotive unterteilt werden. In diesem Kapitel werden die Techniken und ihre Unterschiede genau erläutert.

In Reihen oder rundgestrickt?

Man kann Einstrickmuster auf geraden Stricknadeln oder einer Rundnadel in Hin- und Rückreihen stricken. Vielleicht haben Sie davon schon einmal gehört oder es selbst versucht. Viel einfacher ist es jedoch, die Muster rundzustricken, ganz gleich, ob traditionelle oder moderne Motive.. Worin genau unterscheiden sich diese beiden Methoden?

+ **Einstrickmuster in Hin- und Rückreihen** zu stricken ist die kompliziertere Technik, da man dabei nicht nur in den rechts gestrickten Reihen mit mehreren Fäden in verschiedenen Farben gleichzeitig arbeitet, sondern auch in den links gestrickten. Viele versuchen sich zuerst an Einstrickmustern in Reihen – dabei ist das viel schwieriger! Auch in der Strickschrift müssen hier alle ungeraden Reihen von rechts nach links gelesen werden, alle geraden Reihen jedoch von links nach rechts. In diesem Buch wird ausschließlich die Technik rundgestrickter Einstrickmuster beschrieben.
+ **Einstrickmuster in Runden** zu stricken ist hingegen auch traditionell die gebräuchlichere Technik, die es ermöglicht, ausschließlich auf der rechten Seite der Arbeit zu stricken. Welche Vorteile hat dies? Zum einen ist es einfacher, da man keine links gestrickten Rückreihen arbeiten muss. Und da es einfacher ist, werden die Fadenspannung und damit das Maschenbild schöner und gleichmäßiger. Man muss lediglich beachten, dass für diese Technik stets eine Rundstricknadel (oder ein Nadelspiel) verwendet wird.

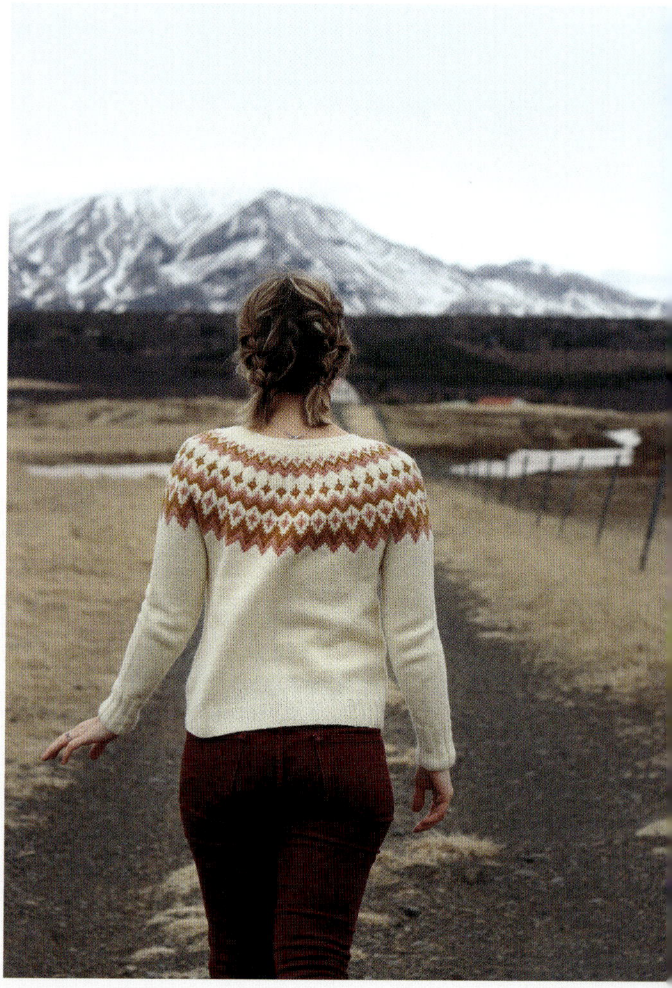

Jacquardtechnik

Die Jacquardtechnik (englisch *stranded knitting* oder *stranded colourwork*) ist in traditionellen und modernen Strickanleitungen gebräuchlich und wird auch für die Modelle in diesem Buch verwendet..

Die Mehrfarbigkeit entsteht durch Wiederholung kleiner Einstrickmuster über die gesamte Arbeit oder einzelne Partien. Die dazu benötigten Fäden werden jeweils entlang der gesamten Reihe oder Runde auf der Rückseite der Arbeit mitgeführt.

Jacquardmuster ist der Oberbegriff für verschiedene Arten mehrfarbiger Einstrickmuster, wie sie traditionell in vielen Ländern gestrickt werden. Dabei ähneln sich die Muster, doch jedes Land hat seinen eigenen Stil.

+ **Der Fair-Isle-Stil**, für den eigene Regeln gelten, nimmt dabei eine Sonderstellung ein – z. B. werden die Muster über die gesamte Fläche von Pullovern oder Jacken (Rumpf und Ärmel) gearbeitet.
+ **Für alle anderen Jacquardstile** gelten weniger strenge Regeln; die Jacquardmuster können beispielsweise auf die Rundpasse (englisch *yoke*) beschränkt bleiben.

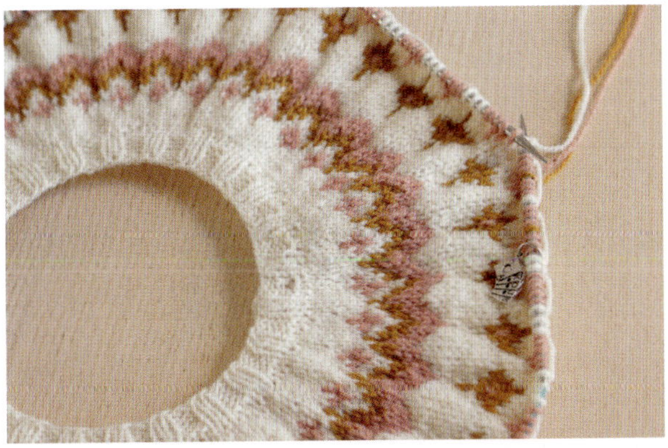

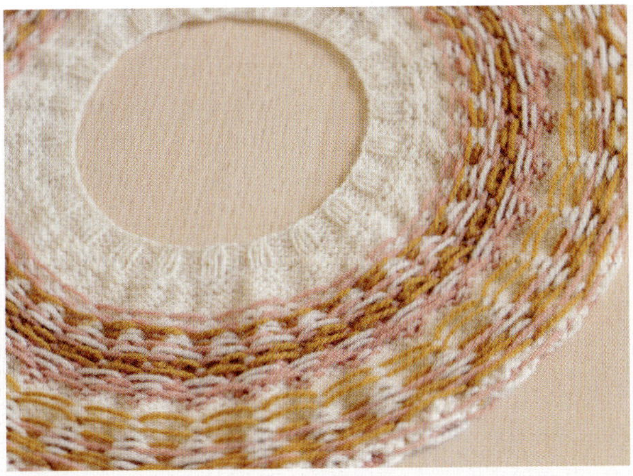

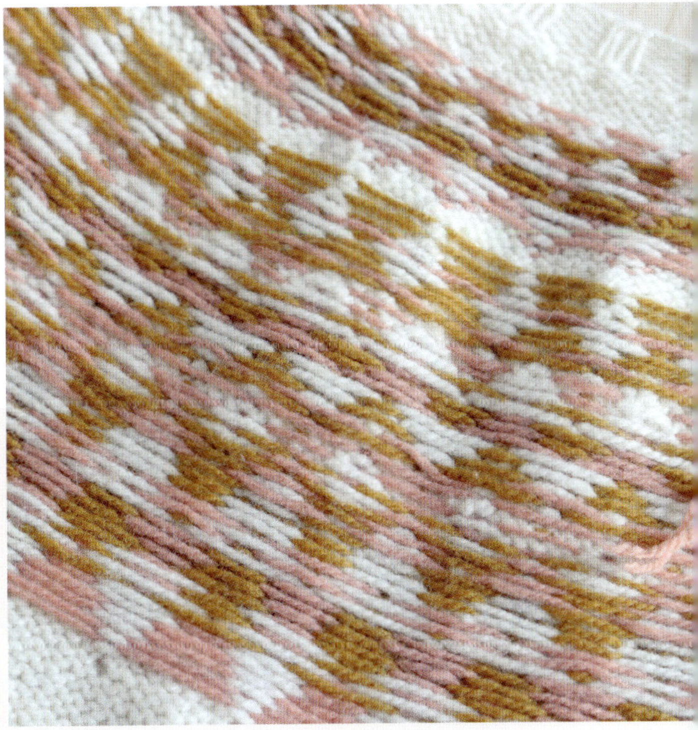

Die Fäden der verschiedenen Farben werden über die gesamte Runde auf der Rückseite mitgeführt.

Nordische und andere Jacquardmuster

Abgesehen vom traditionellen Fair-Isle-Stil gelten bei der Verwendung der Jacquardmuster keine besonderen Regeln. Die meisten modernen Strickanleitungen fallen unter diese Kategorie. Die traditionellen Muster der skandinavischen Länder (Norwegen, Finnland, Schweden) oder der isländischen Lopapeysa sind also Jacquardmuster, unterscheiden sich jedoch vom Fair-Isle-Stil.

Die Motive sind meist größer als Fair-Isle-Motive, sodass zwischen den Maschen einer Farbe mehr als 10 Maschen liegen können. Für eine gute Spannung müssen die Fäden auf der Rückseite daher alle 7 Maschen eingewebt werden, denn nur mit relativ kurzen Spannfäden erhält man ein glattes, gleichmäßiges Maschenbild. Arbeitet man mit Spannfäden über mehr als 7 Maschen, ohne sie durch Kreuzen einzuweben, wird die Arbeit dick und ungleichmäßig und lässt sich auch durch feuchtes Spannen nur schwer glätten.

Die Aspekte Fadenführung und Fadenspannung werden in den Kapiteln 8 und 9 detailliert behandelt.

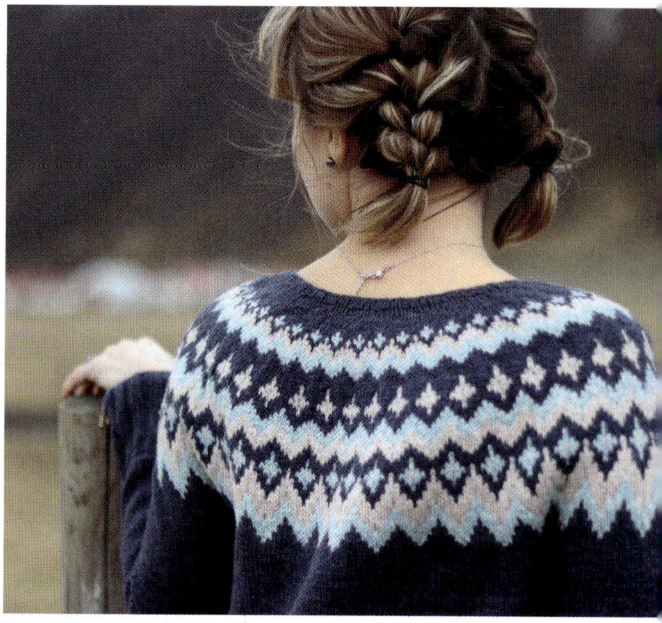

EINWEBEN DER FÄDEN

Zum Einweben der Fäden auf der Rückseite wird die gerade nicht verwendete Farbe regelmäßig mit dem gerade verwendeten Faden überkreuzt, um eine gleichmäßig verteilte Spannung zu erzielen.

Fair-Isle-Stil

Diese Technik stammt von der Insel Fair Isle (siehe S. 6). Ein traditionelles Fair-Isle-Modell muss die folgenden Kriterien erfüllen:

- In einer Runde dürfen nicht mehr als 2 Farben verwendet werden: eine Grundfarbe und eine Kontrastfarbe. Dies hat zugleich praktische und ästhetische Gründe: Das Stricken wird erleichtert und geht schneller – dadurch wird die Fadenspannung verbessert und das Strickbild wird gleichmäßiger.
- Fair-Isle-Strickmuster sind bewusst so konzipiert, dass in einer Runde niemals mehr als 7 aufeinanderfolgende Maschen derselben Farbe vorkommen. Dadurch dass Grund- und Kontrastfarbe stets in kurzen Abständen wechseln, erübrigt sich das Kreuzen der Spannfäden auf der Rückseite der Arbeit.
- Das Motiv muss diagonale Linien enthalten, damit die Spannung der mitgeführten Fäden gleichmäßig über die Arbeit verteilt wird. So wird die Arbeit schön dicht und dennoch gut dehnbar. Senkrechte Linien gilt es hingegen weitestgehend zu vermeiden, da die Arbeit dadurch weniger elastisch wird.
- In der Regel sind die verwendeten Motive symmetrisch und werden über eine ungerade Rundenzahl gearbeitet. Dies ist kein Muss, aber meist wirken die Muster so harmonischer und sind auch leichter zu merken.
- Fair-Isle-Modelle werden traditionell rundgestrickt. Die Öffnungen für die Ärmel, die Rundung des Halsausschnitts und die Vorderteile einer Jacke werden mit der Steek-Technik gearbeitet (siehe Kapitel 10, S. 87).
- Es wird reine Wolle ohne Antifilzausrüstung verwendet (Typ Shetlandwolle).

Intarsientechnik

Die Intarsientechnik ist eine weitere Möglichkeit, Einstrickmuster zu arbeiten. Die Methode eignet sich für einzelne oder mehrere in großem Abstand angeordnete Motive. Dabei werden keine Spannfäden mitgeführt wie bei der Jacquardtechnik, sondern es wird in ein und derselben Reihe mit mehreren Knäueln einer Farbe gearbeitet. So kann man z. B. ein einzelnes Motiv in der Mitte einer Arbeit anbringen.

Für Harry-Potter-Fans: Erinnern Sie sich an die Pullover, die Mrs. Weasley für Ron und Harry gestrickt hat? Um die Initialen in das Vorderteil eines Pullis einzustricken, verwendet man die Intarsientechnik, nicht die Jacquardtechnik.

Diese Technik ist schwieriger als die Jacquardtechnik, vor allem für Anfänger (warum, erfahren Sie in Kapitel 7, siehe S. 59).

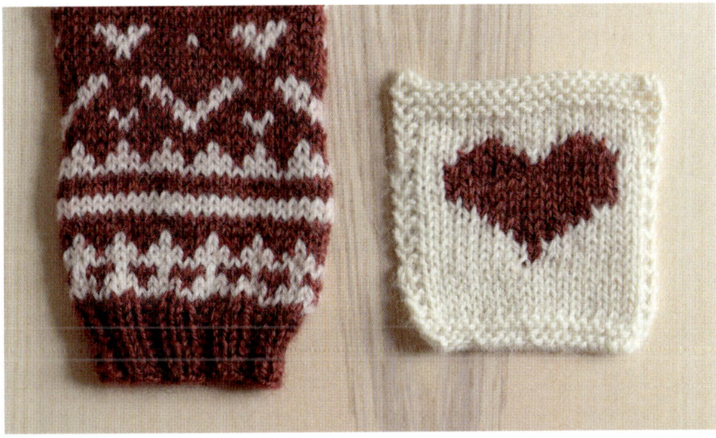

Vorderseite: Das Jacquardmuster wird über die gesamte Reihe wiederholt, das Intarsienmotiv ist dagegen ein Einzelmotiv.

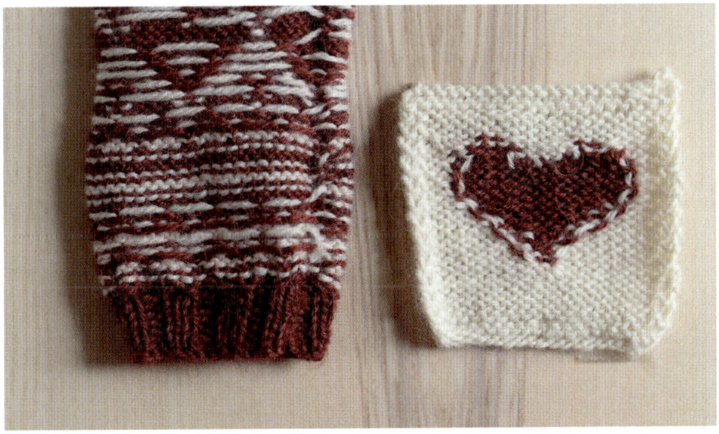

Rückseite: Bei der Jacquardtechnik laufen die Fäden in der gesamten Reihe auf der Rückseite mit, bei der Intarsientechnik nicht. Hier werden mehrere Knäuel derselben Farbe verwendet.

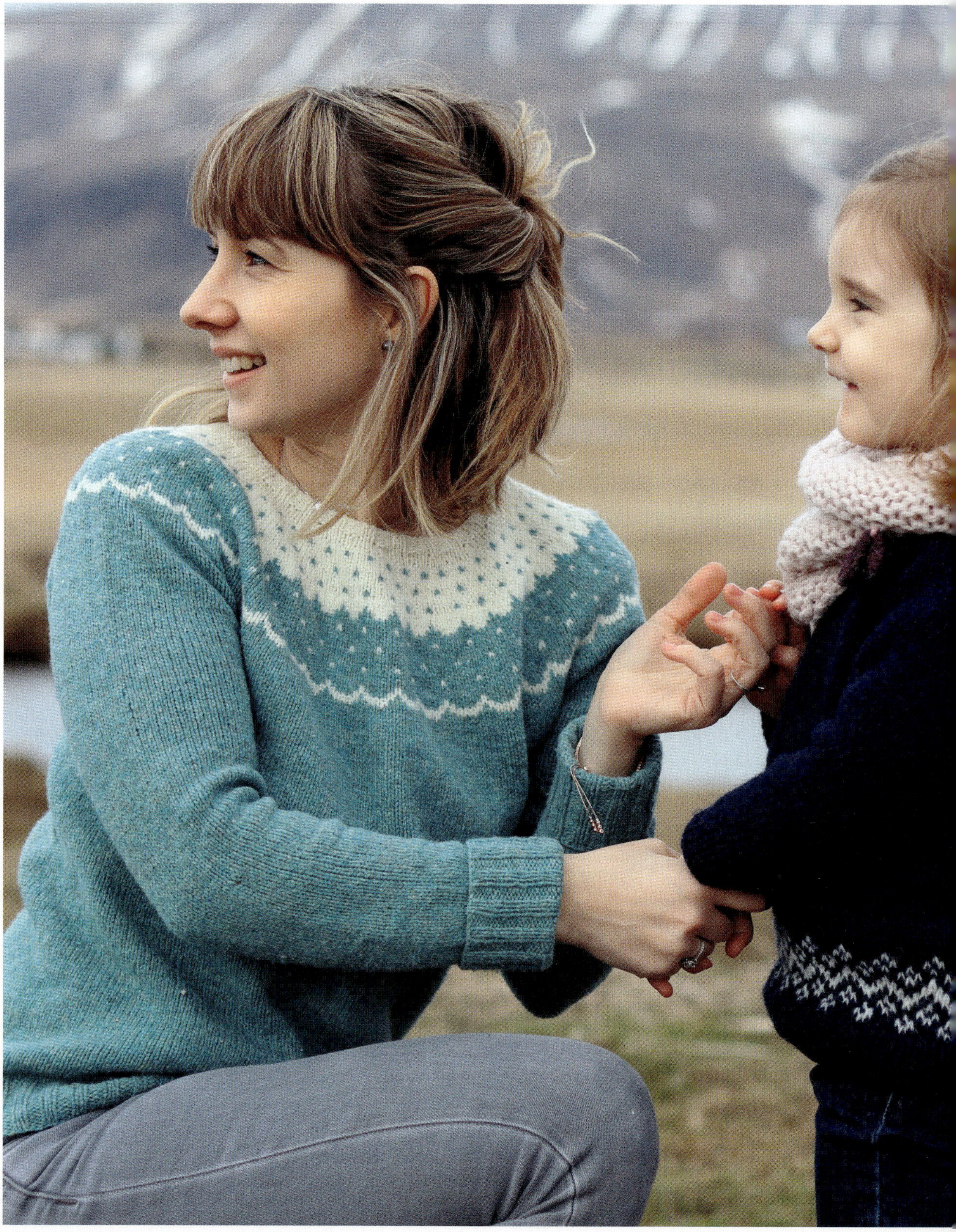

KAPITEL 2

Das richtige Material

Wie für jede Stricktechnik muss man für Jacquardmuster das passende Garn auswählen. Auch bei reiner Wolle sind manche Qualitäten besser geeignet als andere. Daher ist es sinnvoll, sich vor Beginn darüber zu informieren, worauf es bei der Garnauswahl ankommt.

Garnauswahl

Traditionell wird für Jacquardstrick, insbesondere für Fair-Isle-Modelle, reine, nicht chemisch behandelte Schafwolle verwendet (ohne Superwash-Ausrüstung).

Interessanterweise wird je nach Ursprungsland und Art des Jacquards unterschiedlich dicke Wolle verwendet. Auf den Shetlandinseln strickt man z. B. mit naturbelassener Wolle der Shetlandschafe, die sehr fein ist (englische Garnstärke Fingering, Nadeln 2,25–3,25): Für eine Maschenprobe von 10 cm benötigt man etwa 29 Maschen. Da im Fair-Isle-Stil das ganze Modell gemustert gestrickt wird, entsteht aufgrund der doppelten Lage dünner Wolle warme und doch leichte Kleidung.

Die isländischen Lopapeysa werden hingegen oft aus reiner Wolle von Islandschafen gestrickt, z. B. aus der bekannten Léttlopi (Garnstärke Aran, Nadeln 4,5–5). Für eine Maschenprobe von 10 cm werden 18 Maschen benötigt. Da oft nur die Passe gemustert gestrickt wird, verwendet man für die einfarbigen Partien dickere, wärmere Wolle.

Tierische Fasern sind für Einstrickmuster, insbesondere Jacquard, am besten geeignet. Dazu später mehr – zunächst betrachten wir jedoch zwei Arten der Behandlung von Rohwolle, von denen häufig die Rede ist.

Profitipp

Nicht maschinenwaschbare Wollarten sind für Jacquardmuster am besten geeignet, vor allem für Anfänger. Die Maschen rutschen damit nicht so leicht von den Nadeln, und es ist einfacher, die Fäden gleichmäßig zu spannen. Natürlich hängt die Garnauswahl auch vom Modell ab. Für Socken mit Jacquardmuster kann eine Mischung aus Merinowolle (Superwash) und Nylon besser sein, damit die Socken nicht kratzen, maschinenwaschbar sind und länger halten.

- **Streichgarn** *(woolen spun)* ist Wolle, die aus einem kardierten Vlies gesponnen wird. So entsteht ein wolliger Faden mit abstehenden Fasern. Dieses Garn eignet sich für Einstrickmuster am besten, da die Maschen sich miteinander verbinden und ein homogenes, dichtes Gestrick entsteht. Beispiel: die Garne Ulysse oder Gilliatt von De Rerum Natura.
- **Kammgarn** *(worsted spun)* wird hingegen mehrfach mit immer feineren Kämmen gekämmt, sodass die Fasern parallel ausgerichtet werden. Mit Kammgarn gestrickte Motive erscheinen klarer. Es kann für Jacquardmuster verwendet werden, eignet sich jedoch besonders für Zopfmuster. Beispiele: Penelope oder Albertine von De Rerum Natura (beide mit Beimischung von 10 % Seide).

Nun zu den verschiedenen tierischen Fasern, aus denen Strickgarn hergestellt wird.

- **Schafwolle** (naturbelassen) wird für Einstrickmuster am meisten empfohlen. Sie ist dehnbar und dennoch formstabil, warm und strapazierfähig. Sie wird von verschiedenen Schafrassen gewonnen, z. B. Shetland-, Gotland-, Bluefaced Leicester-, Falkland- oder Islandschafen.

Diese Wolle wird in der Regel kardiert, sodass die Fasern nach dem Stricken nicht alle in einer Richtung liegen und ein homogenes Strickbild entsteht. Aufgrund der leichten Tendenz zu verfilzen werden die Zwischenräume der Maschen ausgefüllt. Mit dieser Garnart bleiben die Maschen leichter an ihrem Platz, und es ist einfacher, die Fäden auf der Rückseite gleichmäßig zu spannen.

Diese Art Wolle ist oft rustikal, doch Vorsicht: Rustikal bedeutet nicht unbedingt kratzig! Es gibt in dieser Kategorie kratzigere Garne wie die isländische Lopi, die als eher rau gilt, doch nicht jede rustikale Wolle kratzt. Abgesehen davon reagiert jeder anders auf verschiedene Fasern – daher ist es wichtig, dies an einer Maschenprobe zu testen.

+ **Merinowolle**, die von einer besonderen Schafrasse stammt, ist zweifellos die bekannteste Wolle im Handel. Sie ist sehr weich und strapazierfähig. Oft handelt es sich dabei um Kammgarn, und auch wenn dieses für Jacquardmuster verwendet werden kann, ist das Ergebnis nicht mit dem von Shetlandwolle oder ähnlichem Garn vergleichbar. Strickt man mit gekämmter statt mit kardierter Wolle, gehen die Maschen weniger ineinander über, sodass die Muster schärfere Konturen bekommen. Wenn Sie jedoch weiche Wolle lieben, kann Merino eine gute Wahl für Sie sein.

Hier ist anzumerken, dass es auch kardierte Merinowolle gibt (z. B. Ulysse und Gilliatt von De Rerum Natura). Diese wirkt rustikaler und eignet sich daher sehr gut für Jacquardmuster.

+ **Alpaka** ist eine glatte Faser, die schön fällt. Sie ist nicht so formstabil wie Schafwolle, doch ihr großer Vorteil ist, dass sie wärmer ist als diese.
+ **Mohair, Kaschmir und Angora** sind für Einstrickmuster nicht zu empfehlen.
+ **Wolle mit Superwash-Ausrüstung** ist maschinenwaschbar. In der Regel ist es Merinowolle, deren äußere Schicht durch chemische oder elektronische Behandlung zerstört wird, damit die Wolle beim Waschen nicht verfilzt. Es ist also keine naturbelassene Wolle, doch sie ist im Handel überall erhältlich. Man kann sie für Jacquardmuster verwenden, bei Anwendung der Steek-Technik (Durchschneiden der Strickarbeit) muss man jedoch sehr aufpassen, da die Maschen nicht miteinander verfilzen und sich an der Öffnung leicht aufribbeln können (weitere Details dazu siehe Kapitel 10)

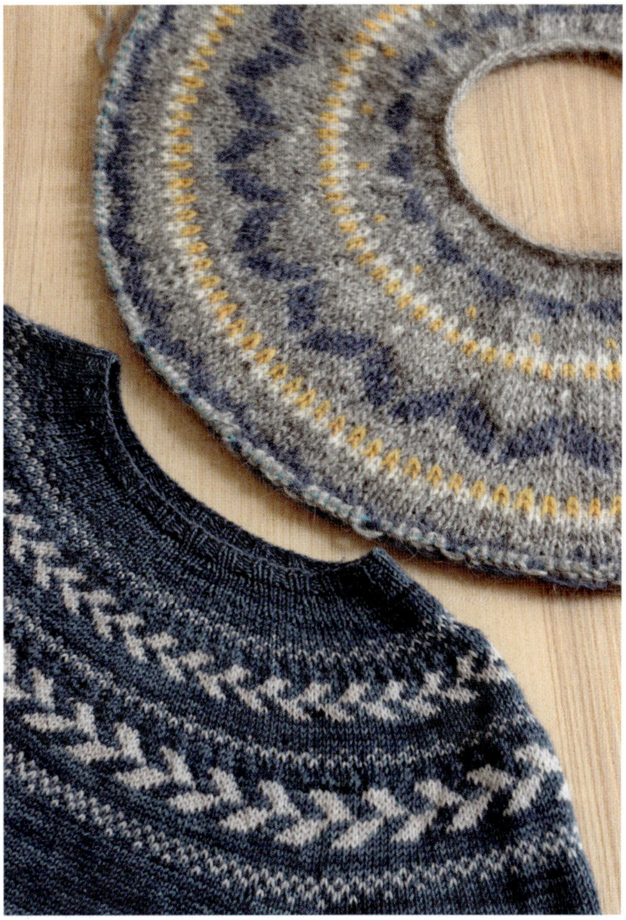

Vergleich von Merino Superwash (links) und naturbelassener Schafwolle ohne Superwash (rechts).

Am linken Pullover sind die Maschen klar voneinander abgegrenzt, am rechten dagegen sind die Übergänge weicher, und das Maschenbild ist homogener.

Seide sowie pflanzliche und synthetische Fasern wie Leinen, Baumwolle und Acryl werden für Einstrickmuster nicht empfohlen. Da sie weniger elastisch sind, ergeben sie kleinere Maschen und eine geringere Spannung. Baumwolle ist relativ schwer und glatt; Einstrickmuster würden damit zu dick und steif. Außerdem ist sie nicht formstabil und neigt zum Ausleiern. Erst durch Waschen würde Ihr Modell seine Form wiedererlangen.

Profitipp

Wählen Sie ein Garn, das in vielen Farben erhältlich ist – so haben Sie zahlreiche Kombinationsmöglichkeiten.

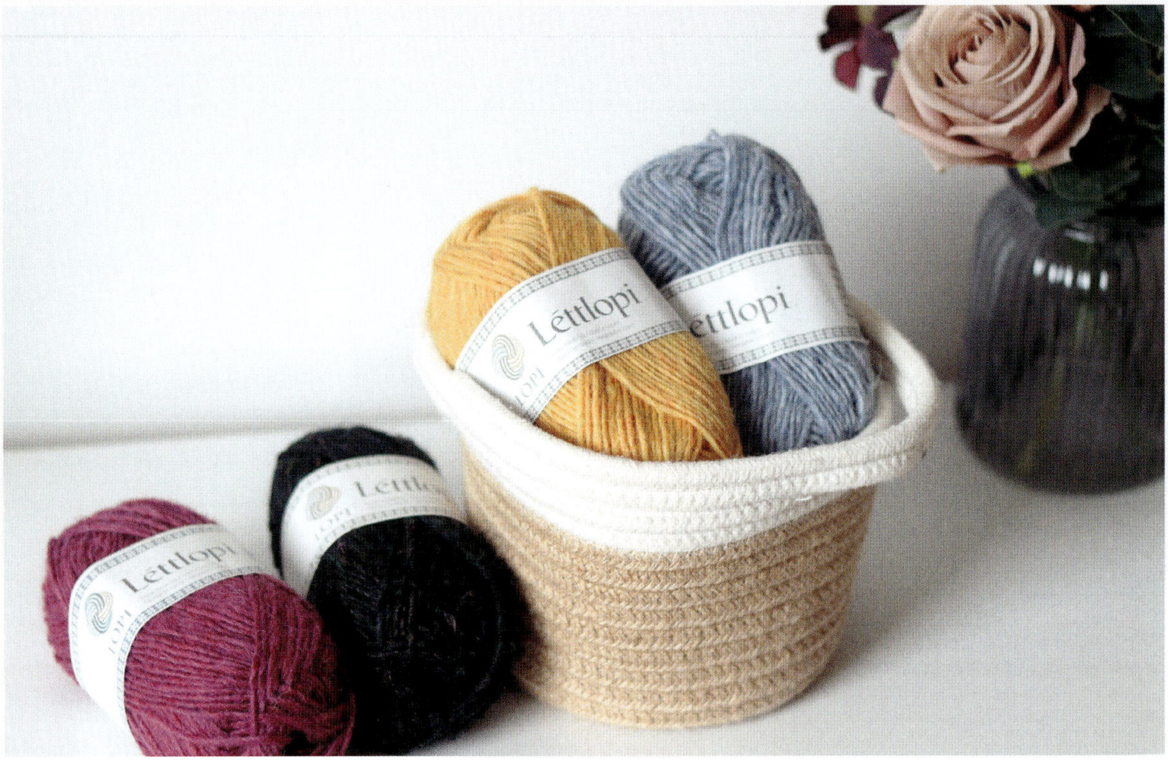

Profitipp

Üben Sie anfangs mit dickerem Garn (Typ *Aran/Worsted*) für warme Winterpullover oder mit mittlerem Garn (*DK* und *Sport*) für leichte Winterpullis und Modelle für die Übergangszeit. Wenn Sie die Technik beherrschen, können Sie sich an dünnem Garn (*Fingering*) versuchen. Extra dickes Garn (*Chunky*) wird für Jacquard nicht empfohlen.

Wie trifft man die richtige Garnauswahl?‘

Am besten testen Sie verschiedene Garne, um herauszufinden, mit welchem Typ Sie am besten zurechtkommen. Mit der Zeit und wachsender Erfahrung lernen Sie, wie die unterschiedlichen Garnarten sich beim Stricken verhalten, sodass Ihnen die Entscheidung je nach gewähltem Modell und Ihren Tragevorlieben leichter fällt.

Zuerst könnten Sie reine, naturbelassene Schafwolle (ohne Superwash) ausprobieren. Sollte Ihnen diese zu rustikal sein, können Sie danach einen Versuch mit Merinowolle machen.

Hinsichtlich der Stärke werden Garne der Typen *Aran-/Worsted* (Maschenprobe 18–22 M auf 10 cm; Nadeln 4,5–5,5), *DK* (20–24 M; Nadeln 3,75–4,5), *Sport* (24–26 M; Nadeln 3,25–3,75) und *Fingering* (26–30 M; Nadeln 2,25–3,25) empfohlen. Mit dickerem Garn (*Chunky, Bulky,* ab Nadelstärke 6) würde der doppellagige Strick viel zu dick; bei sehr dünnem Garn (Lacegarn) wäre es dagegen schwierig, mit mehreren Fäden gleichzeitig zu stricken.

Stricknadeln

Profitipp

Egal, welche Art Stricknadeln Sie auswählen: Verwenden Sie stets die gleichen Nadeln für das gesamte Modell! Wenn Sie den Rumpf mit Metallnadeln stricken, die Ärmel jedoch mit Holznadeln, fallen Strickbild und Spannung höchstwahrscheinlich sehr unterschiedlich aus.

Da Jacquardmuster traditionell rundgestrickt werden, sind Rundstricknadeln natürlich die erste Wahl. Welches Material (Holz, Metall ...) Ihnen am meisten zusagt, müssen Sie ausprobieren.

Stricknadeln aus Holz (Birkenholz) oder Bambus: Auf neuen Nadeln rutscht das Garn nicht so gut, doch mit der Zeit werden die Nadeln glatter. Diese Stricknadeln sind allgemein sehr beliebt.

Stricknadeln aus Metall oder Karbon: Diese Nadeln sind sehr empfehlenswert, vor allem für glattes Garn, Mohair und Dochtgarn (*single yarn*), da die Maschen gut rutschen und der Faden nicht abgenutzt oder beschädigt wird. Seit ich die sehr spitzen Metallstricknadeln entdeckt habe, die bei den englischsprachigen Marken „Sharp" heißen (z. B. von HiyaHiya, in Deutschland erhältlich), möchte ich nicht mehr darauf verzichten! Sie sind eindeutig meine erste Wahl.

Stricknadeln aus Kunststoff: Sie sind weniger rutschig und können daher das Stricken mit Alpaka, Seide und Baumwolle erleichtern. Sie sind auch zu empfehlen, wenn Sie eher locker stricken. Ich persönlich finde, dass die Maschen darauf nicht gut genug rutschen, ganz gleich, mit welchem Garn. Daher verwende ich sie so gut wie nie.

Für das Stricken kleiner Runden (z. B. Ärmel, Fäustlinge oder Socken) gibt es verschiedene Techniken. Welche Nadeln Sie verwenden, hängt von der gewählten Technik ab.

+ Für die Magic-Loop-Technik benötigen Sie eine Rundstricknadel mit einer Seillänge von mindestens 60 bis 80 cm.
+ Wenn Sie die Magic-Loop-Technik nicht mögen, können Sie ein Nadelspiel oder eine Rundstricknadel von 23 oder 30 cm Länge verwenden.

DER MAGIC LOOP

Mit dieser Technik lassen sich auch kleine Maschenzahlen rundstricken. Dazu wird die Maschenzahl halbiert; dann wird stets eine Hälfte gestrickt, während die andere Hälfte auf dem Seil der Rundnadel ruht.

Gut zu wissen

Wenn Sie für Ihr Modell Runden von kleinem Umfang stricken müssen (z. B. Ärmel, Fäustlinge), ist die Magic-Loop-Technik vielleicht etwas knifflig. Es kann schwierig sein, im Moment des Wechsels von einer Maschenpartie zur anderen eine gleichmäßige Fadenspannung zu halten. Verwenden Sie daher besser ein Nadelspiel oder eine kleine Rundstricknadel.

Es gibt allerdings verschiedene Methoden, um auch mit der Magic-Loop-Technik eine gleichmäßige Fadenspannung zu erzielen; diese werden in Kapitel 9 erläutert.

Hilfsmittel zum Stricken

Zum Stricken von Jacquardmustern gibt es verschiedene Hilfsmittel, die für die einen ganz nützlich, für die anderen unverzichtbar sind.

+ Lineal oder Strickmaß zum Abmessen der Maschenprobe
+ Maschenmarkierer zur Orientierung im Muster und bei den Zu-/Abnahmen sowie zur Markierung des Rundenbeginns
+ Reihenzähler (optional)
+ Maschenhalter
+ Strickfingerhut zur einfacheren Fadenführung, vor allem wenn mit 3 Fäden gleichzeitig gestrickt wird. Es gibt zwei Ausführungen von Strickfingerhüten: aus Kunststoff oder aus Metall (z. B. von Prym).
+ Wollnadel zum Vernähen der Fäden vor oder nach dem Spannen der Arbeit.

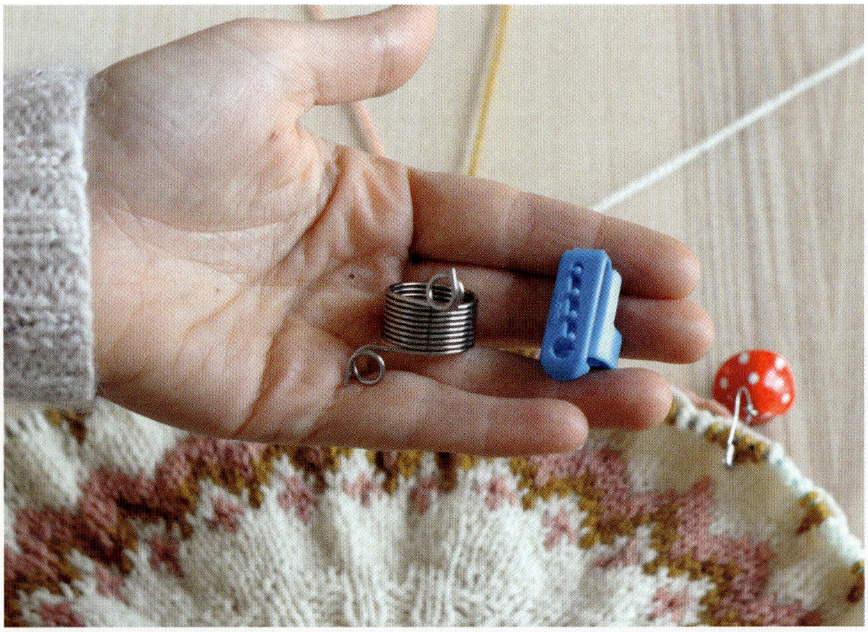

Zwei Strickfingerhüte

Hilfsmittel zum Spannen

Das Spannen eines Strickstücks ist vor allem bei Jacquardmustern wichtig: Dadurch wird die Arbeit geglättet, auf die gewünschte Größe gebracht, und das Muster kommt richtig zur Geltung. Folgende Hilfsmittel sind zu empfehlen:

+ **Wollwaschmittel:** Zum Spannen/Waschen von Strickarbeiten es gibt zwei Arten von Waschmitteln: handelsübliche Wollwaschmittel, wie sie z. B. im Supermarkt erhältlich sind (Typ „Woolite®"). Diese müssen jedoch ausgewaschen werden. Es gibt auch Waschmittel, die nicht ausgewaschen werden müssen, aber teurer sind (z. B. Eucalan, Soak). Diese findet man in Wollgeschäften oder im Internet.
+ **Spannmatten:** Darauf steckt man die gespannte Strickarbeit flach fest und lässt sie trocknen. Spezielle Spannmatten sind recht teuer. Eine gute Alternative sind Schaumstoff-Spielmatten für Kinder oder auch Yogamatten.
+ **Stecknadeln und/oder Kammnadeln zum Spannen:** Damit wird das in Form und auf die richtigen Maße gespannte Strickstück auf der Matte befestigt.

Profitipp

Zum Spannen verwende ich in der Regel ein Wollwaschmittel, das nicht ausgespült werden muss, zur späteren Reinigung jedoch eines, das ausgewaschen wird.

Profitipp

Lange Zeit habe ich zum Spannen Stecknadeln verwendet. Vor einiger Zeit habe ich mir dafür Kammnadeln gekauft und bin begeistert! Damit funktioniert das Spannen ausgezeichnet und ist viel einfacher.

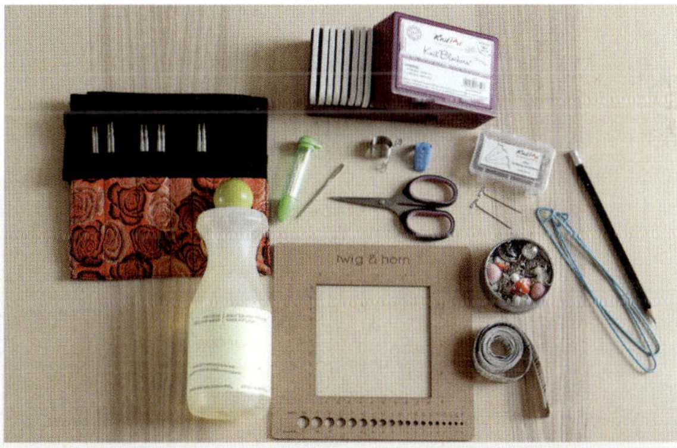

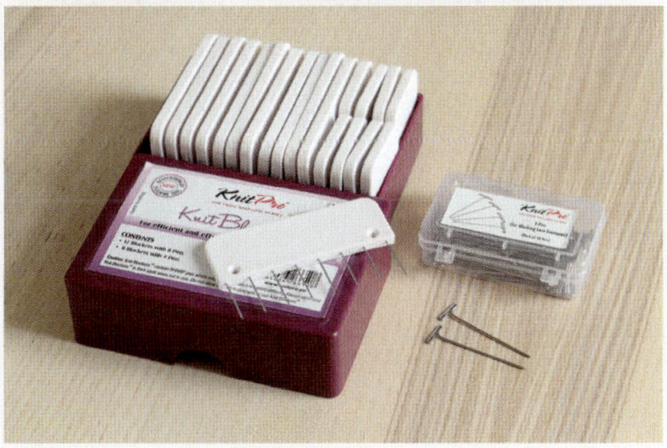

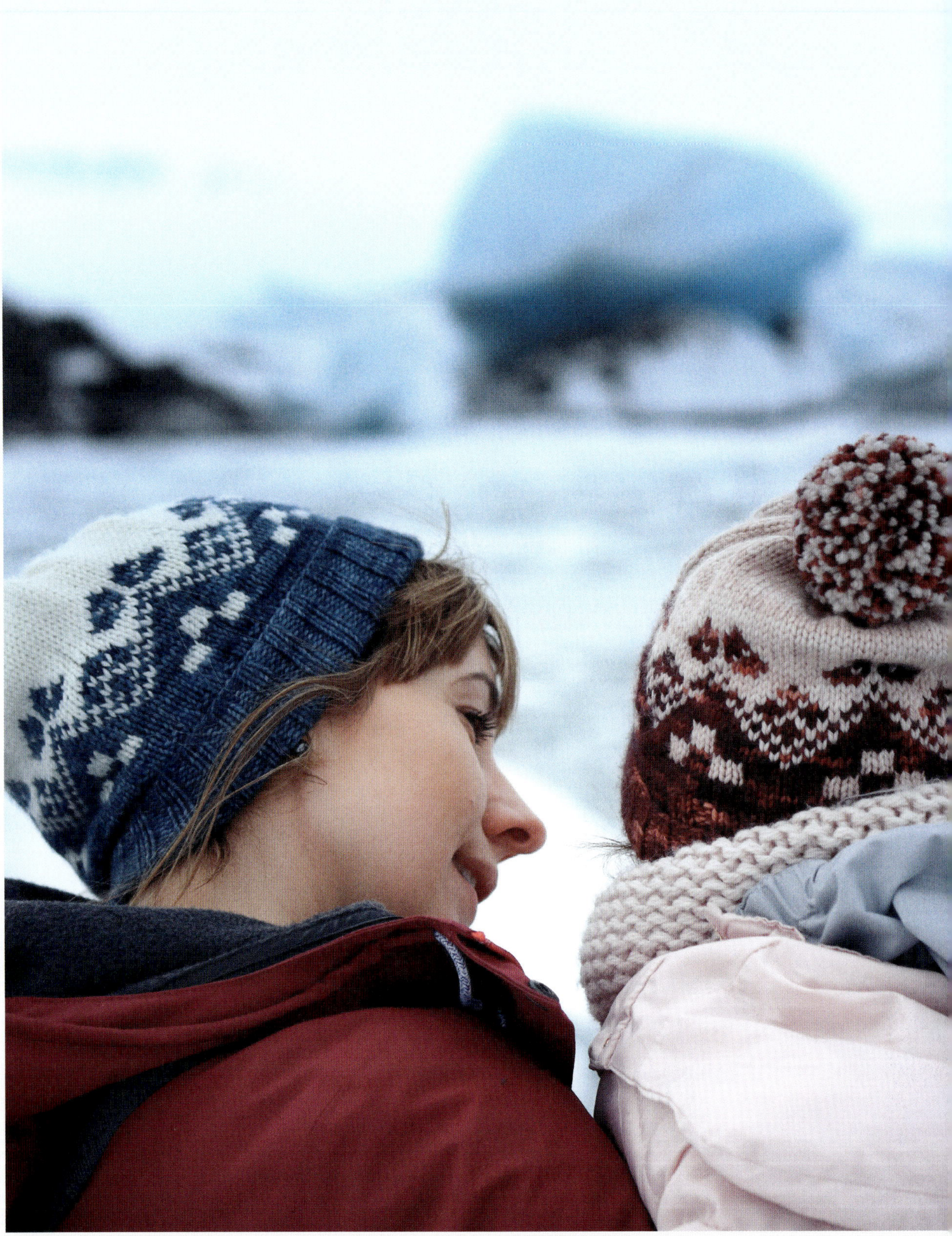

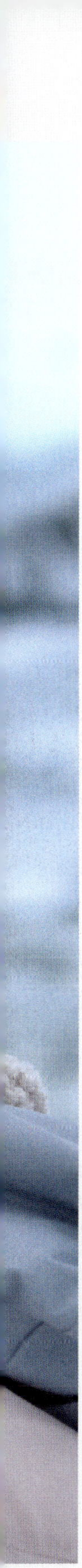

KAPITEL 3

Strickschriften lesen

Wenn Sie eine Anleitung für ein Modell mit Einstrickmuster betrachten, finden Sie vielleicht als Erstes die Strickschrift abschreckend, nach der Sie sich zur korrekten Farbverteilung richten müssen. Im folgenden Kapitel wird daher genau erklärt, wie man eine solche Strickschrift liest.

Jacquardmuster werden in Strickanleitungen nahezu ausschließlich in Form einer solchen Strickschrift mit Kästchenraster dargestellt. So kann man gut sehen, wie das fertige Muster aussieht, denn die Strickschrift entspricht exakt dem Motiv, das gestrickt werden soll.

Leserichtung einer Strickschrift

Je nach Motiv können die Strickschriften mehr oder weniger kompliziert sein, doch die Regeln bleiben immer dieselben.

+ Eine Strickschrift wird stets ab der rechten unteren Ecke gelesen und stets von unten nach oben.
    - Wenn rechts ungerade und links gerade Zahlen stehen, bedeutet dies, dass in Hin- und Rückreihen gestrickt wird. Für die ungeraden Reihen wird die Strickschrift dann von rechts nach links gelesen, für die geraden Reihen von links nach rechts.
    - Wenn die Zahlen nur rechts stehen, wird in Runden gestrickt. Dabei wird die Strickschrift für jede Runde von rechts nach links gelesen.
+ Jede Kästchenreihe entspricht einer Reihe/Runde und jedes Kästchen einer Masche.

☐ GF (Grundfarbe)

■ KF (Kontrastfarbe)

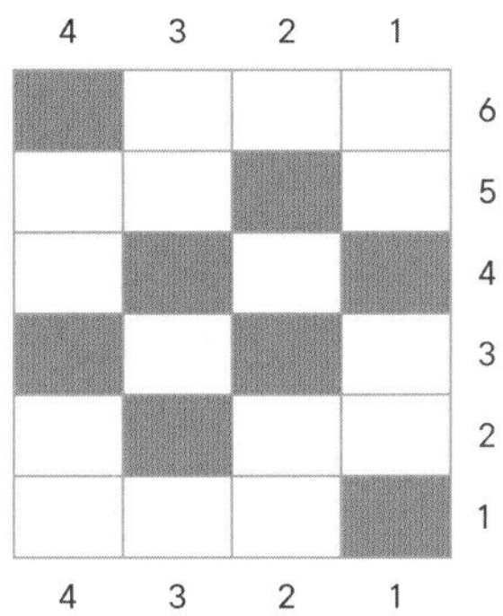

Rundgestrickt

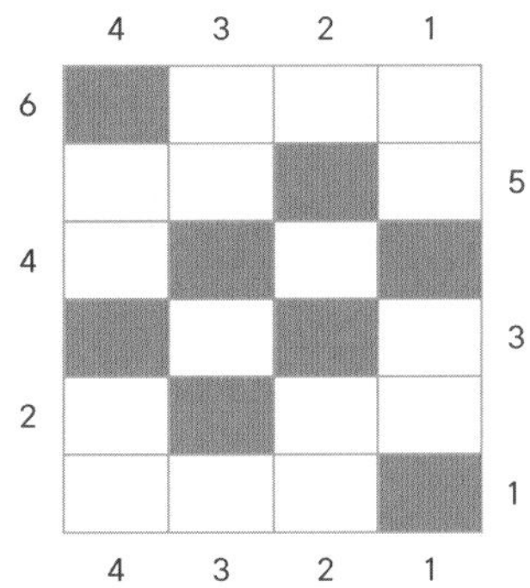

Hin- und Rückreihen

ANMERKUNG

Jacquardmuster, ob traditionell oder modern, werden in der Regel rundgestrickt, was man an der Strickschrift sofort erkennen kann. Da es schwieriger ist, Jacquard in Hin- und Rückreihen zu stricken, sind entsprechende Anleitungen seltener.

Sie sehen, dass die Strickschrift für beide Methoden identisch ist, doch je nachdem, ob in Reihen oder in Runden gestrickt wird, ändert sich die Leseweise.

In einer Jacquard-Strickschrift wird ein Motiv bzw. Mustersatz in der Regel nur einmal dargestellt (hier über 4 Maschen), also nicht die gesamte Maschenzahl einer Reihe abgebildet. Das bedeutet, dass der Mustersatz – der so genannte Rapport – so oft wiederholt werden muss, wie in der Anleitung angegeben.

Farben in einer Strickschrift erkennen

Betrachten Sie die Strickschrift zunächst genau und notieren Sie daneben die Farben, die Sie verwenden möchten. In der unten abgebildeten Strickschrift stellt das weiße Kästchen GF die Grundfarbe dar, das Kästchen KF1 die 1. Kontrastfarbe. In der 1. Runde wird also zuerst eine Masche in Rosa (KF1) gestrickt, dann folgen 3 Maschen in Weiß (GF).

In der Regel sind die Farben der Strickschrift identisch mit den tatsächlich verwendeten Garnfarben in der Abbildung des entsprechenden Modells. Manchmal werden die einzelnen Farben in der Strickschrift jedoch auch durch verschiedene Grautöne dargestellt. Dann entspricht jeder Grauton einer Farbe, und es wird in der Legende angegeben, welcher Grauton welche Farbe darstellt. Was man bei der Auswahl der Farben beachten sollte, wird in Kapitel 5 erläutert.

GF
KF1

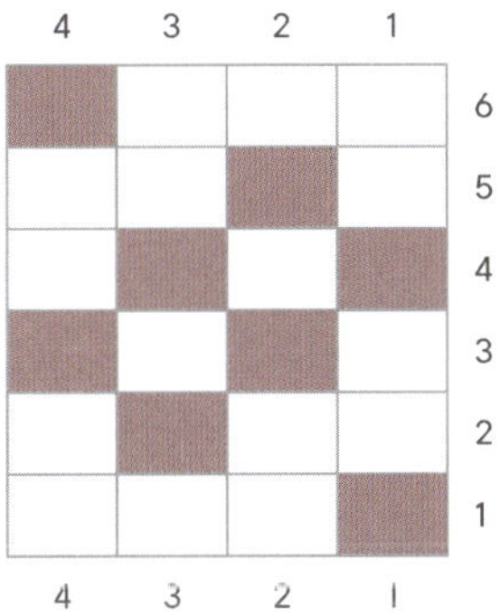

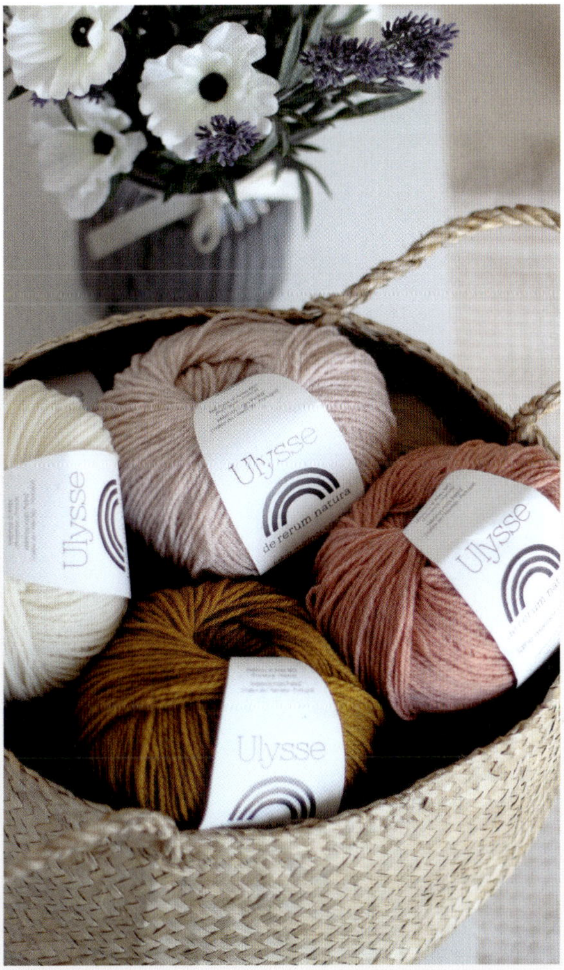

ANMERKUNG

Die Zeichenerklärung befindet sich entweder direkt neben der Strickschrift oder bei den Abkürzungen auf der letzten Seite von Anleitungen, Büchern oder Strickheften.

Zunehmen und Abnehmen von Maschen

Wenn die Maschenzahl eines Modells im Bereich des Musters nicht von Anfang bis Ende gleich bleibt, werden die Zunahmen und/oder Abnahmen in der Strickschrift angegeben. Für eine von unten (ab Stirnhöhe) nach oben gestrickte Mütze werden beispielsweise Abnahmen angezeigt.

Umgekehrt werden für einen von oben nach unten (vom Halsausschnitt zum Rumpf) gestrickten Pullover an ganz bestimmten markierten Stellen Maschen zugenommen.

Die Zu- oder Abnahmen, die außerhalb des Jacquardmusters vorgenommen werden, kommen nicht in der Strickschrift vor, sondern in der übrigen Modellanleitung.

Beispiel: Unten abgebildet ist der Anfang einer Strickschrift mit Jacquardmuster für einen **von oben nach unten** gestrickten Pullover. Zu Beginn wird eine bestimmte Maschenzahl für den Halsausschnitt gestrickt; dann werden gleichmäßig Maschen zugenommen, um die nötige Weite für die Schultern zu erhalten. Die Strickschrift wird von unten nach oben gelesen, stets von rechts nach links (zum Stricken in Runden).

In der 1. und 2. Runde sind zahlreiche Maschen noch gar nicht vorhanden: Sie werden durch graue Kästchen („Keine Masche") dargestellt. Es werden nur die 5 Maschen in der Grundfarbe gestrickt und bis zum Rundenende fortlaufend wiederholt (die gesamte Runde wird also in der Grundfarbe gearbeitet).

In der 3. Runde gibt es ein Zunahme-Kästchen. Die Strickschrift liest sich wie folgt: 2 Maschen stricken (die beiden ersten weißen Kästchen), 1 Masche zunehmen (Kästchen Z), 3 Maschen stricken (weiße Kästchen). Dieser Rapport wird bis zum Rundenende wiederholt.

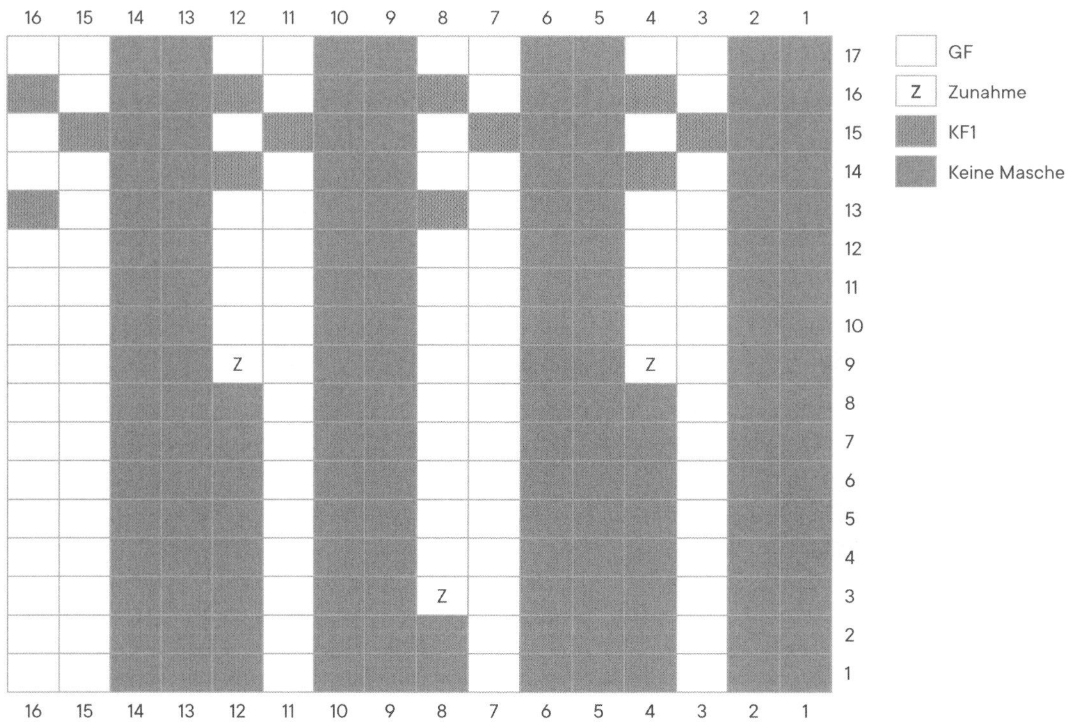

In der 4. Runde ist in Höhe der in der Vorrunde zugenommenen Masche ein graues Kästchen verschwunden.

Nach demselben Prinzip verändert sich die Strickschrift, wenn die Maschenzahl verringert wird.

Im entsprechenden zweiten Beispiel beginnt man wie immer in der rechten unteren Ecke; dann beginnt sehr bald das Jacquardmuster, das im Schulterbereich gearbeitet wird.

Hier kommen laut Zeichenerklärung die Kästchen „2 M re zus“ und „abh abh re verschr zus“ vor – dies sind zwei Arten der Maschenabnahme.

In der 11. Runde wird z. B. 1 Masche abgenommen, dann werden in der Grundfarbe 1 Masche, 2 Maschenabnahmen nacheinander, 3 Maschen und eine letzte Maschenabnahme gestrickt. Die 4 aufgrund der Abnahmen verschwundenen Maschen werden in der Folgerunde durch graue Kästchen dargestellt.

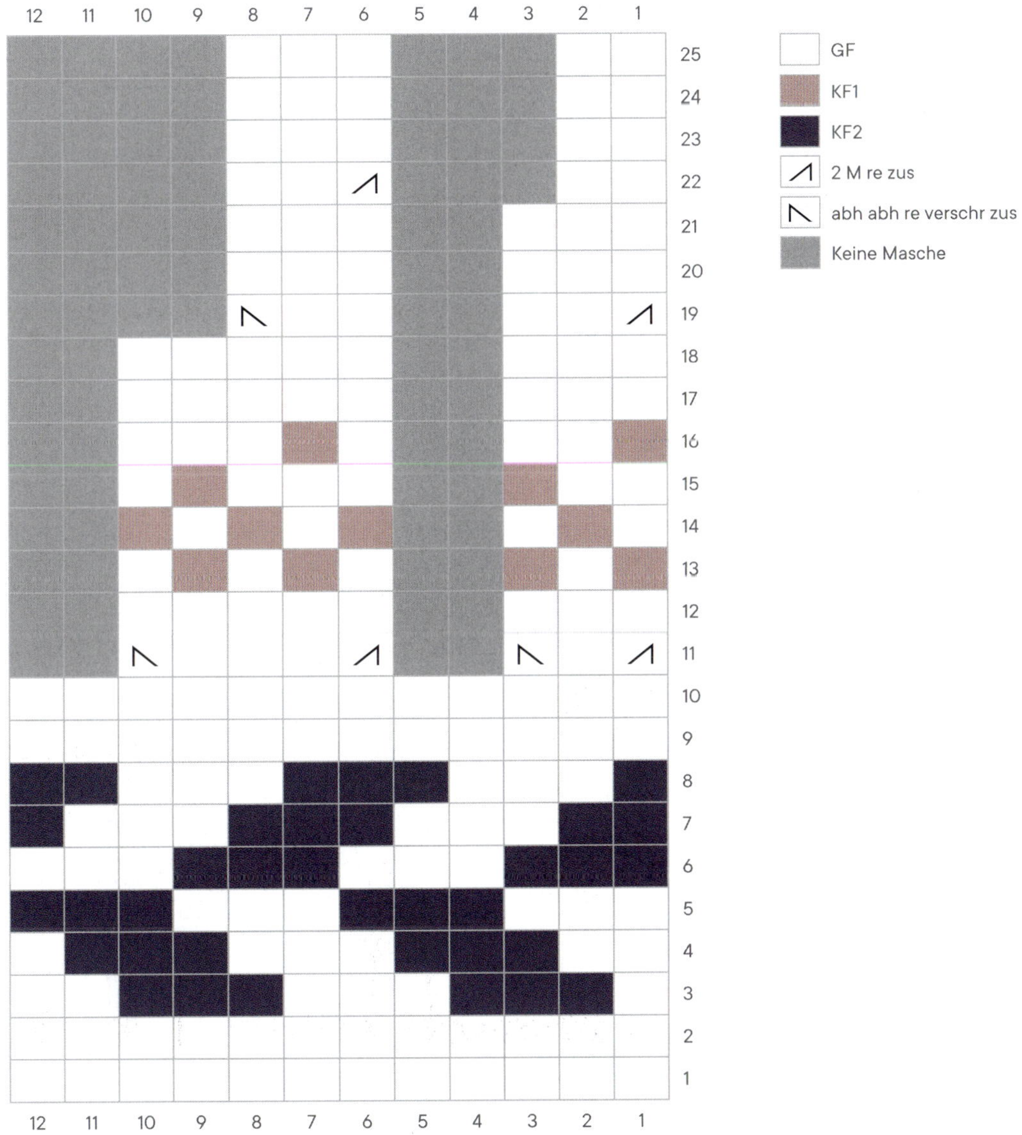

Je nach Anleitung und verwendeter Software können die Strickschriften etwas unterschiedlich aussehen, doch das Prinzip ist stets das gleiche.

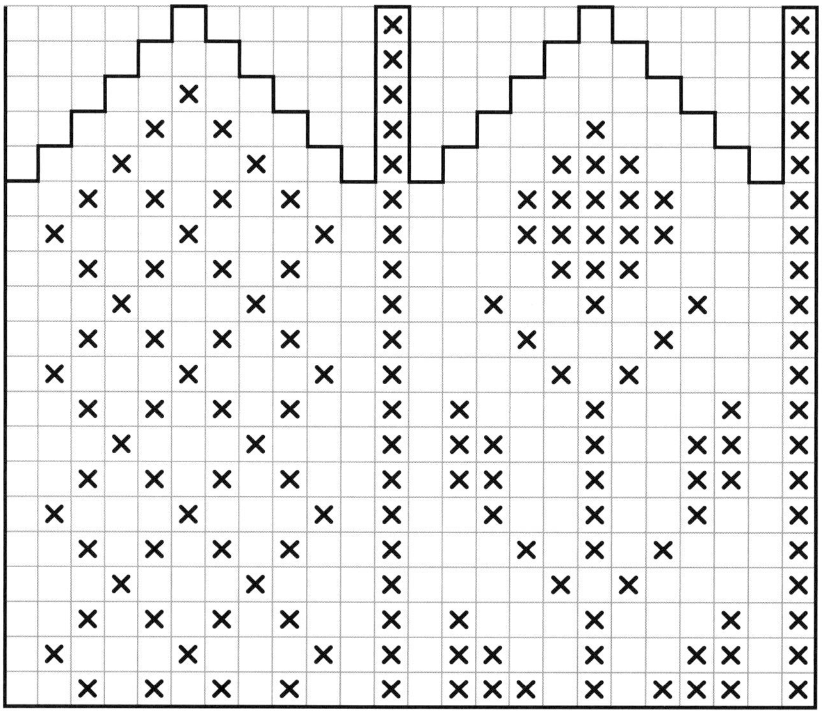

Oben ist die Strickschrift für den Daumen eines traditionellen norwegischen Handschuhs abgebildet. Wie Sie sehen, sind die Runden nicht nummeriert, die Kontrastfarbe wird durch Kreuze statt durch farbige Kästchen dargestellt, und es kommen keine grauen Kästchen („Keine Masche“) vor – stattdessen gibt es eine schwarze Linie, welche die Form der Arbeit andeutet und zeigt, wo Maschen abgenommen werden.

Das Grundprinzip ist jedoch das gleiche wie bei einer detaillierter ausgearbeiteten Strickschrift, wie wir am abgebildeten Beispiel sehen werden.

In der 1. bis 15. Runde (stets von unten nach oben und von rechts nach links gelesen) wird einfach gerade hochgestrickt, dabei lediglich zwischen der Grundfarbe (weiße Kästchen) und der Kontrastfarbe (Kästchen mit Kreuz) gewechselt. Die Maschenzahl beträgt in allen 15 Runden 24.

In der 16. Runde wird mit dem Abnehmen von Maschen begonnen, um dem Daumen seine abgerundete Form zu geben. Dabei geht man wie folgt vor: 1 Masche stricken, 1 Masche abnehmen (1 weißes Kästchen verschwindet), 7 Maschen stricken, 1 Masche abnehmen, 1 Masche stricken, 1 Masche abnehmen, 7 Maschen stricken, 1 Masche abnehmen. So werden in der Runde 4 Maschen abgenommen; die Gesamtzahl der Maschen beträgt nur noch 20 statt 24.

Die folgenden Runden werden nach demselben Prinzip gearbeitet.

Nach der 20. und letzten Runde verbleiben nur noch 4 Maschen auf der Nadel..

Den Überblick über die Strickschrift behalten

Die Farbwechsel in der Strickschrift zu beachten, entsprechend die Fäden zu wechseln und dabei auch noch auf die Fadenspannung zu achten, ist nicht immer ganz einfach. Daher gebe ich Ihnen hier einige Tipps, wie man das Lesen einer Strickschrift vereinfachen kann. Suchen Sie sich aus, womit Sie am besten zurechtkommen!

Vor Beginn

+ Wenn Ihnen die Kästchen in Ihrer Anleitung zu klein sind, **vergrößern Sie die Strickschrift** mit einem Fotokopierer, und zwar am besten so groß, dass Sie sie gut lesen können, wenn sie z. B. neben Ihnen auf dem Tisch oder auf dem Sofa liegt. So können Sie bequem stricken und müssen nicht ständig die Strickschrift zur Hand nehmen, um das Muster genau zu erkennen und sich nicht in der Runde zu irren.
+ Wenn die Farben, die Sie verwenden, stark von den Farben der Anleitung abweichen, **kopieren Sie die Anleitung in Schwarz-Weiß und kolorieren Sie die Kästchen mit „Ihren" Farben**. So riskieren Sie weniger Fehler.
+ Wenn Ihre Strickschrift groß ist, **zeichnen Sie darauf alle 10 Maschen eine senkrechte Linie ein. Es ist einfacher, Abschnitte von 10 Maschen zu stricken** als längere Maschenfolgen.
+ **Setzen Sie nach jedem Abschnitt (einem längeren Rapport oder mehreren kürzeren Rapporten) einen Maschenmarkierer**. So können Sie z. B. durch Vergleich mit dem vorigen Abschnitt regelmäßig kontrollieren, ob Ihnen kein Fehler unterlaufen ist.

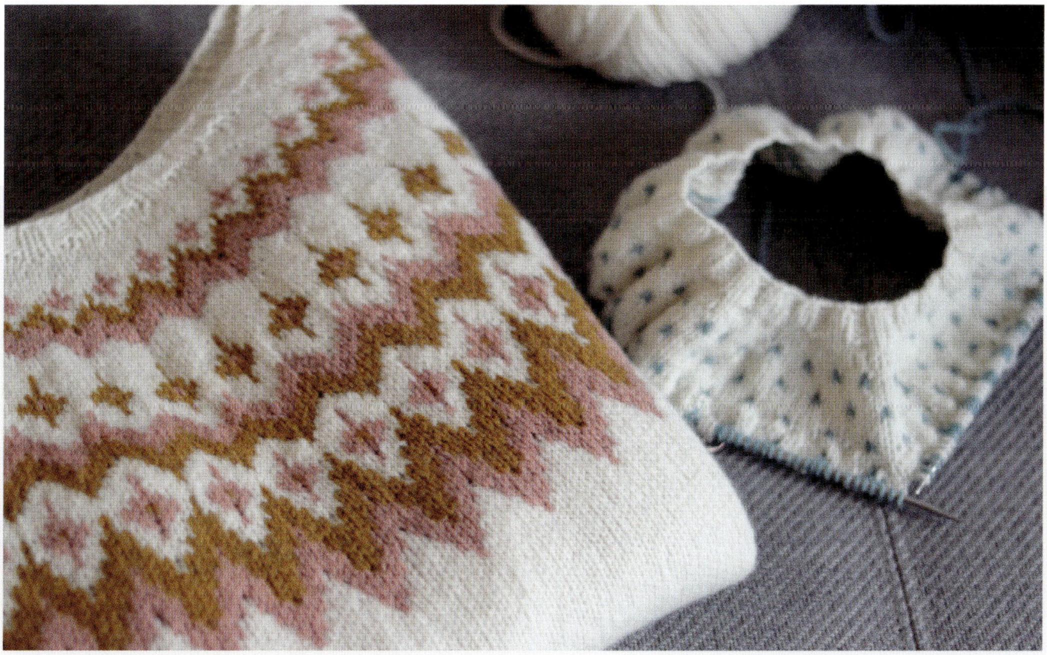

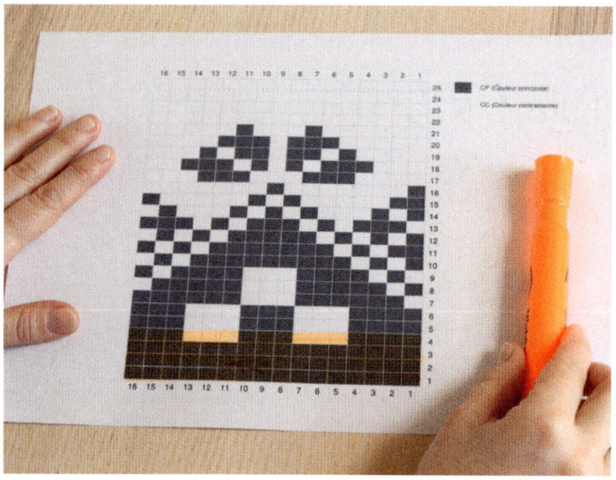

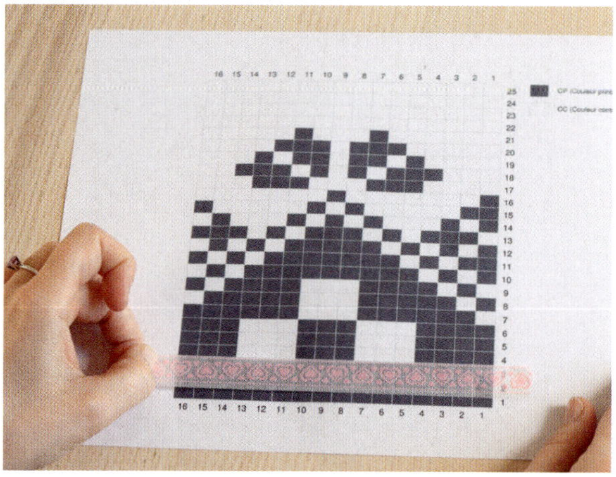

Während der Strickarbeit

+ **Die Textmarker-Technik:** Markieren Sie jede fertig gestrickte Runde in der Strickschrift mit einem Textmarker. So vermeiden Sie es, Runden doppelt zu stricken! Diesen Trick wende ich häufig an, da er mir die Orientierung erleichtert. Der Nachteil dabei: Wenn Ihnen ein Fehler passiert ist und Sie mehrere Runden auftrennen müssen, können Sie die Markierung nicht löschen und müssen besonders aufpassen, dass Sie nicht den Überblick verlieren.
+ **Die Post-It-Technik:** Damit behalten Sie ganz einfach den Überblick über eine Strickschrift! Immer wenn eine Runde fertig gestrickt ist, kleben Sie einen Post-It-Zettel darüber, den Sie Runde für Runde versetzen. So verwechseln Sie die Runde nicht mit der folgenden. Diese Technik ist ideal für das Stricken in Hin- und Rückreihen. Bei einer breiten Strickschrift kann es allerdings schwierig sein, einen genügend großen Klebezettel zu finden. Die Technik funktioniert auch, wenn man die Strickschrift auf einem Tablet liest.
+ **Masking Tape:** Die Verwendung von Masking Tape ist meine Lieblingstechnik. Dazu ein Stück Masking Tape abschneiden, das so lang ist wie die Breite der Strickschrift. Dieses dann jeweils nach dem Stricken einer Runde auf die entsprechende Kästchenreihe kleben. Dabei gibt es zwei Möglichkeiten: Entweder für jede Runde ein neues Stück Band verwenden oder das Band jeweils von einer Runde zur nächsten versetzen. Verwenden Sie sehr dünnes Masking Tape, um das Papier der Anleitung nicht zu zerreißen. Auch diese Technik eignet sich für die Arbeit an einem Tablet.
+ **Magnettafel:** Falls Sie eine solche Tafel besitzen, können Sie auch diese für Ihre Strickschrift verwenden! Einfach die Strickschrift auflegen und die fertig gestrickte Runde mit einem Magnetbalken abdecken, den Sie von Runde zu Runde versetzen.

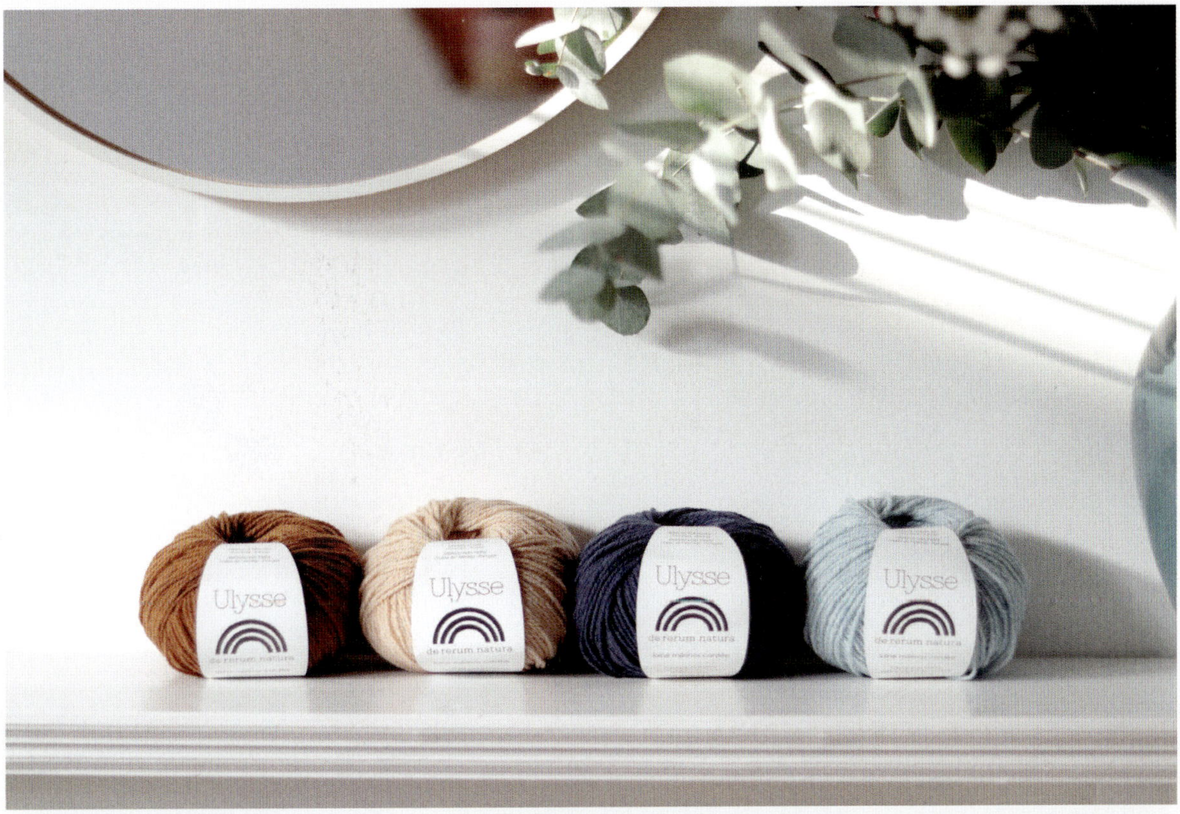
Ulysse
de rerum natura
Ulysse
de rerum natura
Ulysse
de rerum natura
Ulysse
de rerum natura

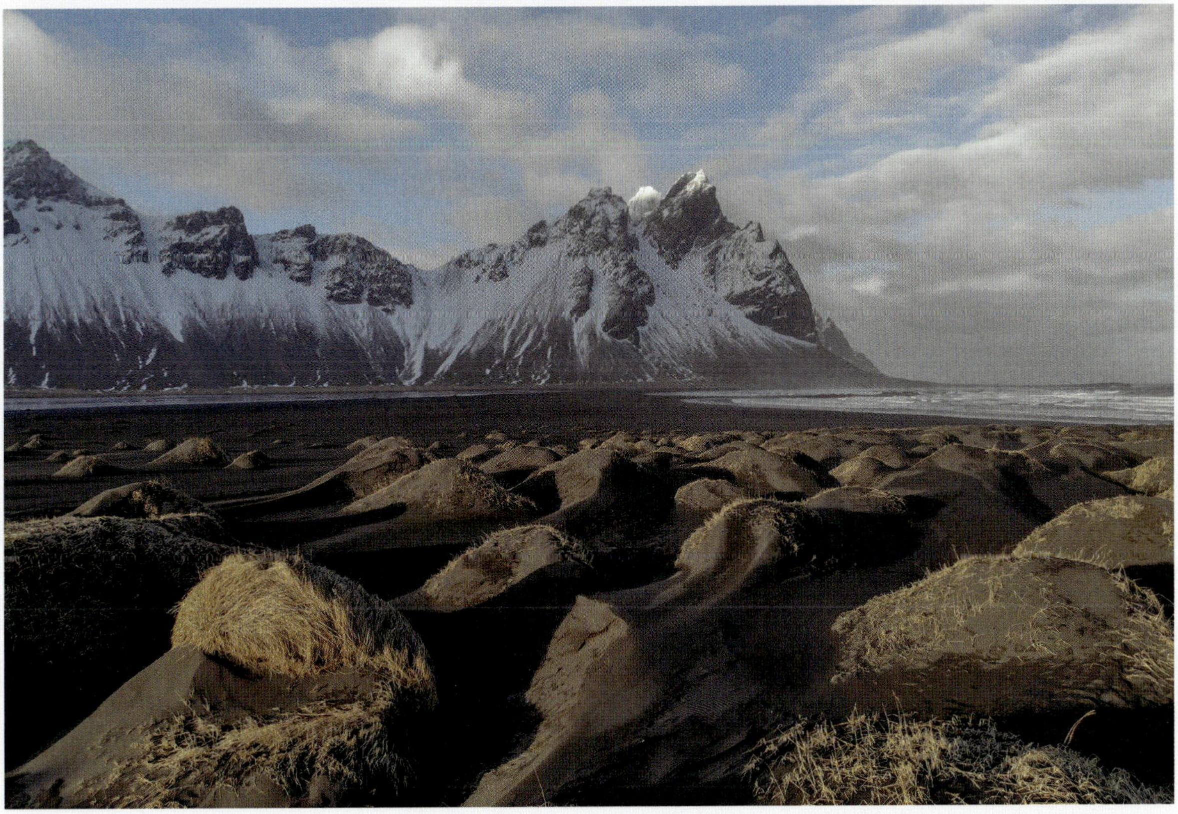

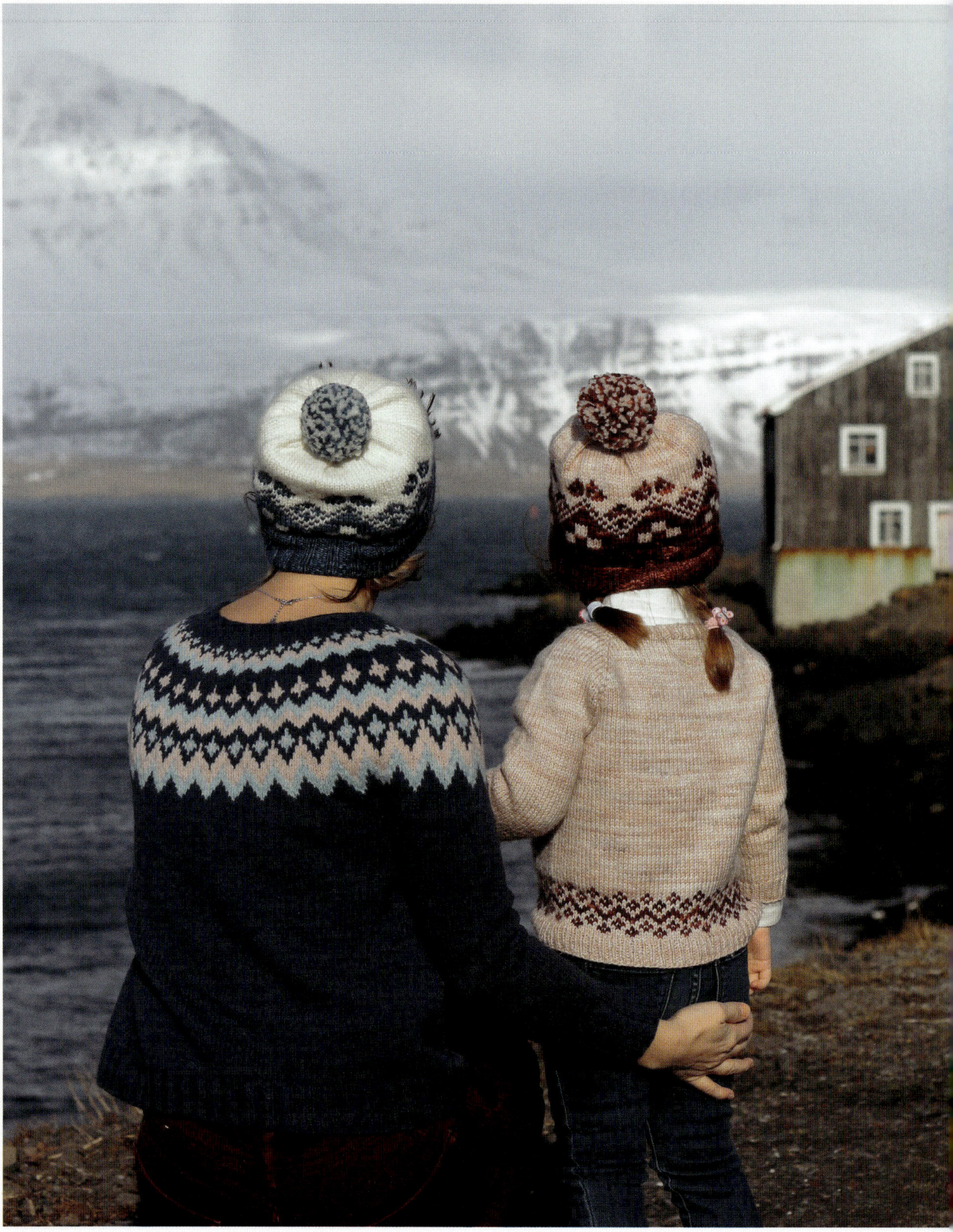

KAPITEL 4

Auswahl eines Modells nach dem Schwierigkeitsgrad

Die Geschmäcker sind verschieden, und wir alle haben unsere eigenen Vorstellungen davon, was wir stricken möchten. Als Anfänger gehen wir außerdem ganz unterschiedlich an Schwierigkeiten heran: Manche fühlen sich schnell überfordert, sobald eine Strickschrift etwas komplizierter wird, andere brauchen hingegen kleine Herausforderungen, um sich nicht zu langweilen. Daher ist es wichtig, genau das auszuwählen, was einem Spaß macht und gefällt und sich nicht entmutigen zu lassen.

Tipps zur Modellauswahl

Häufig liest man, es sei einfacher, das Stricken von Jacquardmustern an einer Mütze zu üben als an einem größeren Kleidungsstück. Ich selbst habe mit einer Mütze begonnen und fand es, ehrlich gesagt, komplizierter! Gleichmäßig zu stricken und die Fäden auf der Rückseite gleichmäßig zu spannen, war für mich in kleineren Runden schwieriger als in größeren (z. B. an einem Kinderpullover). Daher würde ich Ihnen eher raten, nicht unbedingt solchen Empfehlungen zu folgen, sondern zu stricken, worauf Sie Lust haben. Ein größeres Kleidungsstück zu stricken wird nicht dadurch schwieriger, dass die Jacquardtechnik neu für Sie ist! Der Schwierigkeitsgrad wird vielmehr durch die Art der Strickschrift bestimmt.

Sie können Jacquardmuster mit einer, zwei oder sogar zehn verschiedenen Farben stricken. Eine Grundregel für Anfänger lautet jedoch, ein Modell auszuwählen, bei dem nicht mehr als zwei Farben in einer Runde verwendet werden. Es ist deutlich kniffliger, mit drei Farben (also drei Fäden) in einer Runde zu jonglieren, wenn Sie noch nicht einmal herausgefunden haben, wie Sie mit nur zwei Farben am besten gleichmäßig stricken!

Festzuhalten ist hier, dass ein mehrfarbiges Jacquardmuster nicht grundsätzlich kompliziert ist, sondern nur, wenn mehr als zwei Farben in einer Runde vorkommen.

Bestimmte Jacquardmuster werden manchmal als schwierig eingestuft, da man für eine gleichmäßige Spannung den Faden auf der Rückseite ganz akkurat über eine größere Maschenzahl führen muss (zur Erinnerung: Bei mehreren aufeinanderfolgenden Maschen einer Farbe wird der gerade nicht benötigte Faden auf der Rückseite mitgeführt – diese Technik wird in Kapitel 8 genau erläutert). Ich empfehle Ihnen, sich an solchen Modellen erst zu versuchen, wenn Sie die Technik beherrschen und das Jacquardstricken kein Neuland mehr für Sie ist. Denn auch wenn die fertige Arbeit durch das Spannen noch etwas lockerer und gleichmäßiger wird, lassen sich zu fest gespannte Fäden dadurch nicht mehr regulieren.

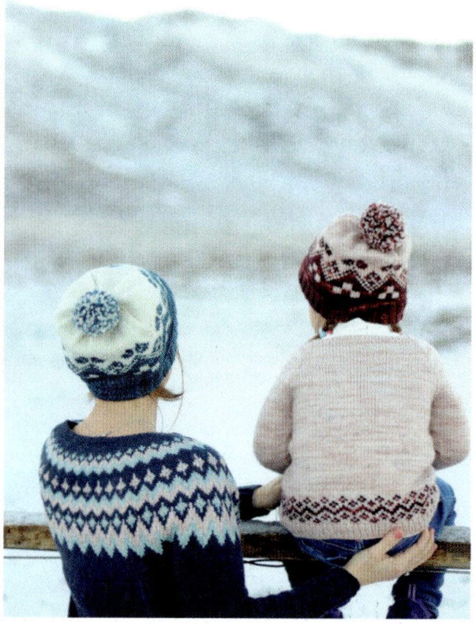

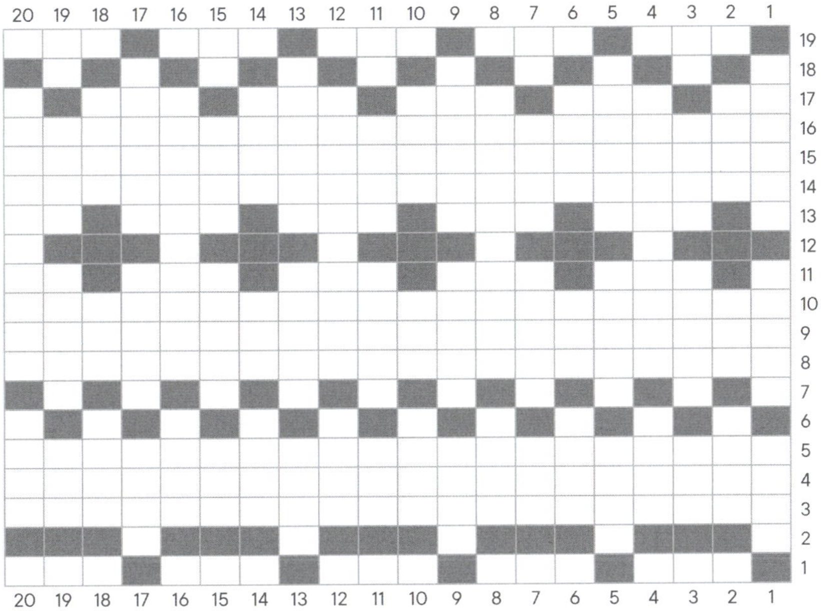

Strickschrift mit Peerie-Motiven

Wenn sich sogenannte Peerie-Reihen (*peerie* ist ein schottisches Wort, das „klein" bedeutet und sich auf kleine Jacquardmotive von meist 1 bis 7 Reihen bezieht) mit Reihen größerer Motive abwechseln, wird die Spannung insgesamt gleichmäßiger und das entsprechende Modell lässt sich einfacher stricken. Enthält ein Modell hingegen einige Jacquard-Reihen, gefolgt von mehreren Reihen in der Grundfarbe und dann wieder von einigen Jacquard-Reihen, kann es vor allem bei Anfängern leicht passieren, dass die Spannung der Musterpartien anders ausfällt als die der einfarbigen Partie und somit kein schönes, einheitliches Maschenbild entsteht.

Achten Sie also darauf, sich nicht zu viele Herausforderungen gleichzeitig aufzuhalsen, und probieren Sie immer nur eine oder zwei neue Techniken auf einmal aus! Wenn Sie zugleich Ihr erstes Jacquardmuster und Ihren ersten Pullover stricken, versuchen Sie sich nicht noch zusätzlich an der Steek-Technik (mit der man einen Pullover in eine Jacke verwandeln kann, siehe Kapitel 10), wenn Sie sich dem nicht gewachsen fühlen!

Wenn es Ihnen nicht geheuer ist, gleichzeitig mit dem Jacquardmuster Maschen zu- oder abnehmen zu müssen, wählen Sie für den Anfang ruhig ein Modell aus, bei dem die Musterpartie sich z. B. unten am Saum befindet statt an der Schulterpartie. Schaffen Sie sich außerdem Hilfsmittel wie einen Strickfingerhut an (mehr dazu in Kapitel 8).

Wenn Sie die Jacquardtechnik erst einmal begriffen haben und Ihre Fadenspannung gleichmäßig ist, können Sie sich auch an einem komplizierteren Muster mit drei Farben in einer Reihe versuchen.

Profitipp

Stricken Sie vor Beginn eine Maschenprobe, um die Fadenspannung zu testen sowie um festzustellen, ob das Muster für Anfänger nicht zu kompliziert ist und ob es Ihnen gefällt.

Für dieses Buch wurden eigens Modelle mit unterschiedlichem Schwierigkeitsgrad entwickelt (für Anfänger und Fortgeschrittene).

+ **Mütze Blisco** (Kinder und Erwachsene): Auch wenn es, wie gesagt, nicht grundsätzlich einfacher ist, mit einer Mütze zu beginnen, ist dieses Modell für all jene bestimmt, die lieber mit einem schnellen Projekt starten möchten! Die Mütze wird in Runden gestrickt und hat ein einfaches Jacquardmuster (maximal 2 Farben in derselben Runde und kein Mitführen der Fäden auf der Rückseite über mehr als 7 Maschen außer in den letzten beiden Runden). Die Maschenabnahmen beginnen nach Fertigstellung des Musters.
+ **Pullover Helvellyn** (Kinder): Das Jacquardmuster befindet sich nur am Saum, sodass Sie beim Zu- oder Abnehmen von Maschen nicht auf die Spannung mitgeführter Fäden achten müssen! Da nicht mehr als 2 Farben pro Runde vorkommen und keine Spannfäden über eine große Maschenzahl geführt werden, eignet sich dieses Modell ebenso für Anfänger wie für Fortgeschrittene.
+ **Pullover Bowfell** (Damen): Dieses Modell wurde für Anfänger konzipiert, doch sein Motiv ist auch für Fortgeschrittene interessant. Auch für diesen rundgestrickten Pullover gilt, dass nicht mehr als 2 Farben pro Runde vorkommen und keine Spannfäden über eine große Maschenzahl mitgeführt werden. Wenn Sie mit dem Jacquardstricken für Erwachsene beginnen, versuchen Sie sich ruhig an diesem Modell!
+ **Pullover Scafell** (Damen): Dies ist das anspruchsvollste Modell in diesem Buch. Auch wenn Sie schon Erfahrung mit der Jacquardtechnik haben, können Sie sich hier neuen Herausforderungen stellen. Das Muster enthält bis zu 3 Farben pro Reihe, doch die Fäden müssen nicht über eine große Maschenzahl gespannt werden.
+ **Jacke Scafell** (Damen): An der Jackenvariante des vorigen Modells können Sie die Steek-Technik ausprobieren, die nicht kompliziert ist, aber vielleicht abschreckend wirkt. Falls Sie sich noch nicht sofort an diese Technik wagen möchten, empfehle ich Ihnen, mit dem Pullover zu beginnen.

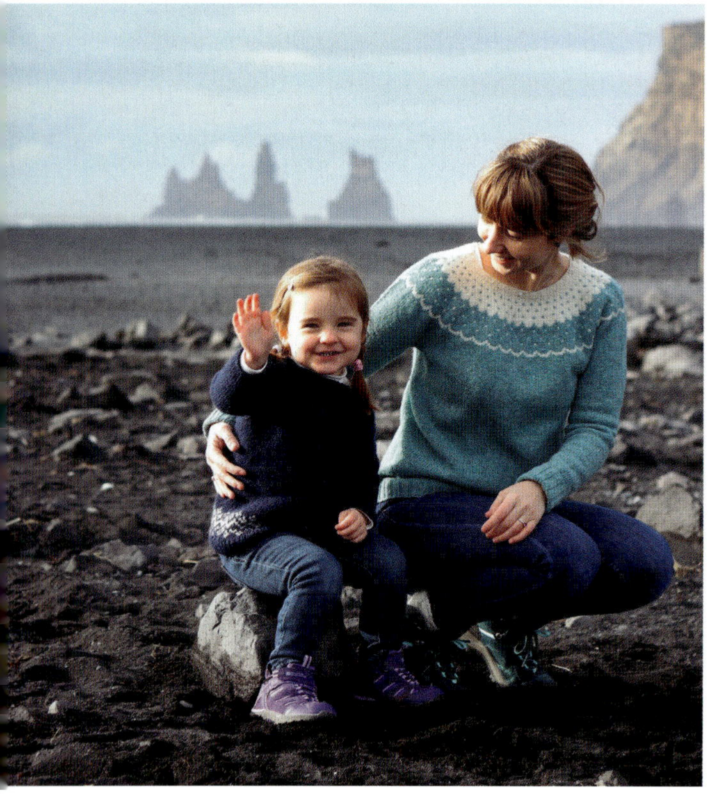

Pullover Helvellyn und Bowfell

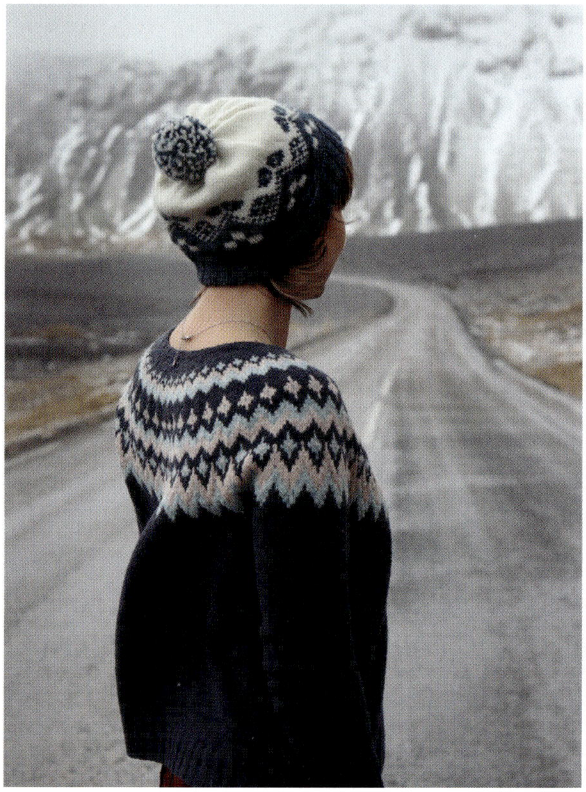

Jacke Scafell und Mütze Blisco

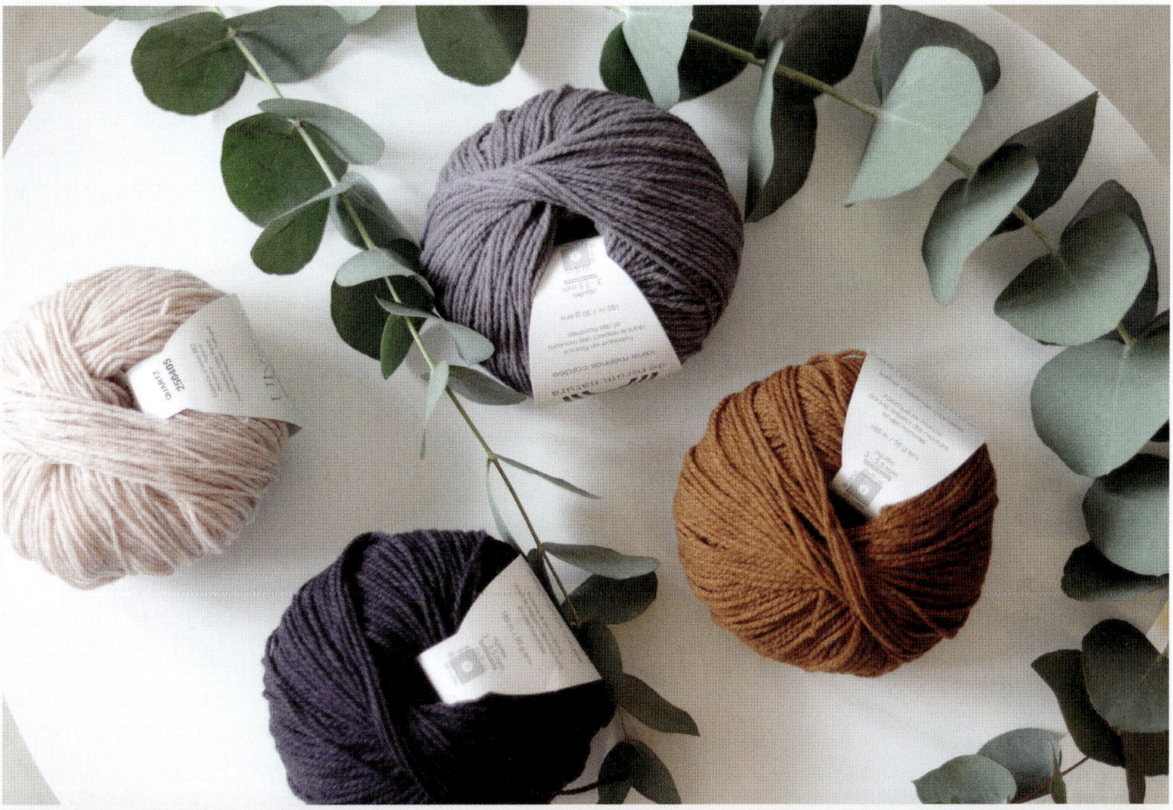

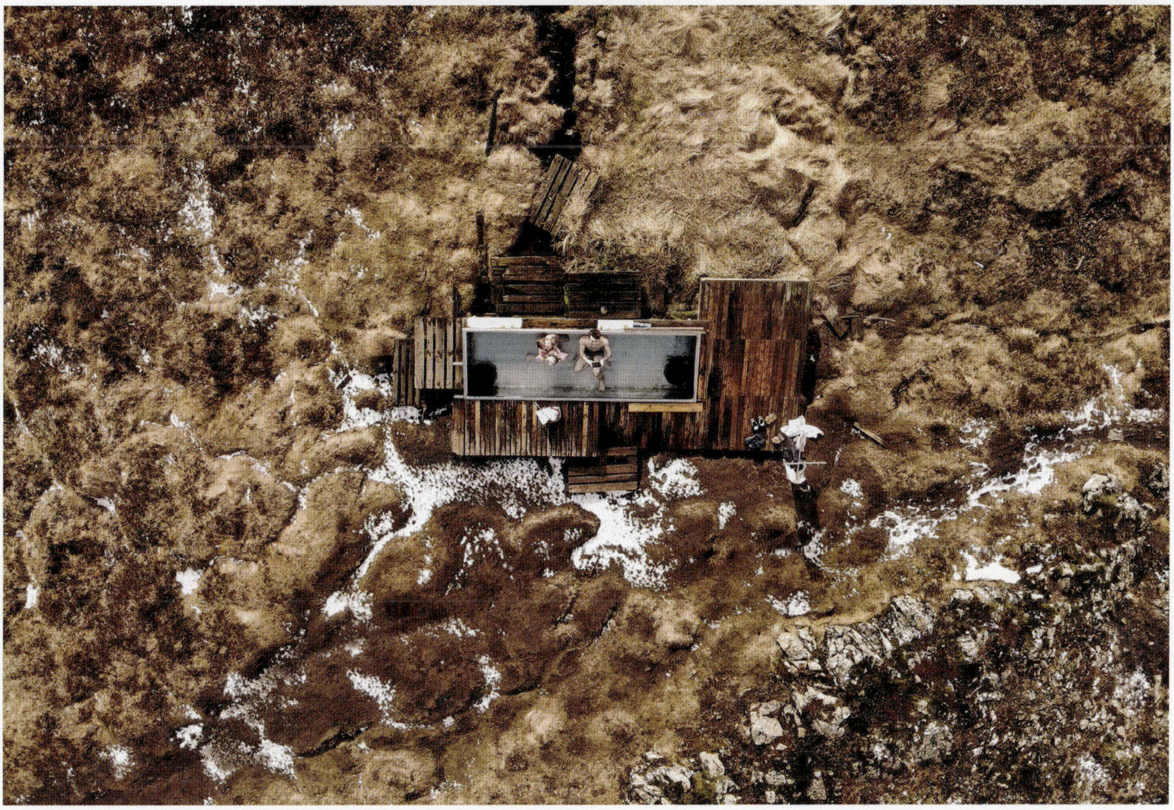

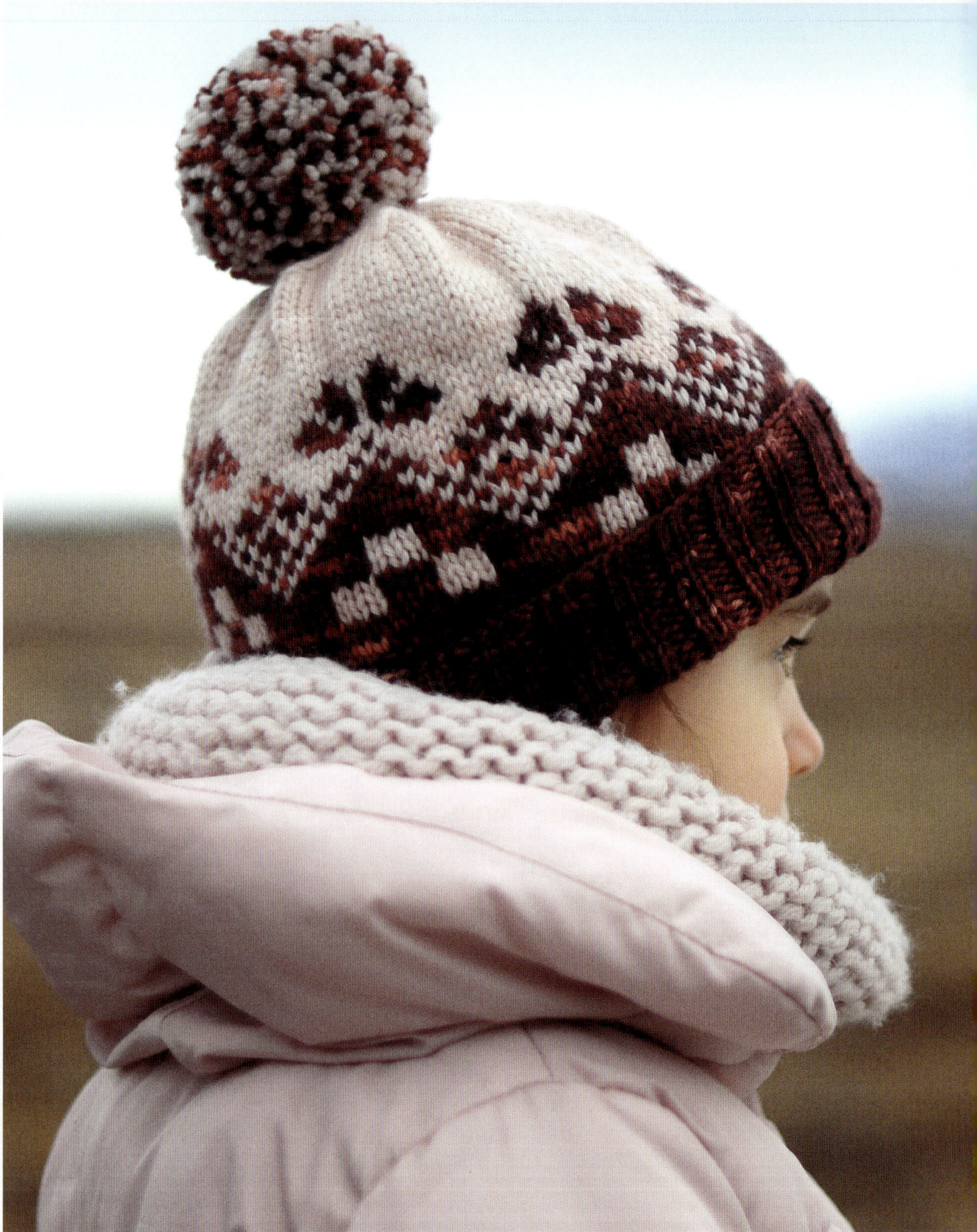

KAPITEL 5

Auswahl der Farben

Das Interessante an Jacquardmustern ist das Stricken mit mehreren Farben. Für eine harmonische Wirkung dürfen die Farben nicht einfach beliebig ausgewählt werden. Diese Vorüberlegungen brauchen oft Zeit, doch für mich ist die Farbauswahl einer der faszinierendsten Aspekte am Jacquardstricken.

Der Farbkreis

Wenn Sie mit mehreren Farben stricken möchten, wählen Sie diese sorgfältig und korrekt aus, damit das Ergebnis später rundum Ihren Erwartungen entspricht.

Das Erste, womit man sich beschäftigen muss, wenn man sich für die Farben interessiert, ist der berühmte Farbkreis (oder Bunttonkreis). Wenn Sie sich daran orientieren, laufen Sie weniger Gefahr, sich in den schier unendlich vielen möglichen Farbkombinationen zu verlieren!

Mithilfe des Farbkreises können Sie die Farben je nach ihrer Position im Kreis auswählen und verstehen, in welchem Verhältnis die einzelnen Farben zueinander stehen.

Für die Farbauswahl mithilfe des Farbkreises gibt es verschiedene Möglichkeiten:

+ **Auswahl gegenüberliegender Farben (sogenannter Komplementärfarben)** durch Ziehen einer Verbindungslinie (siehe Abbildungen unten): So können Sie z. B. Grün und Rosa kombinieren, Rot und Blau oder auch Rosa und Himmelblau.
+ **Auswahl ähnlicher Farben (sogenannter analoger Farben):** Rosa und Mauve, Dunkelblau und Hellblau, Rot und Orange. Dabei sollten die Farbtöne sich jedoch trotz der Ähnlichkeit gut voneinander abheben;

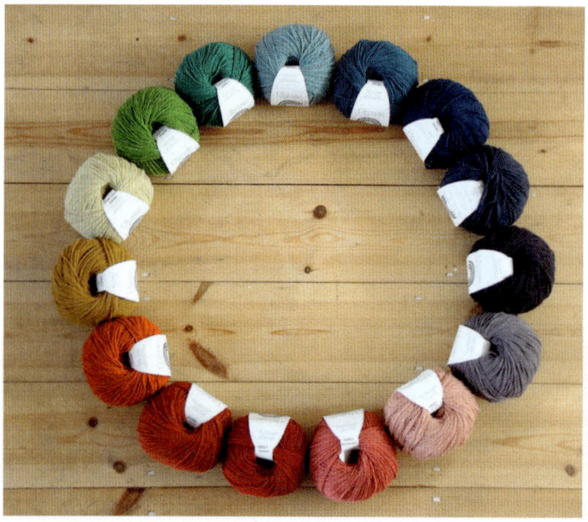

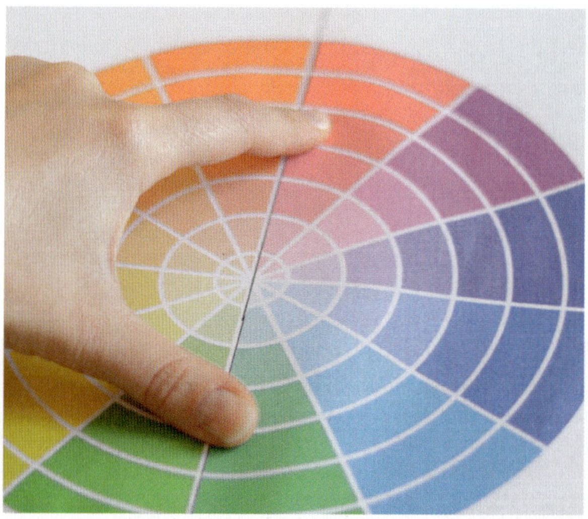

+ **Auswahl eines Farbdreiklangs (triadisches Farbschema),** wenn 3 Kontrastfarben benötigt werden: Dazu ein Dreieck in den Farbkreis zeichnen und die Farben wählen, die an den Spitzen des Dreiecks liegen, z. B. Rot-Blau-Grün, Mauve-Orange-Hellblau.

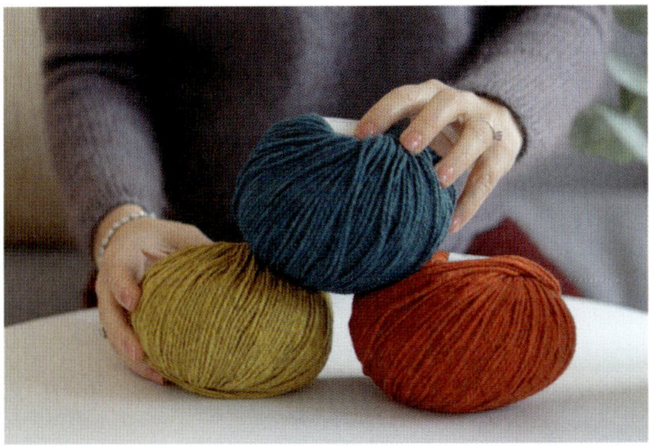

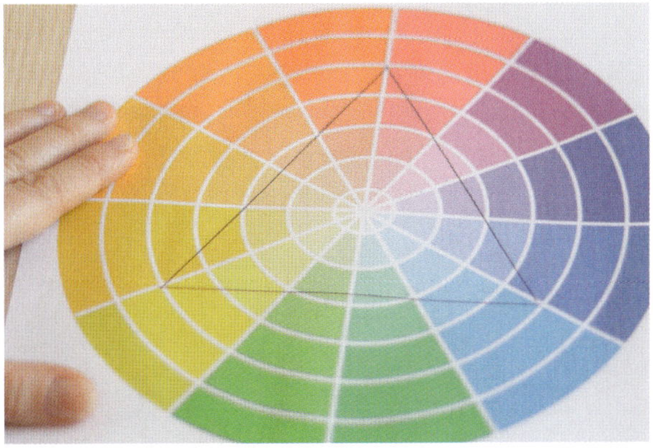

Kontrastfarben

Der Farbkontrast ist das zweite Kriterium, das bei der Garnauswahl zu berücksichtigen ist. Er ist besonders wichtig, wenn Sie relativ ähnliche Farbtöne auswählen. Möchten Sie z. B. zwei Blautöne verwenden, sollten diese sich sehr deutlich unterscheiden – wie etwa ein Dunkelblau und ein Hellblau. Bei der Auswahl einer neutralen Farbe (Weiß, Grau, Schwarz) gilt das Gleiche. Ist der Farbkontrast zu schwach, verschwimmen die Farben miteinander und das Muster kommt nicht gut zur Geltung.

ACHTUNG

Falls Sie ein handgefärbtes Garn mit Farbverlauf auswählen, darf der Farbkontrast nicht nur auf einigen Zentimetern gegeben sein, während der Rest mit der Grundfarbe verschmilzt! Ich rate Ihnen dazu, auch bei handgefärbtem Garn einen uni Farbton ohne Verlauf zu wählen.

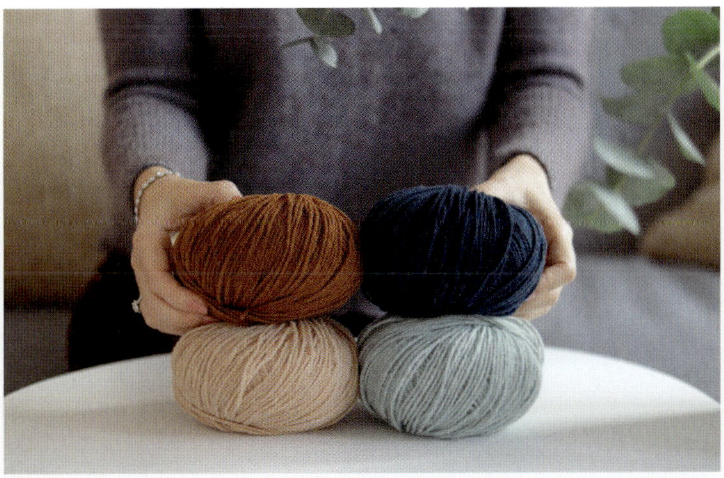

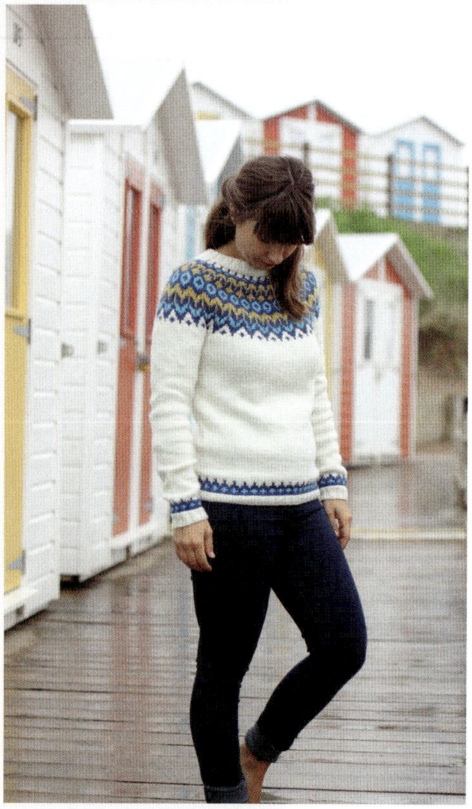

Farbauswahl passend zum Modell

Ein weiterer wichtiger Punkt, den man bei der Farbauswahl berücksichtigen muss, ist die Anzahl der Farben im ausgewählten Modell.

Betrachten wir dazu den Pullover Riddari von Védís Jónsdóttir (Bild links): Außer einer Grundfarbe (Weiß) hat dieser eine Grundfarbe nur in der Musterpartie (Königsblau) sowie zwei Kontrastfarben, die nur zusammen mit der Mustergrundfarbe (Königsblau) verwendet werden. Daher müssen hier Farben ausgewählt werden, die gut mit der Mustergrundfarbe kontrastieren, nicht mit der Grundfarbe des Pullovers!

Die Mustergrundfarbe (Königsblau) hebt sich ausreichend von der Modellgrundfarbe (Weiß) ab, sodass die Musterpartie gut zu erkennen ist. Die anderen Kontrastfarben (Türkisblau und Senfgelb) bilden ihrerseits einen deutlichen Kontrast zur Mustergrundfarbe (Königsblau). Das Jacquardmuster kommt daher an diesem Pullover perfekt zur Geltung.

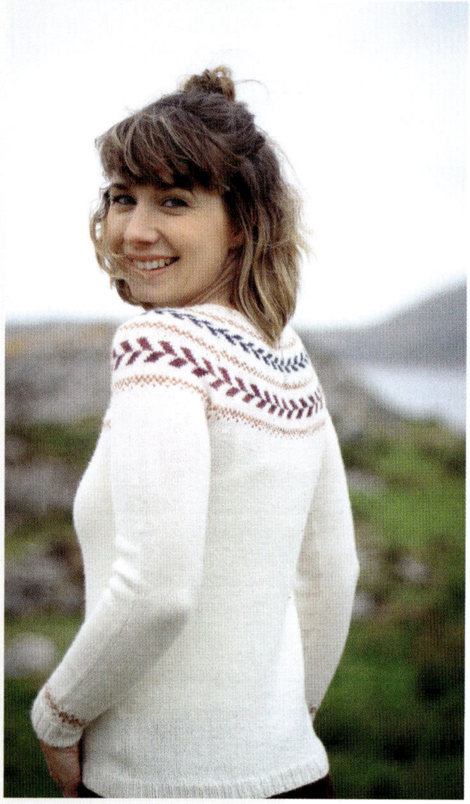

Mein Pullover Marieke (Lady) (Bild links) hat hingegen keine gesonderte Grundfarbe in der Musterpartie. Daher müssen sich alle Farben des Musters gut von der Modellgrundfarbe (hier Weiß) abheben. In diesem Fall war es nicht schwer, Kontrastfarben zu finden: Die Farben mussten nur dunkel genug sein, damit man das Muster gut erkennen kann.

Wenn Sie als Grundfarbe für ein Modell dieser Art einen dunklen Farbton auswählen, müssen Sie für das Muster entsprechend helle Farben verwenden. Falls Sie auch hier dunklere Farben bevorzugen, achten Sie darauf, dass die einzelnen Nuancen im Farbkreis in ausreichendem Abstand zueinander liegen.

Farbauswahl Schritt für Schritt

Der erste Schritt findet bei Ihnen zu Hause statt: die Vorüberlegungen, welche Farben für Sie infrage kommen. Der zweite und dritte Schritt kann im Laden erfolgen. Halten Sie vor dem Kauf die verschiedenen Farbtöne nebeneinander und beachten Sie dabei die unten stehenden Tipps. Der letzte Schritt, die Maschenprobe, findet wieder bei Ihnen statt. Halten Sie dabei einen Plan B bereit, denn es kommt nicht selten vor, dass die erste ausgewählte Farbkombination noch einmal verändert werden muss!

1 Verwendung von Farbkreis und Kontrastfarben

Ich empfehle Ihnen, mit dem Farbkreis zu beginnen und – unter Berücksichtigung der oben genannten Aspekte – von Farben auszugehen, die Ihnen gefallen. Behalten Sie dabei stets den Kontrast im Hinterkopf, vor allem, wenn Sie analoge (im Farbkreis nahe beieinanderliegende) Farben verwenden möchten.

2 Ein Schwarz-Weiß-Foto machen

Hier ein Tipp, den ich als Strickanfängerin während eines Jacquard-Kurses in Montreal erhalten und seitdem schon häufig angewendet habe.

Legen Sie vor der endgültigen Entscheidung für eine Farbkombination und vor der Maschenprobe die einzelnen für Ihr Modell ausgewählten Stränge oder Knäuel bei Tageslicht nebeneinander auf einen Tisch, und zwar möglichst in der Anordnung des Strickmusters. Dann machen Sie ein Foto und betrachten Sie es in Schwarz-Weiß auf dem Tablet oder auf Ihrem Handy. So können Sie erkennen, wie die Farben kontrastieren.

Damit verlassen Sie sich nicht allein auf Ihre Beurteilung der Farben anhand der Wollknäuel, denn wenn Sie die Farben erst im Muster gestrickt haben, kann die Wirkung ganz anders sein, als Sie es sich vorgestellt hatten! Wirken zwei Farben in der Schwarz-Weiß-Darstellung sehr ähnlich oder sogar gleich, bedeutet dies, dass sie zu nahe beieinanderliegen und im gestrickten Muster miteinander verschwimmen könnten. Die Beispiele unten zeigen, dass Blau und Ecru auch in Schwarz-Weiß einen guten Kontrast bilden, während Rosé und Ecru einen ähnlichen Farbwert haben.

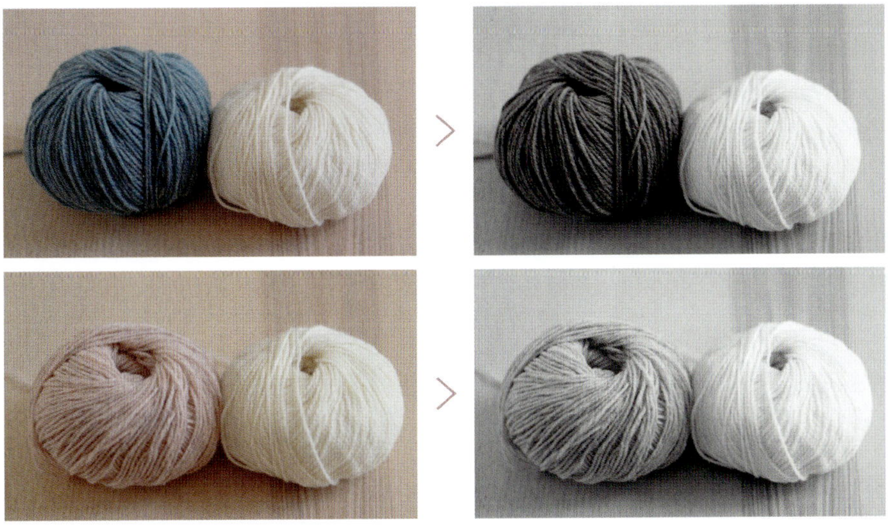

③ Verzwirnen der Fäden

Eine weitere Möglichkeit, die gut funktioniert, wenn Sie zwei Farben auswählen müssen, ist das Verzwirnen der Fäden miteinander. So können Sie sehen, ob die Farben miteinander verschmelzen (Bild links) oder einen ausreichenden Kontrast bilden (Bild rechts).

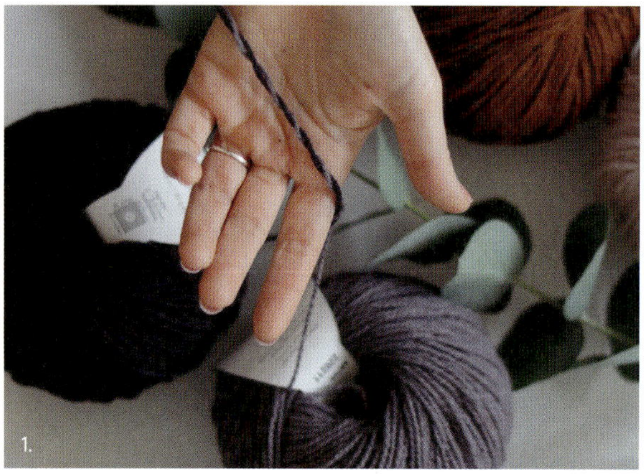
1.

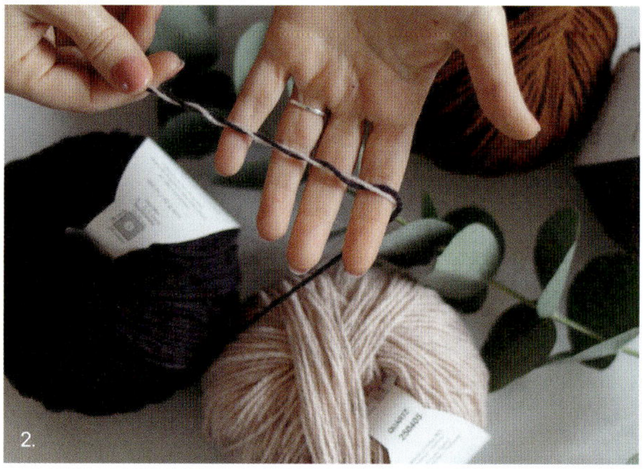
2.

④ Die Maschenprobe

Nach der Auswahl der Farben müssen Sie auf jeden Fall eine Maschenprobe im Muster stricken, um die Farbwirkung zu beurteilen, denn wenn Sie gleich mit dem Modell beginnen und dann feststellen, dass die Farbkombination doch nicht optimal ist, müssen Sie alles auftrennen! Und Jacquardmuster aufzutrennen ist kein Zuckerschlecken ... Der kleine Umweg über die Maschenprobe kann Ihnen das Leben wirklich erleichtern. Wählen Sie dafür ruhig zahlreiche Farben aus und experimentieren Sie mit verschiedenen Kombinationen.

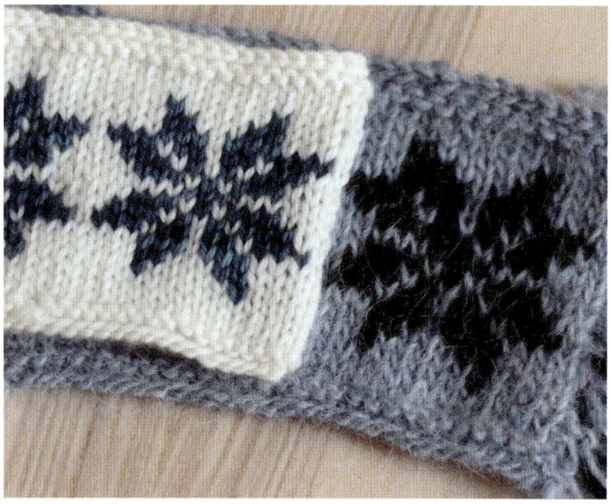

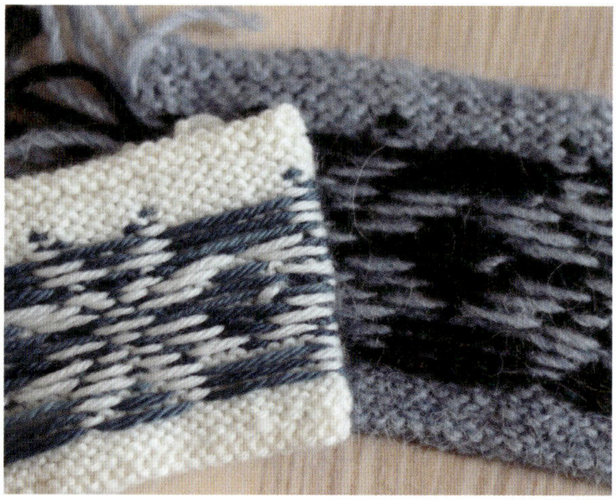

Fertige Strickpakete?

Heute bieten die Designer von Jacquardmustern häufig in Zusammenarbeit mit Wollherstellern fertige Strickpackungen für bestimmte Modelle an. Manchmal stellen auch die Wollfärbereien selbst solche Sets zusammen und bieten sie zum Kauf an.

In der Regel (jedoch nicht immer) ist dabei die Strickanleitung enthalten, außerdem eine ausreichende Menge Wolle.

Sollten Sie also einfach diese Lösung wählen, wenn Sie hinsichtlich der Farbwahl zunächst noch unsicher sind? Warum nicht – das ist eine sehr gute Idee! Dennoch habe ich zwei Tipps für Sie, falls Sie sich für diese Möglichkeit entscheiden.

+ Fragen Sie nach Maschenproben und/oder fertig gestrickten Exemplaren des Modells in genau den vorgesehenen Garnen. Sie müssen sich vergewissern, dass die Farben gut zusammenpassen und sich auch im gestrickten Muster gut voneinander abheben. Erinnern Sie sich daran, was weiter oben zum Farbkreis und den Kontrastfarben gesagt wurde? Hier gilt dasselbe Prinzip, auch wenn eine Wollfärberei die Strickpackungen zusammengestellt hat.
+ Wählen Sie Sets, bei denen die Garnmenge auf das Modell und die benötigte Größe abgestimmt ist. So bezahlen Sie nur, was Sie brauchen, und haben zum Schluss keine angefangenen Knäuel übrig.

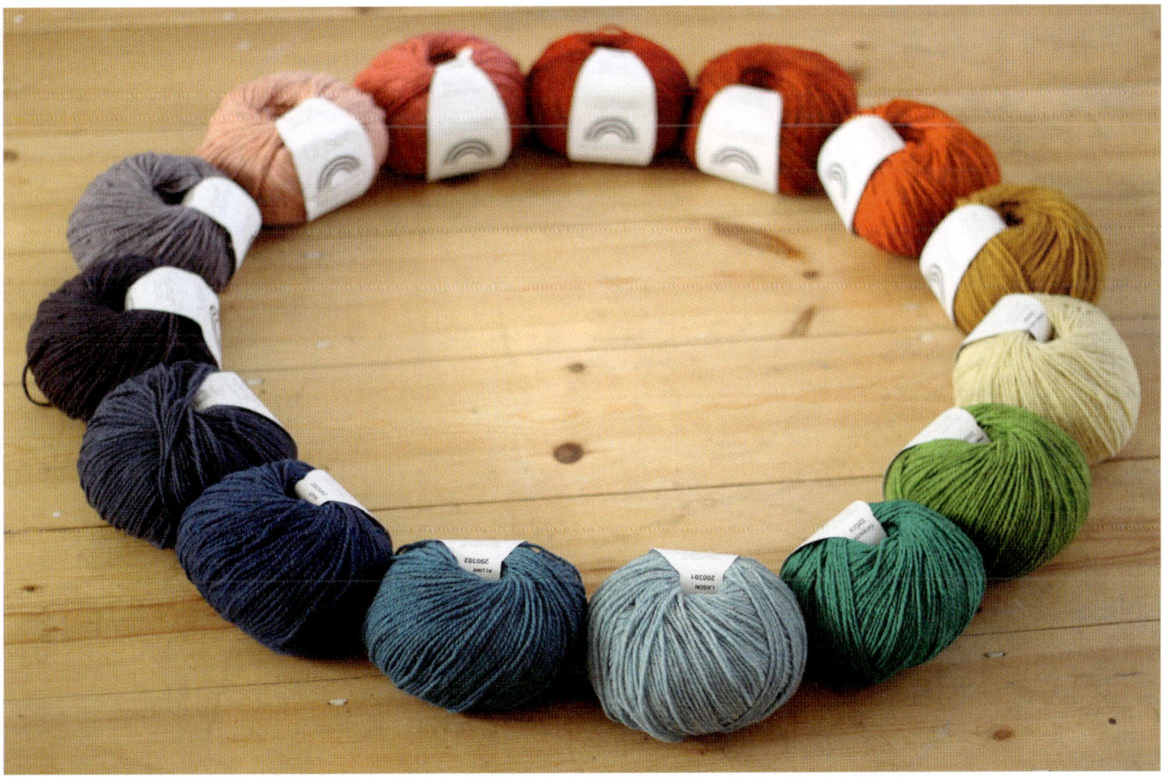

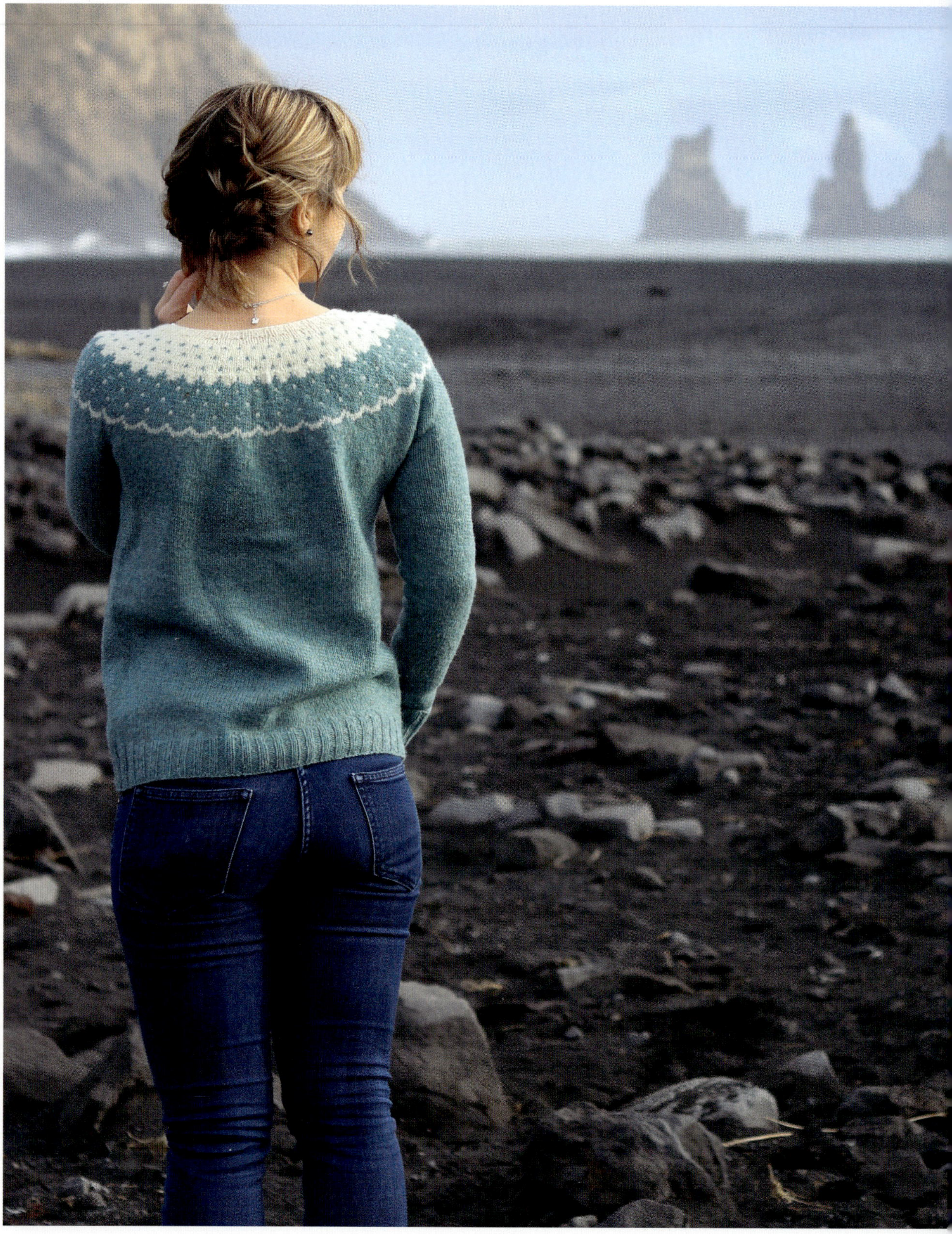

KAPITEL 6

Die rundgestrickte Maschenprobe

Die Maschenprobe ist für das Stricken von Jacquardmustern unverzichtbar, vor allem, wenn Sie in Runden stricken. In diesem Kapitel wird ausführlich beschrieben, wozu die Maschenprobe dient und wie sie angefertigt wird.

Was ist eine Maschenprobe?

Die Maschenprobe ist unerlässlich für das Gelingen eines Projekts. Mit ihr testet man das Garn (Stärke, Qualität, Maschenbild) und die Spannung (Anzahl der Maschen in Breite und Höhe auf 10 cm; wichtig zur Bestimmung der Größe des fertigen Modells), aber auch und vor allem das Zusammenspiel der gewählten Farben.

Die Maschenprobe kann in Reihen oder in Runden gestrickt werden. Dazu muss man jedoch wissen, dass die Spannung je nach Strickweise (in Reihen oder in Runden ohne Naht) vollkommen unterschiedlich ausfallen kann. Beim Rundstricken werden ausschließlich rechte Maschen gestrickt, in Reihen hingegen immer abwechselnd eine Reihe rechter und eine Reihe linker Maschen.

Stricken Sie also für in Hin- und Rückreihen gearbeitete Modelle auch die Maschenprobe in Reihen, für rundgestrickte Modelle hingegen auch die Maschenprobe in Runden.

Die Maschenprobe mag lästig erscheinen, und vielleicht möchten Sie viel lieber sofort mit Ihrem Modell beginnen. Doch das Stricken der Maschenprobe ist alles andere als vergeudete Zeit! Falls Ihre Spannung von der vorgesehenen Spannung der Modellanleitung abweicht, wirkt sich das unmittelbar auf die Maße des fertigen Modells aus, sodass dieses deutlich größer oder kleiner ausfallen kann als vorgesehen. Wenn Sie ein Kleidungsstück stricken, kann das natürlich ein echtes Problem sein!

DIE SPANNUNG BEIM STRICKEN

Die Spannung ist die Art und Weise, wie fest oder locker jemand beim Stricken den Faden hält. Darüber gibt die Maschenprobe Auskunft.

Dazu wird an einer 10 x 10 cm großen gestrickten Partie die Anzahl der Maschen in der Breite und die Anzahl der Reihen in der Höhe abgezählt. So können Sie kontrollieren, ob Ihre Maschenprobe den in der Anleitung angegebenen Werten entspricht.

Es kann sein, dass bei zwei Personen, die mit dem gleichen Garn und derselben Nadelstärke dasselbe Modell stricken, die Maschenproben nicht identisch ausfallen.

Bei Jacquardmustern ist die Spannung und damit die Maschenprobe besonders wichtig. Durch die Verwendung mehrerer Fäden in einer Reihe verändert sich die Spannung gegenüber einer einfarbig glatt rechts gestrickten Partie.

Die auf der Rückseite mitgeführten Fäden haben die Tendenz, Zug auszuüben, sodass die Arbeit weniger elastisch wird. Die erste Schwierigkeit beim Jacquardstricken ist daher, „die richtige Spannung zu finden“, also kontinuierlich auch mit mehreren Fäden ganz gleichmäßig zu stricken. Anfänger ziehen die Spannfäden oft zu fest an – dadurch entstehen Unebenheiten (Wellen), die sich später auch durch Spannen nicht mehr glätten lassen. Daher ist es ratsam, lockerer zu stricken. Detaillierte Erläuterungen für eine gute Fadenspannung finden Sie in Kapitel 9.

Rundstricken einer Maschenprobe

Zum Rundstricken einer Maschenprobe gibt es zwei verschiedene Möglichkeiten: Entweder man arbeitet ausschließlich Hinreihen und führt, statt eine Rückreihe zu stricken, den Faden hinter der Arbeit wieder an den Anfang der Reihe, oder man strickt einen Schlauch. Beide Methoden werden unten ausführlich erklärt. Ich persönlich bevorzuge die erste Methode, doch ich rate Ihnen, beide auszuprobieren und die Methode zu wählen, mit der Sie am besten zurechtkommen.

Bei einer Maschenprobe mit Jacquardmuster ist es wichtig, das Motiv – oder Teile davon – mehrfach zu wiederholen, um Fadenspannung, Maschenbild und Farbwirkung beurteilen zu können.

Profitipp

Für eine Maschenprobe – vor allem bei Anwendung der ersten Methode – mehr Maschen anschlagen, als für 10 cm benötigt werden, da die 2–3 Maschen am Rand meist etwas lockerer ausfallen als die Maschen in der Mitte. Daher so viele Maschen anschlagen, dass ein 15 x 15 cm großes Stück gestrickt werden kann. An der mittleren Partie dieses Stücks dann 10 x 10 cm abmessen.

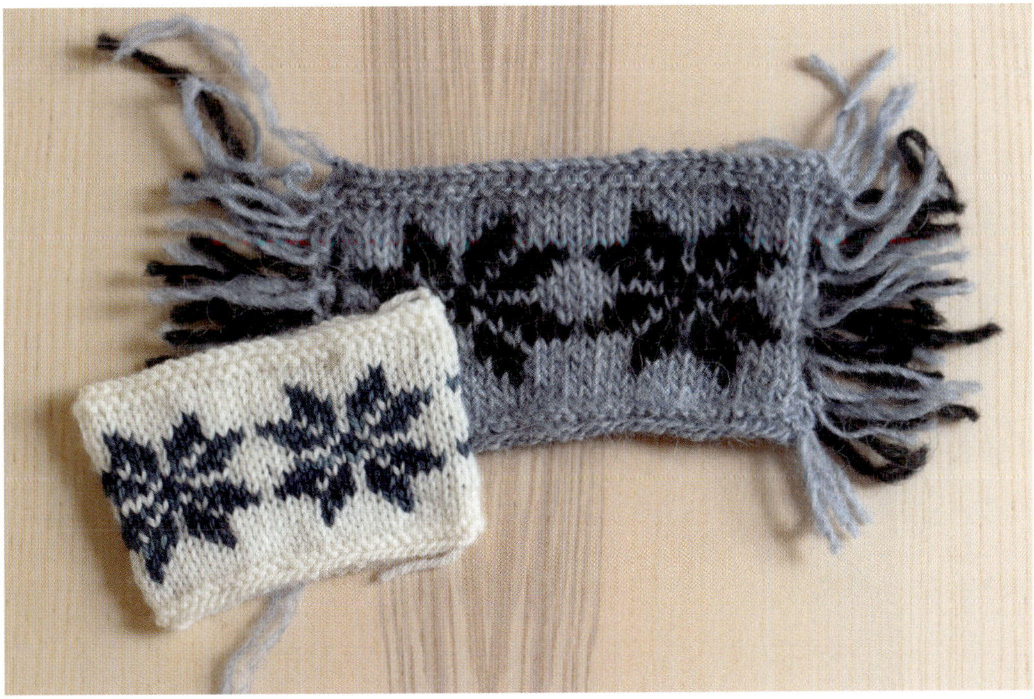

Rundgestrickte Maschenproben: links in Schlauchform, rechts mit Spannfäden

Mit rückseitig entlanggeführten Fäden

Für diese Methode ein Mehrfaches der Maschenzahl des Motivs anschlagen (sodass mehr als 10 cm Breite entstehen). Zusätzlich beidseits 2 Randmaschen anschlagen. Beispiel: Ist das Motiv 14 Maschen breit, schlagen Sie 32 Maschen an (2 Motive, 4 Randmaschen). Besteht Ihr Motiv aus 6 Maschen, schlagen Sie 28 Maschen an (4 Motive, 4 Randmaschen).

Profitipp

Den Faden auf der Rückseite festhalten, um sicherzugehen, dass er locker genug hängt.

Eine Reihe rechts stricken. Dann statt einer Rückreihe, wie man sie für eine Maschenprobe in Reihen stricken würde, die Maschen am Seil entlang wieder ans andere Ende der Rundnadel schieben und eine neue Hinreihe beginnen. Dazu wird der Arbeitsfaden auf der Rückseite wieder an den Anfang der Reihe geführt, und zwar so locker, dass er nicht gespannt ist und keinen Zug auf die Maschen ausübt. Nun die zweite Hinreihe stricken. So fortfahren, bis die Maschenprobe hoch genug ist (ideal sind 15 cm), sodass Sie in der Mitte der Probe messen können, wie viele Reihen 10 cm ergeben.

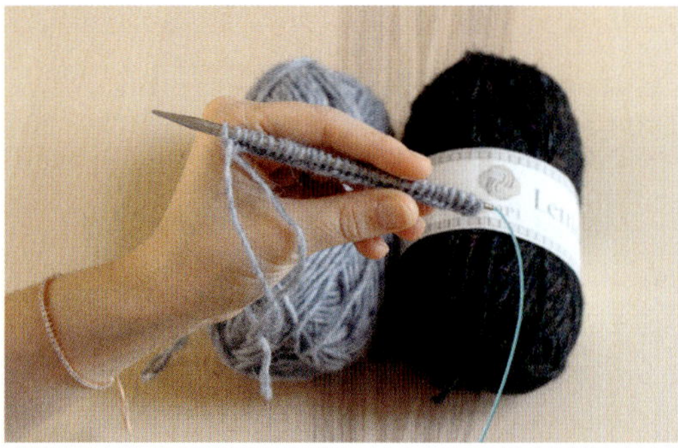

Die Maschen anschlagen und eine Reihe rechts stricken.

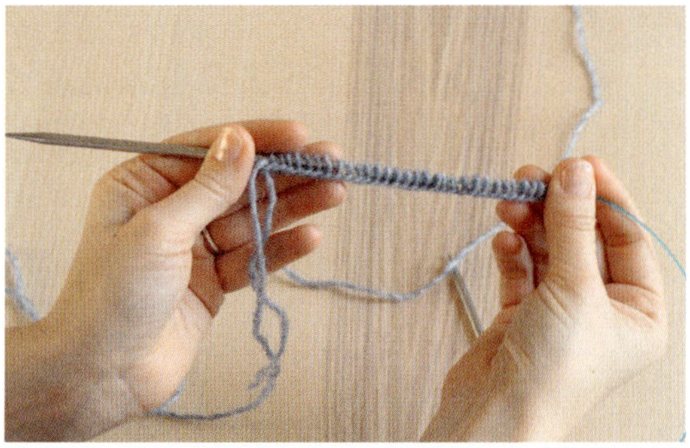

Die Maschen am Seil entlang auf die andere Seite der Rundnadel schieben.

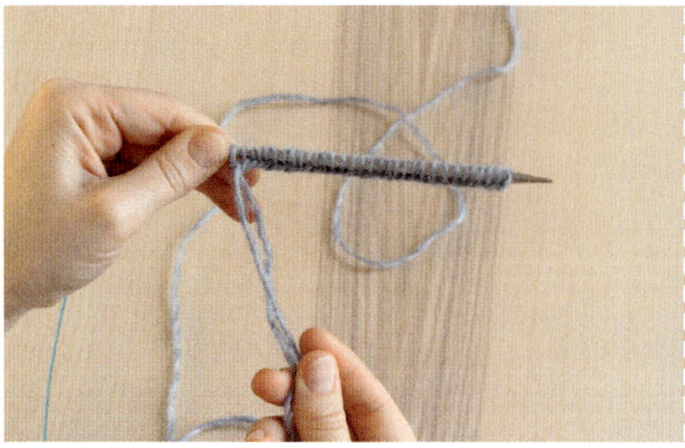

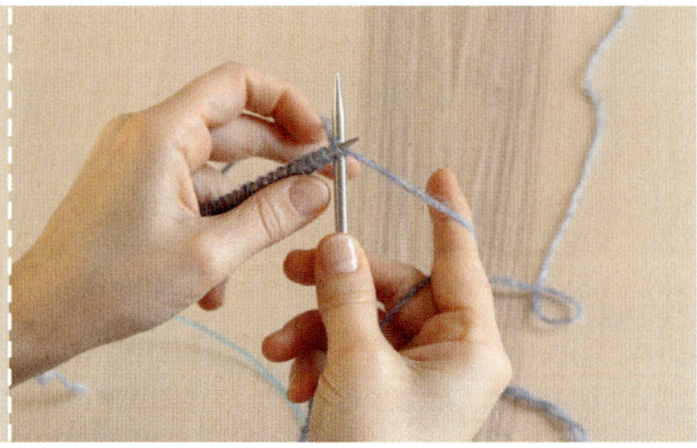

Den Arbeitsfaden ganz locker hängend auf der Rückseite entlangführen und wieder die erste Masche der Reihe stricken. Den Faden eventuell mit der linken Hand festhalten, um ihn nicht zu straff zu spannen.

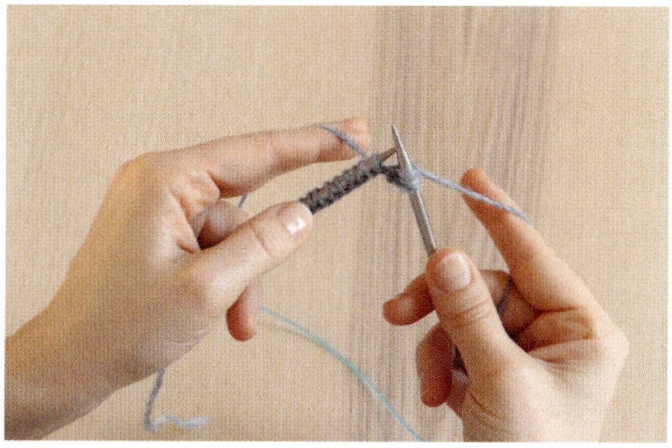

Die nächste Reihe rechts stricken.

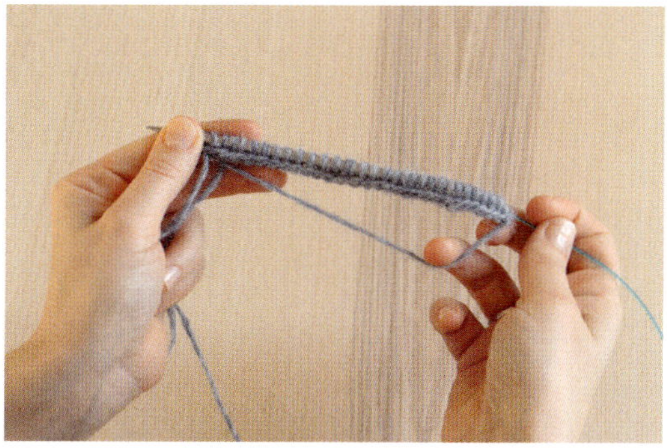

Ist die 2. Reihe fertig, die Maschen erneut ans andere Ende der Rundnadel schieben. So fortfahren, bis die Maschenprobe groß genug ist.

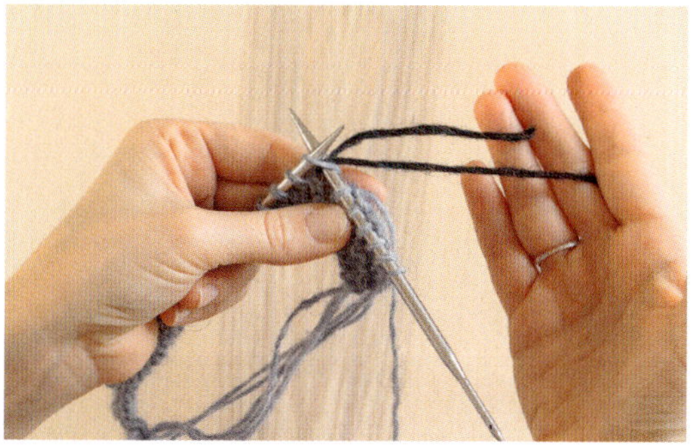

Wenn es das Muster erfordert, die neue Farbe hinzunehmen.

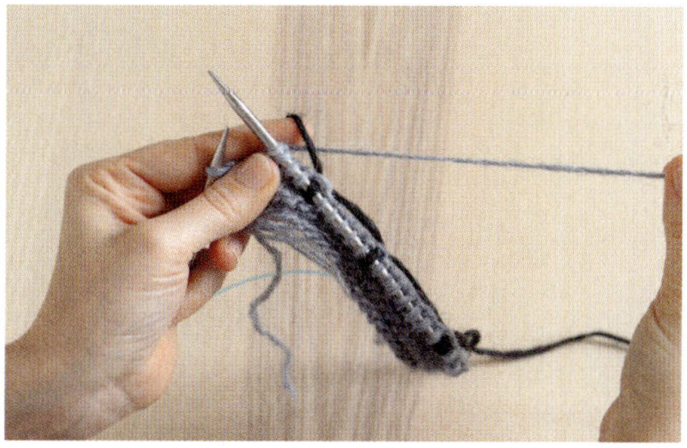

Achtung: Der Faden der Kontrastfarbe muss stets in der ersten und letzten Masche einer Reihe mitgestrickt werden, damit er gut gespannt bleibt.

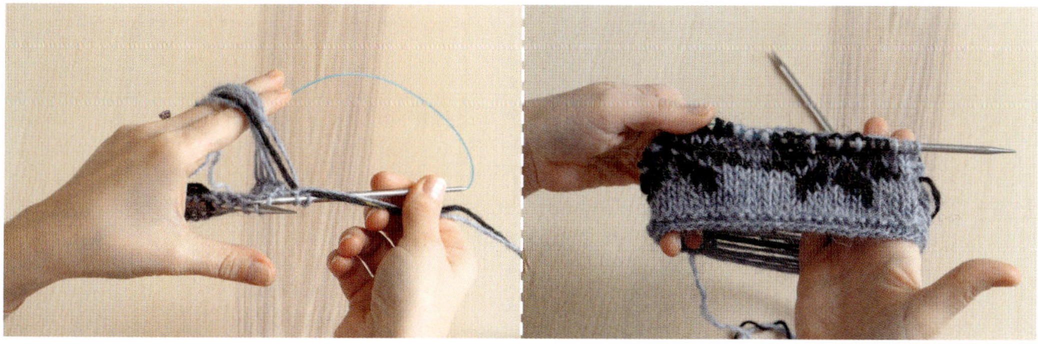

Prüfen Sie, ob die Spannfäden auf der Rückseite lang genug sind, sodass sie keinen Zug auf das Motiv ausüben.

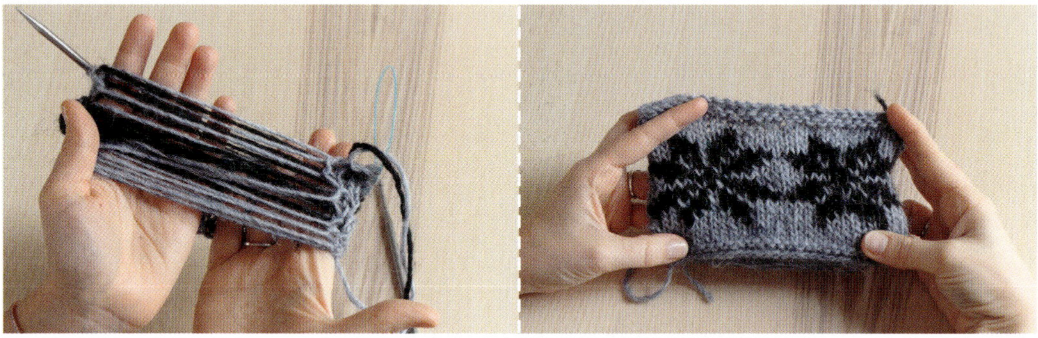

Die fertige Maschenprobe

PRAXISTIPP

Als ich mit dem Stricken begann, nahm ich mir stets die Zeit für eine rundgestrickte Maschenprobe, wenn ich ein rundgestricktes Modell arbeitete. Für eine Jacke, einen Schal etc. strickte ich eine Maschenprobe in Reihen. Mit der Zeit bemerkte ich, dass meine Spannung in beiden Fällen identisch war. Nun stricke ich die Maschenproben nur noch rund, wenn ich ein Jacquardmuster arbeite und das Motiv und die Farben testen will.

Andere stellen jedoch vielleicht fest, dass ihre Maschenproben in Runden und in Reihen um 3 bis 4 Maschen voneinander abweichen, was sich natürlich auf die Größe des fertigen Modells auswirkt. Nehmen Sie sich daher die Zeit auszuprobieren, wie Sie in Runden und in Reihen stricken, bevor Sie die Maschenprobe einfach in Reihen arbeiten, weil das einfacher und schneller geht!

In Schlauchform

Für eine rundgestrickte Maschenprobe in Schlauchform müssen Sie mehr als doppelt so viele Maschen anschlagen wie in der Strickanleitung angegeben, da der Schlauch doppelt liegt, wenn Sie ihn zum Abmessen flach hinlegen. Wird in der Anleitung also eine bestimmte Maschenzahl für eine Probe von 10 x 10 cm angegeben (wie es üblich ist), muss Ihr Schlauch nicht nur 20 cm Umfang haben, sondern sogar etwas mehr, damit der Schlauch zum Abmessen der Breite wirklich auf 10 cm ganz glatt liegt.

Diese Methode hat den Vorteil, dass sie genau der Art entspricht, wie Sie später auch stricken (da sie komplett rundgestrickt ist). Man benötigt dafür jedoch mehr Garn und mehr Zeit als für die erste Methode. Da es sich hier um Runden mit kleinem Durchmesser handelt, haben Sie die Wahl, ob Sie mit der Magic-Loop-Technik oder mit einer Rundnadel von 23 oder 30 cm Länge arbeiten möchten.

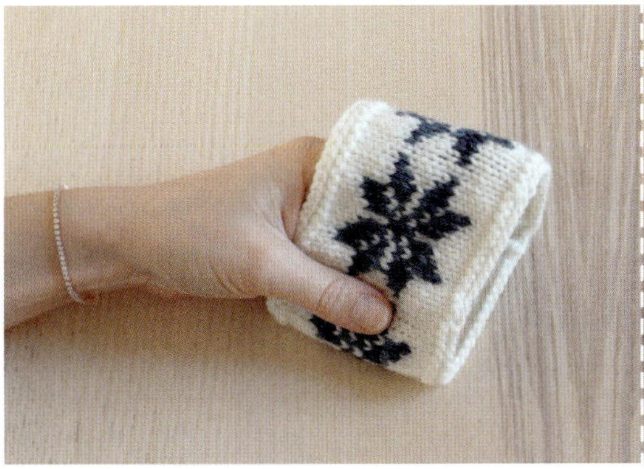

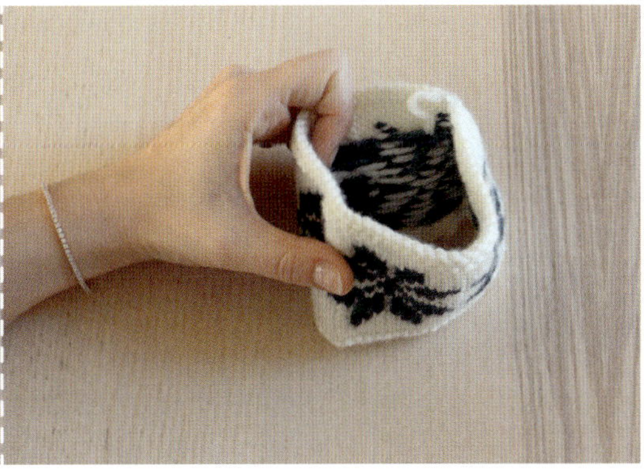

Praxistipp

Wechseln Sie bei der Magic-Loop-Technik ab und zu die Stelle, an der Sie die Maschen teilen, damit man diese später nicht sieht. Dies gilt nicht nur für die Maschenprobe, sondern auch für die eigentliche Strickarbeit.

Stricken Sie wie bei einer normalen in Reihen gestrickten Maschenprobe am unteren und oberen Rand einige Reihen kraus rechts, damit die Maschenprobe sich nicht einrollt.

Spannen und Abmessen der Maschenprobe

Damit Sie mithilfe der Maschenprobe tatsächlich die genaue für 10 cm benötigte Maschenzahl ermitteln können, müssen Sie die Maschenprobe unbedingt spannen und erst nach dem Trocknen abmessen. Dazu die Maschenprobe in einer Schüssel mit kaltem oder lauwarmem Wasser und etwas Waschmittel etwa 30 Minuten einweichen. Dann in einem Handtuch leicht ausdrücken und zum Trocknen flach hinlegen. Sie können sie am Rand feststecken, jedoch ohne daran zu ziehen.

Nach dem Trocknen die Maschenzahl auf 10 cm Breite und die Reihenzahl auf 10 cm Höhe abzählen.

Praxistipp

Bei der rundgestrickten Maschenprobe mit Spannfäden (erste Methode) die Fäden erst nach dem Einweichen in Wasser durchschneiden.

Falls die Maschenprobe nicht gelingt, können Sie die Nadelstärke anpassen: Wenn Sie locker stricken (auf 10 cm sind weniger Maschen auf der Nadel als angegeben), verwenden Sie eine kleinere Nadelstärke; wenn Sie fester stricken (auf 10 cm sind mehr Maschen auf der Nadel als angegeben), nehmen sie eine größere Nadelstärke.

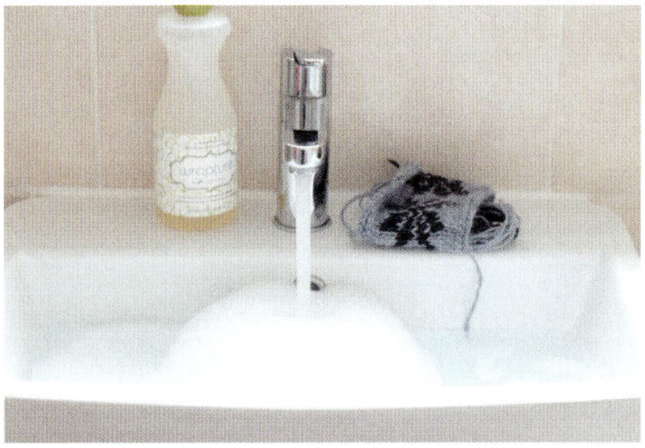

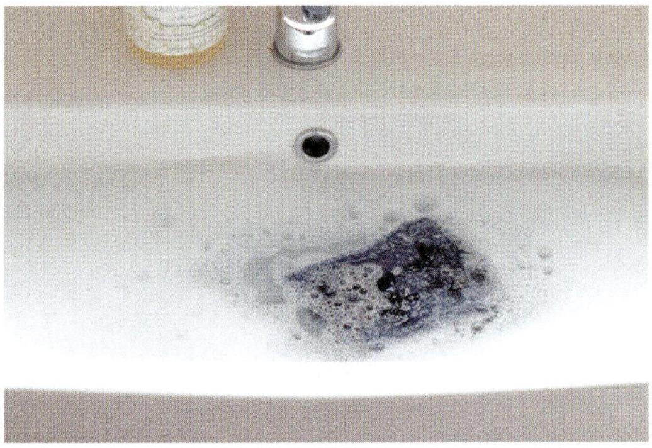

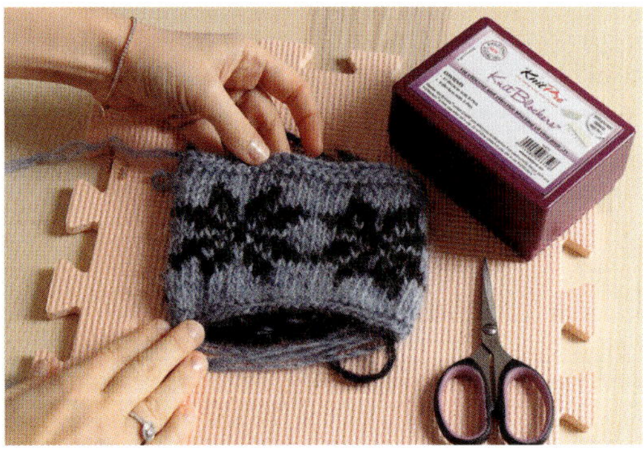

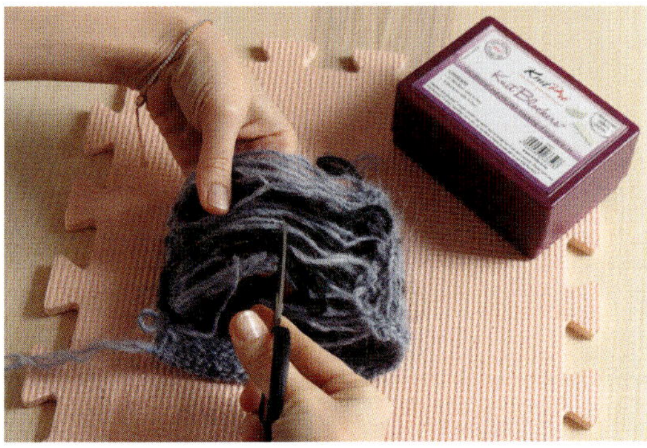

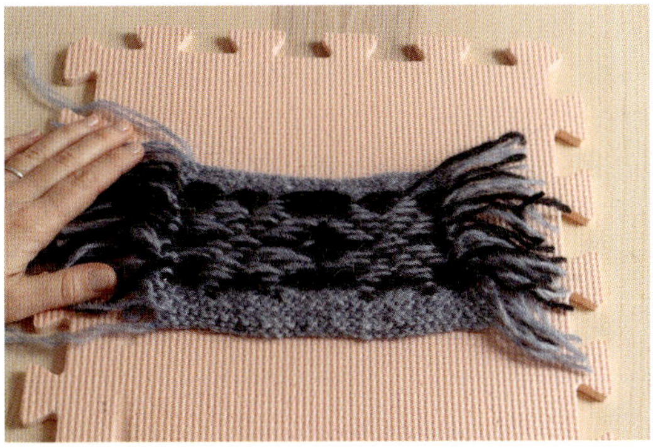

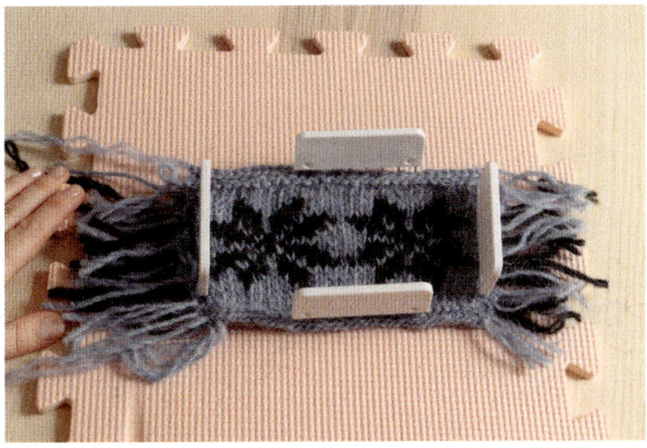

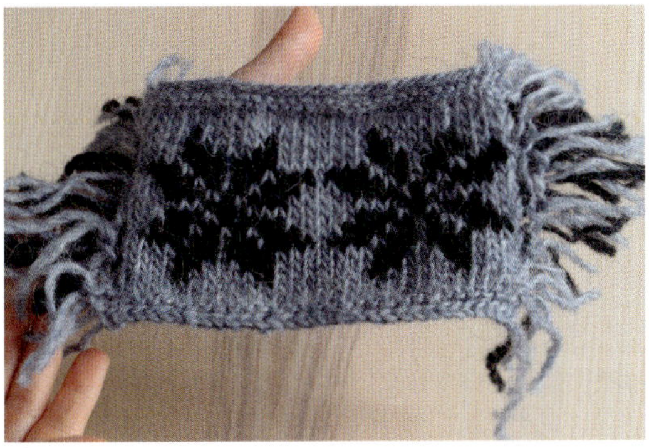

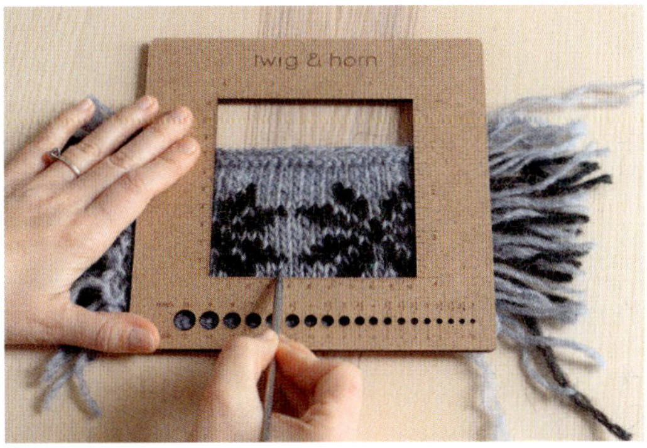
twig & horn

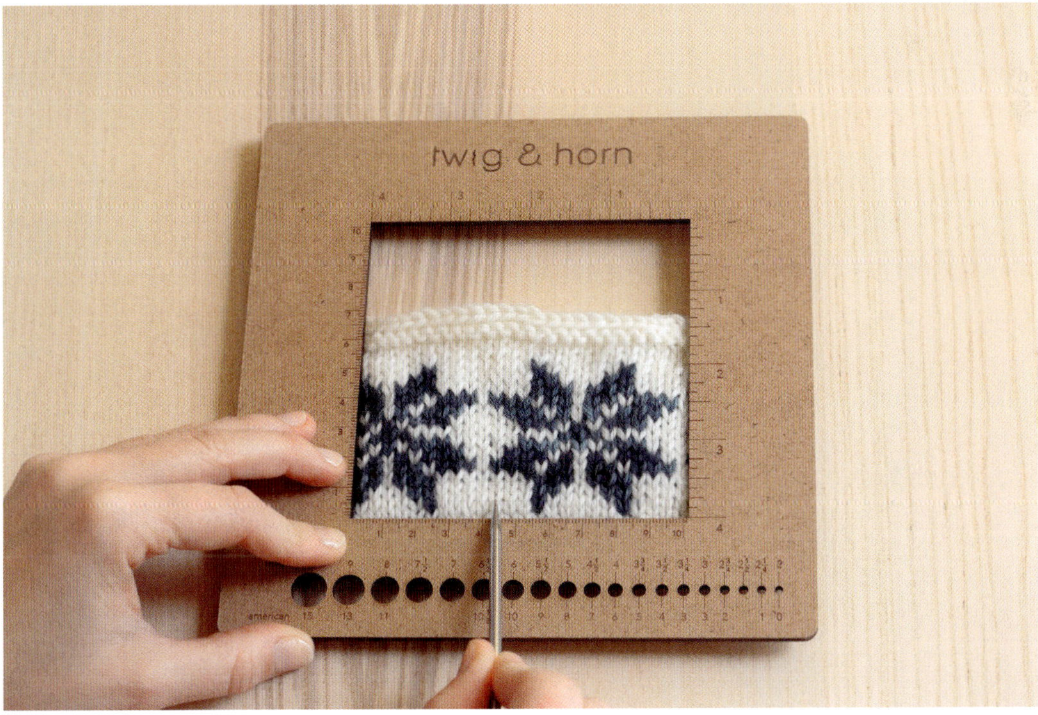
twig & horn

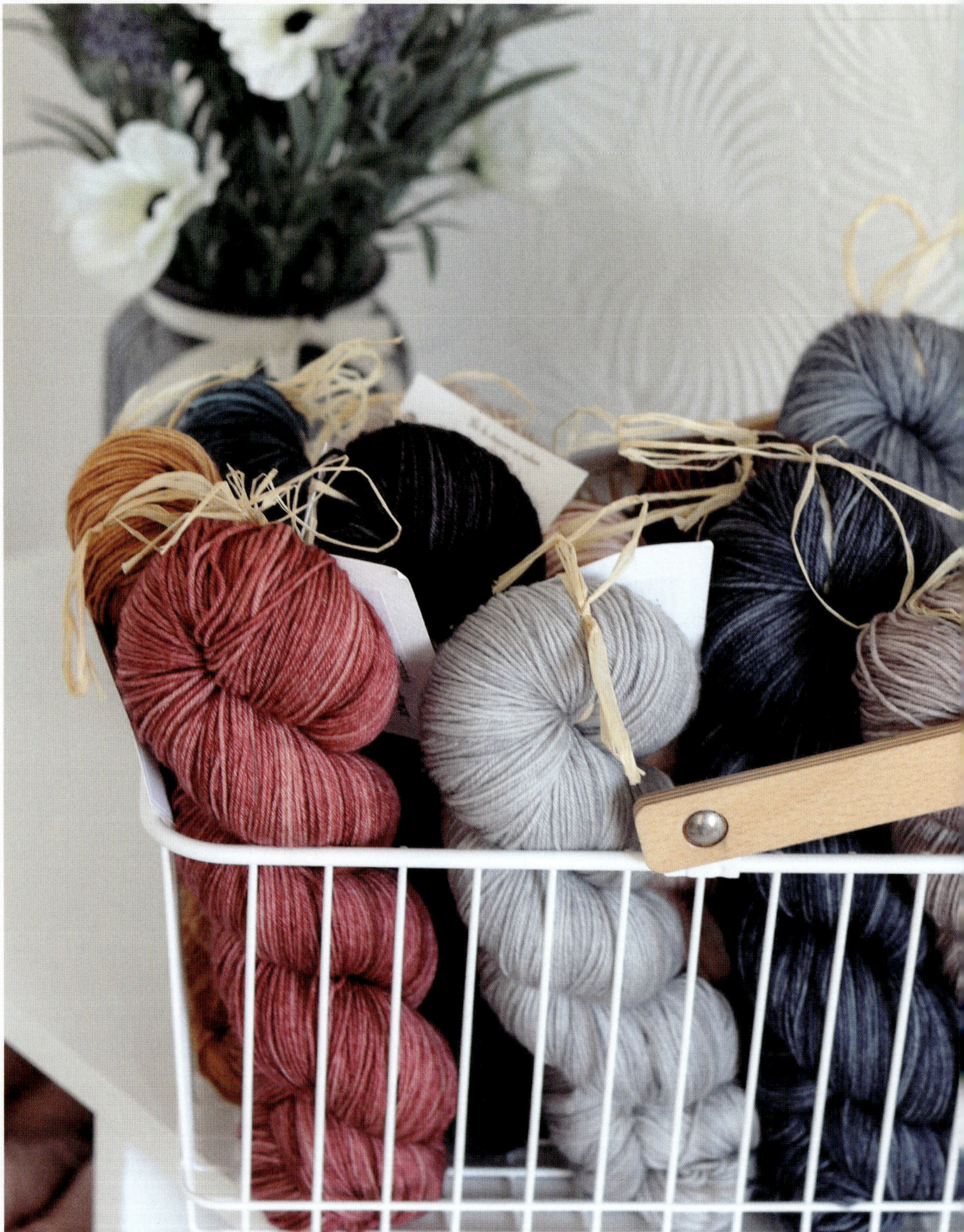

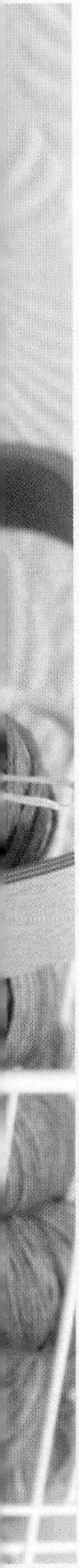

KAPITEL 7

Intarsien stricken

Im Unterschied zum Jacquard müssen bei der Intarsientechnik auf der Rückseite der Arbeit keine Spannfäden mitgeführt werden, denn es werden lediglich Einzelmotive eingestrickt, die sich nicht über eine ganze Reihe oder Runde fortsetzen.

Technik und Tipps

Intarsienmotive werden in der Regel in Hin- und Rückreihen gestrickt, da dies einfacher ist. Für jede Farbfläche wird ein eigenes Knäuel Garn benötigt.

Für das unten gezeigte Beispiel bedeutet dies: Die rechte Partie wird mit einem weißen Knäuel (A1) gestrickt, das Herz mit einem roten Knäuel (B1), die Partie links des Motivs mit einem zweiten weißen Knäuel (A2). In den unteren Reihen werden für dieses Motiv also 3 Knäuel benötigt, in den oberen Reihen sogar 5 Knäuel (3 weiße und 2 rote). Die seitlich an der Strickschrift angegebenen Zahlen stehen abwechselnd auf der rechten und linken Seite – das bedeutet, dass in Hin- und Rückreihen gestrickt wird.

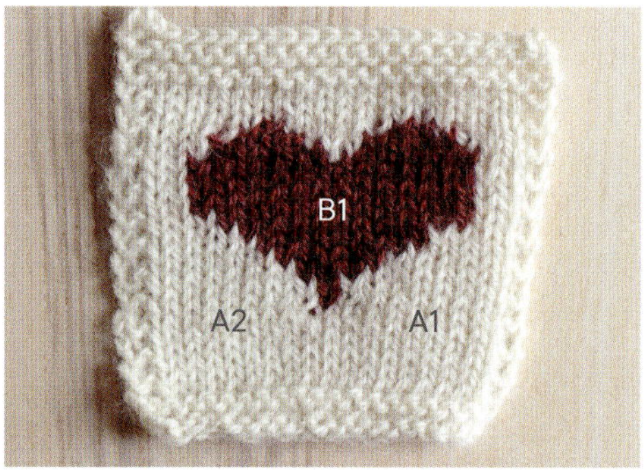

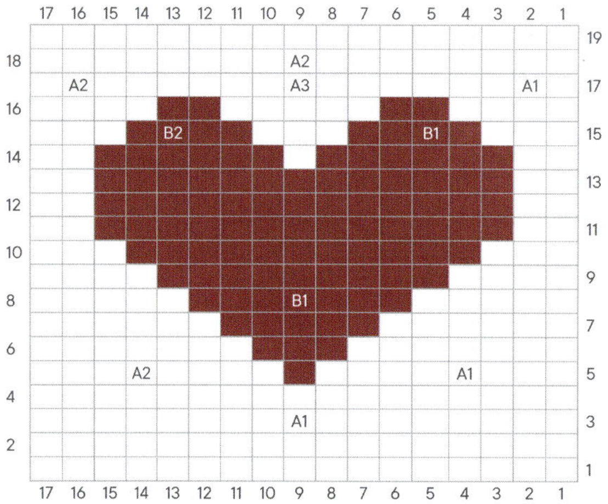

GUT ZU WISSEN

Statt mit großen Knäueln zu arbeiten, besser kleine Portionen zu einem Miniknäuel rollen oder etwas Garn um ein Stück Pappe oder eine Wollspule aus Plastik wickeln. Bei einem kleinen Motiv einfach einen genügend langen Faden auf der Rückseite hängen lassen, ohne ihn aufzuwickeln.

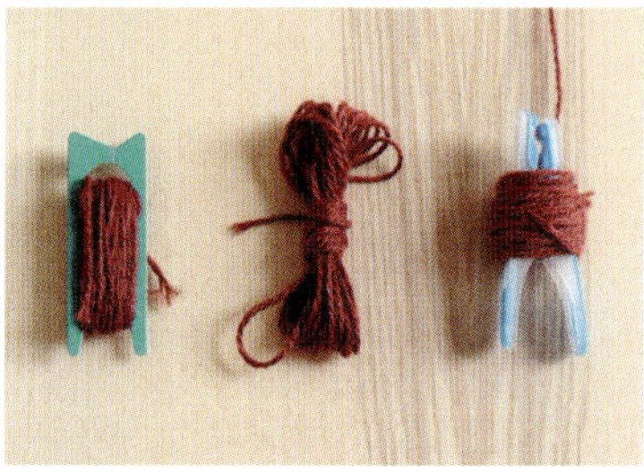

Das Einstricken von Motiven mit der Intarsientechnik kann recht knifflig sein: Je nach Motiv wird mit zahlreichen Knäueln gearbeitet, deren Fäden sich leicht miteinander verwirren. An den Übergangsstellen (Farbwechsel) entstehen außerdem leicht kleine Löcher. Je mehr Farben in einem Motiv verwendet werden, desto komplizierter wird das Ganze.

Um zu verhindern, dass die Knäuel sich heillos miteinander verwickeln, legen Sie sie in einen Schuhkarton und führen die Fäden durch in die Seite gebohrte Löcher. So bleiben sie getrennt, und die Knäuel bleiben ordentlich in der Schachtel.

Intarsien in Hin- und Rückreihen

Zum Stricken von Intarsien in Reihen wird die Strickschrift ebenso gelesen wie beim Jacquardstricken in Reihen: die Hinreihen von rechts nach links, die Rückreihen von links nach rechts..

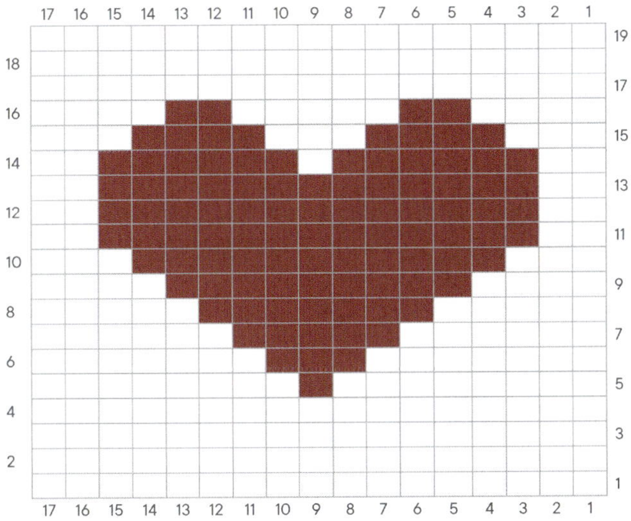

Im Unterschied zum Jacquard wird jedoch bei Intarsien für jede Farbfläche ein neues Knäuel angeschlossen.

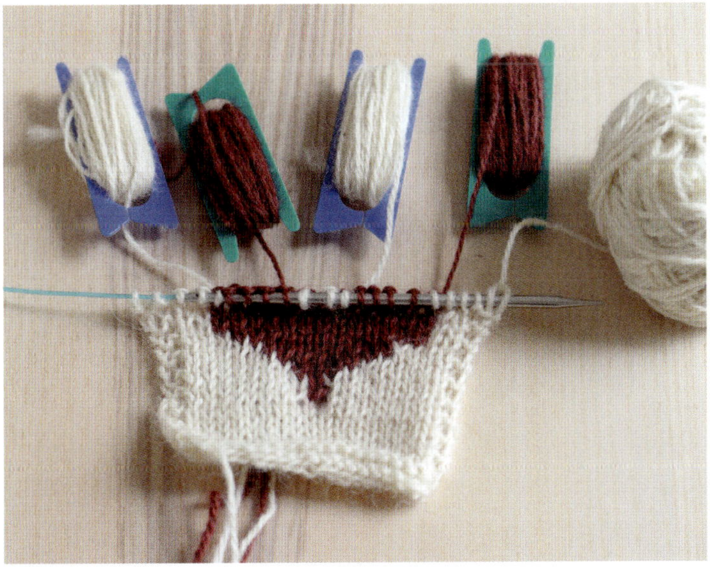

Vorderseite

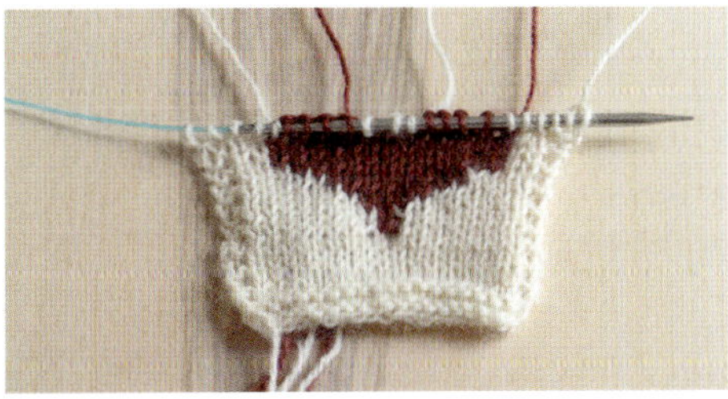

Vorderseite

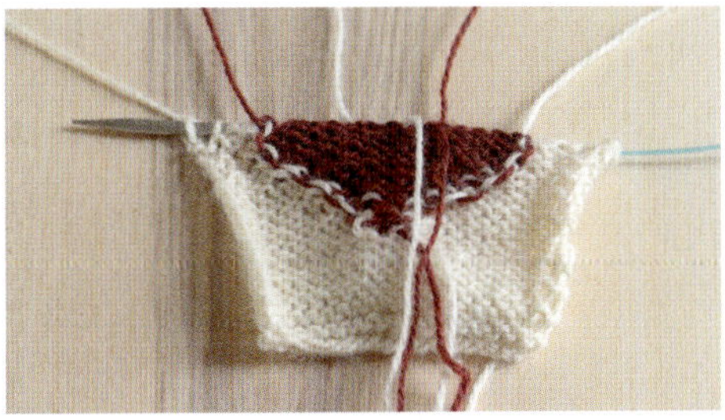

Rückseite

Das Schwierigste an der Intarsientechnik sind die Farbwechsel: Werden diese nicht akkurat gearbeitet, können Löcher entstehen oder umgekehrt die Maschen zu fest angezogen werden. Im Folgenden wird Schritt für Schritt erklärt, worauf es bei dieser Methode ankommt.

Anleitung

Rechte Seite (Hinreihe)

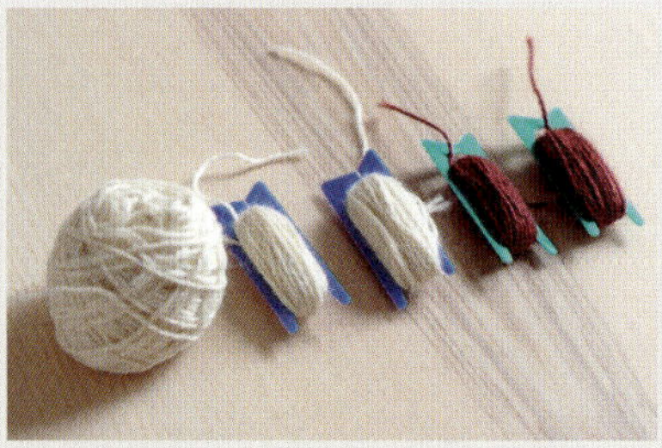

Die für das gewählte Motiv erforderliche Anzahl kleiner Knäuel vorbereiten.

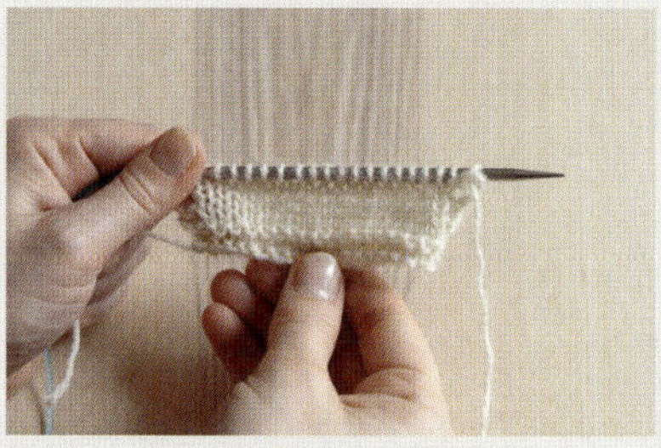

Mit dem Faden A1 ganz normal bis zur 1. Masche der Kontrastfarbe stricken.

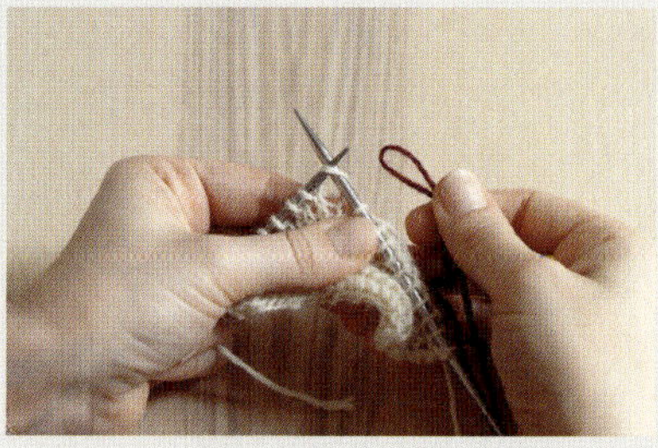

Die Kontrastfarbe anschließen; dabei einen genügend langen Faden zum späteren Vernähen hängen lassen (B1).

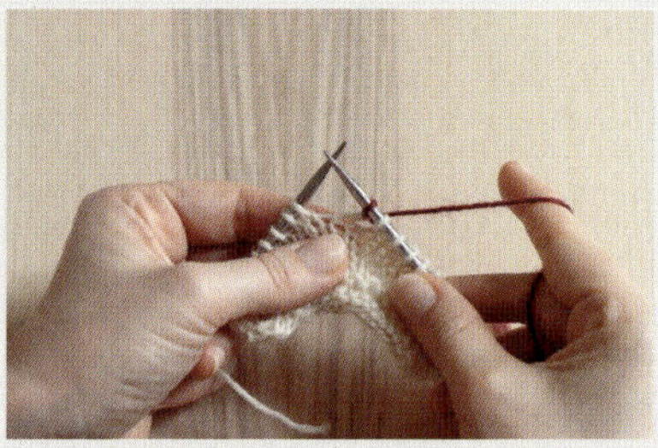

Die entsprechende Masche mit dem kontrastfarbigen Garn stricken – hier die untere Spitze des Herzens.

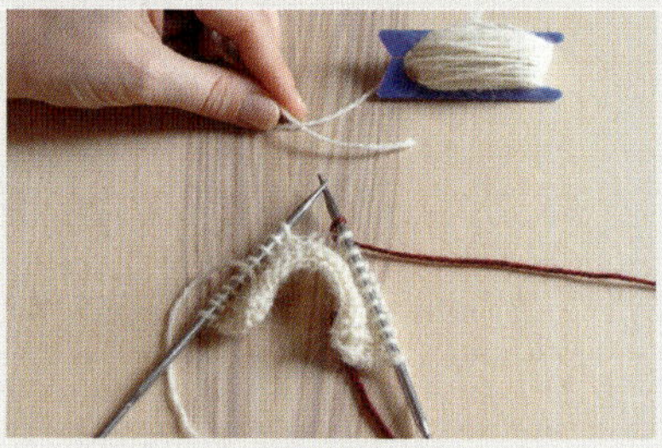

In der Grundfarbe (Weiß) fortfahren: Da in Intarsientechnik gearbeitet wird, dafür ein neues weißes Knäuel verwenden (A2).

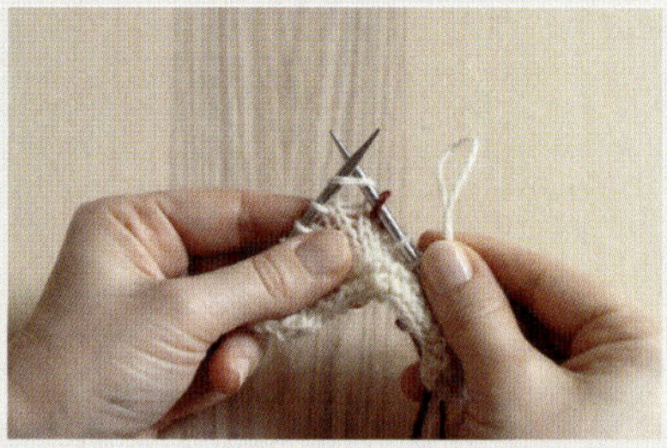

Den neuen weißen Faden anschließen (A2).

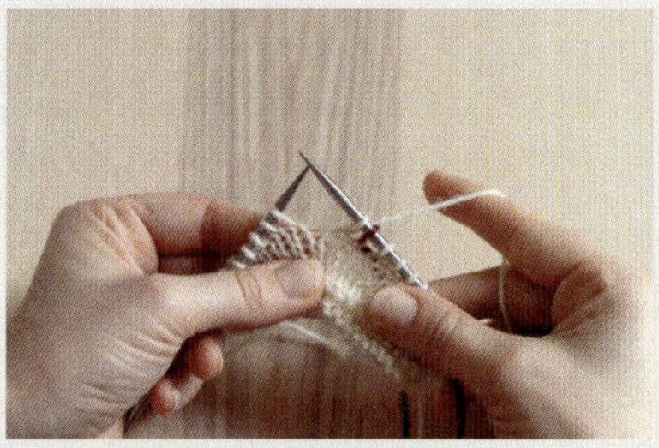

Mit diesem Faden stricken.

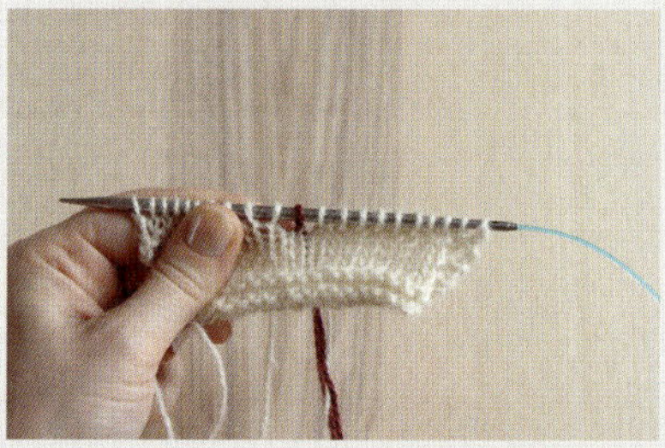

Die Reihe immer noch mit demselben Faden beenden (A2).

Linke Seite (Rückreihe)

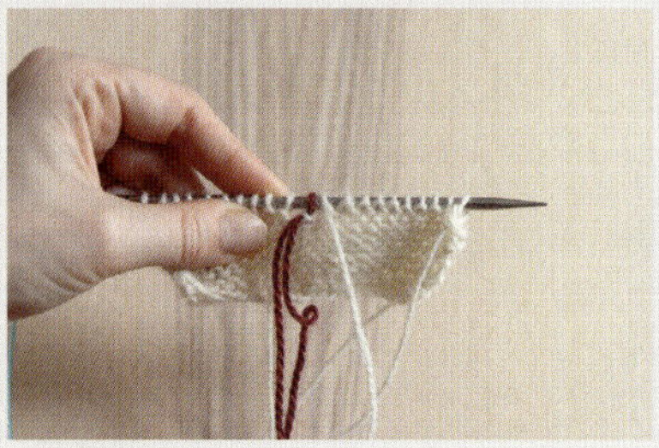

Die Arbeit wenden, um die Rückreihe zu stricken. Die Maschen sind am Ansatz der Fäden oft ziemlich locker, daher das Ganze an den Fadenenden etwas festziehen. Die kürzesten Fäden werden zum Schluss vernäht.

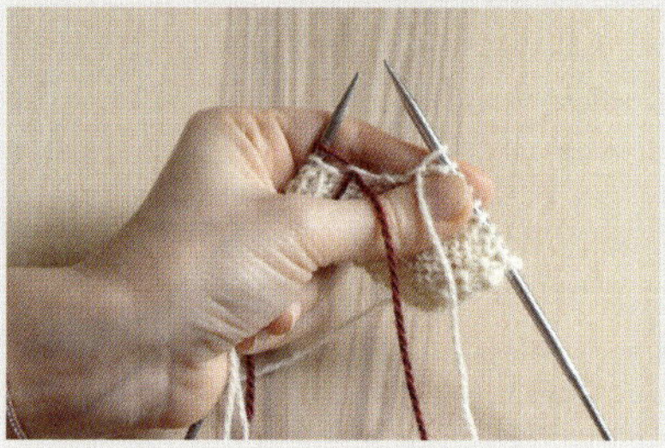

Die Rückreihe bis zum Farbwechsel stricken. Hier müssen die Fäden überkreuzt werden, damit kein Loch entsteht, wenn Sie mit dem roten Faden weiterstricken.

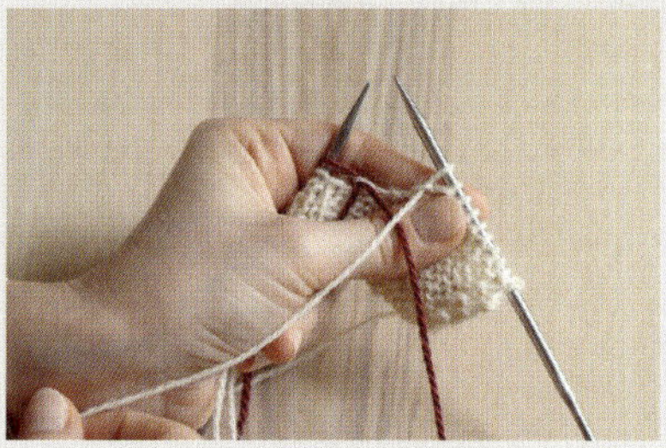

Die Fäden wie folgt überkreuzen: Den zuletzt verwendeten Faden auf den neuen Faden legen, dann mit diesem neuen Faden weiterstricken (hier linke Maschen, da es sich um eine Rückreihe handelt). Diese Technik bei jedem Wechsel zu einer bereits verwendeten Farbe anwenden.

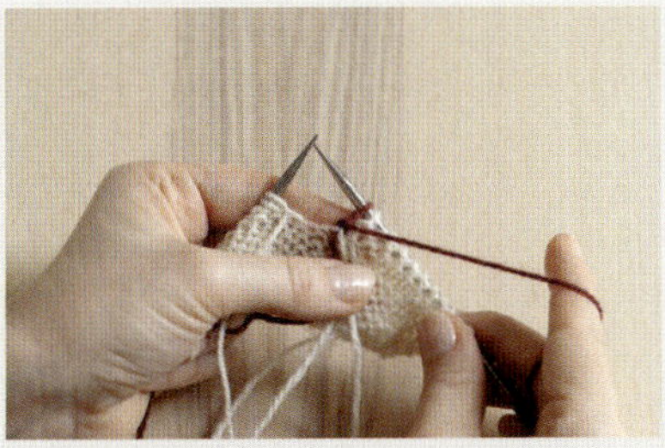

Nach der roten Masche muss wieder eine weiße Masche gestrickt werden.

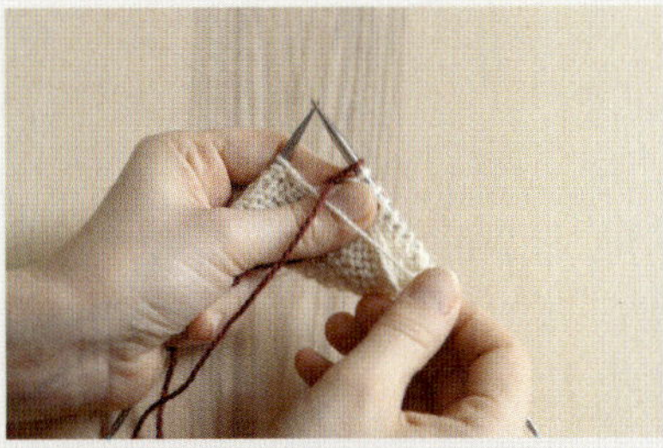

Den roten Faden über den weißen legen. Den weißen Faden von unten aufnehmen und die folgende Masche in Weiß stricken.

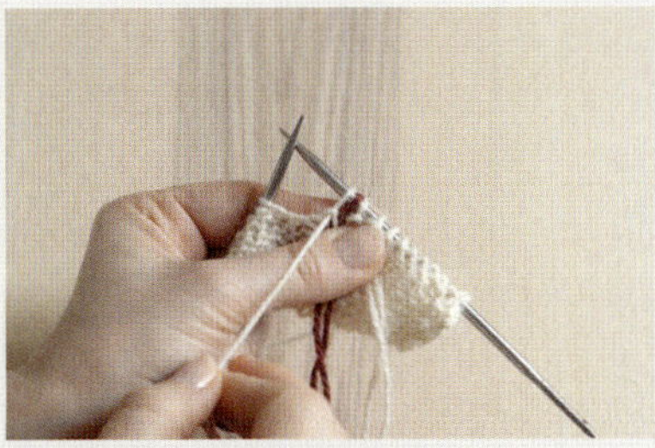

Die Reihe mit dem weißen Faden zu Ende stricken.

Rechte Seite (Hinreihe)

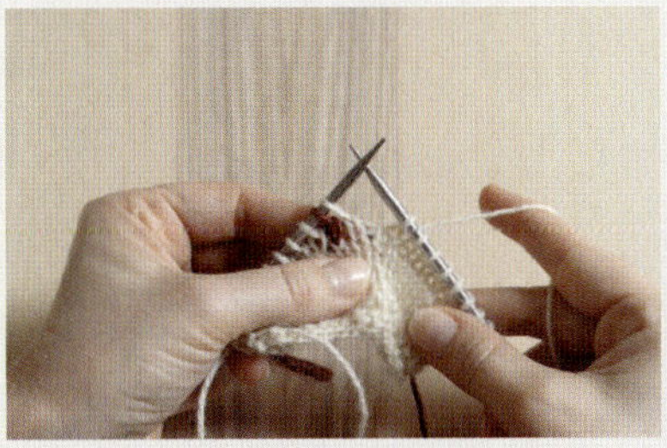

Bei jedem Farbwechsel in einer Hinreihe müssen die Fäden auf der Rückseite ebenfalls überkreuzt werden wie beschrieben.

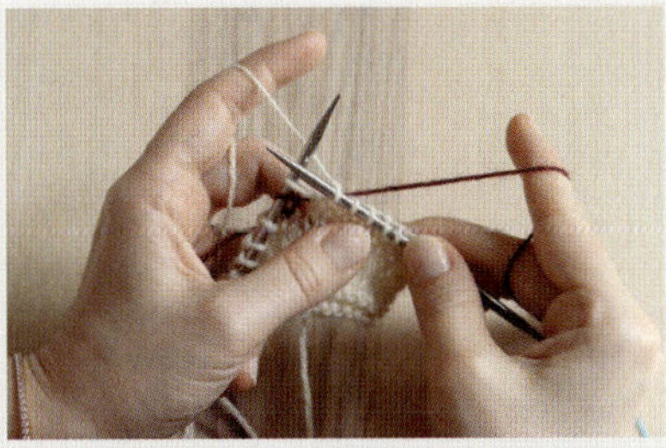

Die Technik ist stets dieselbe: Den Faden der alten Farbe über den der neuen Farbe (hier weißer Faden) legen. Die neue Farbe (hier roter Faden) von unten aufnehmen.

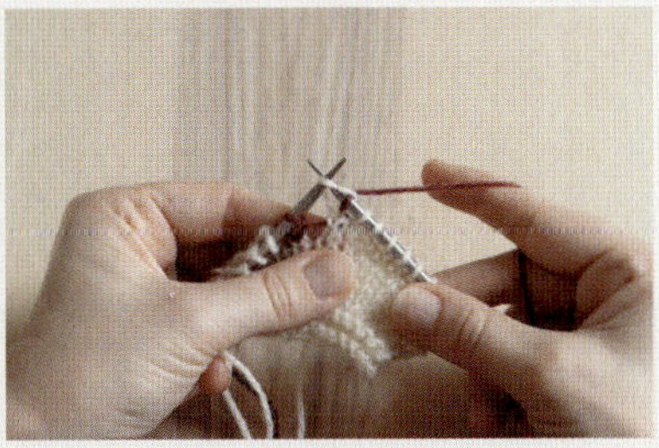

Die folgende Masche mit der neuen Farbe (rot) stricken.

Intarsien in Reihen: Fäden vernähen

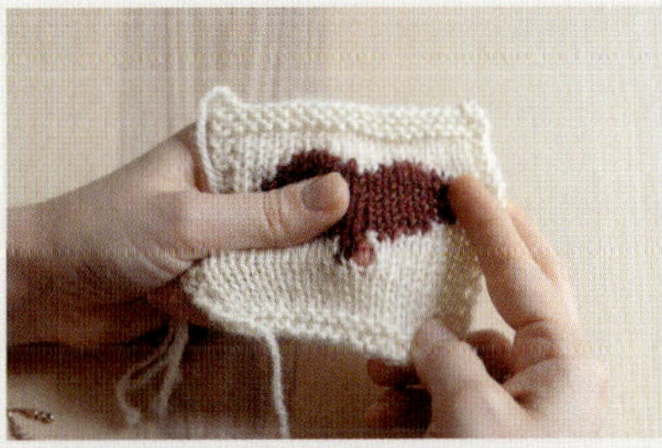

Wenn eine neue Farbe angeschlossen wird, ist es normal, dass an der Seite der ersten Masche ein Loch entsteht.

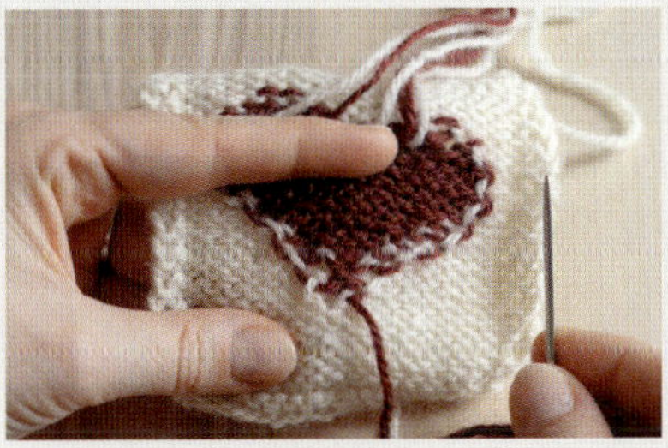

Den Faden mithilfe einer Wollnadel vernähen.

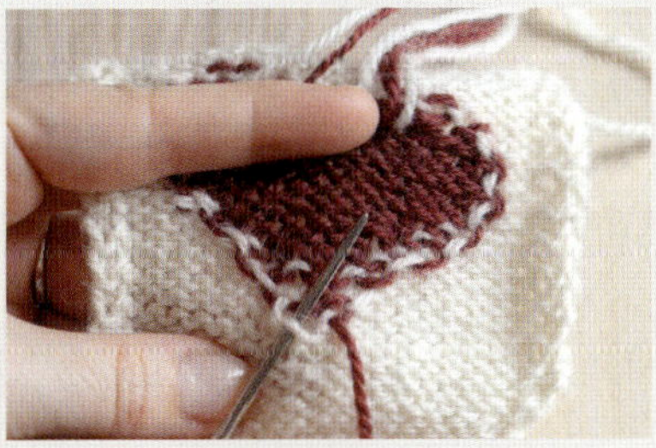

Den roten Faden über die angrenzende weiße Masche legen und durchziehen, um die rote Masche zu vervollständigen.

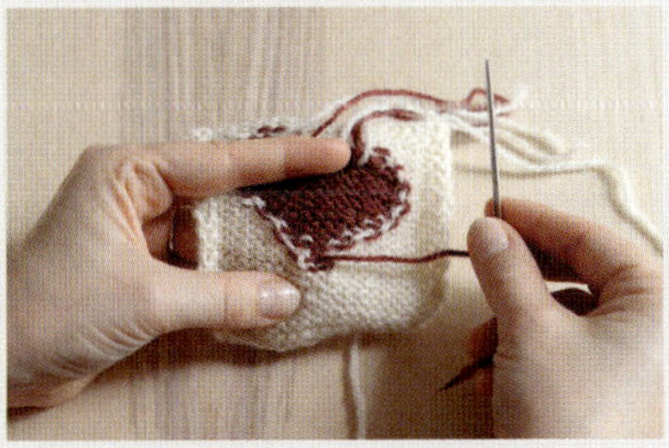

Die weiße und die rote Masche, die zuvor voneinander getrennt waren, sind nun verbunden, als wären sie durchgehend mit einer Farbe gestrickt worden.

Bei allen weiteren neu angesetzten Farben/Fäden ebenso vorgehen.

Intarsien rundstricken

Da es generell einfacher ist, Intarsien in Hin- und Rückreihen zu stricken, ist die kompliziertere Methode, Intarsien in Runden zu arbeiten, weniger verbreitet. Beim Rundstricken ist quasi jede Runde eine Hinrunde. Wenn man also in einer neuen Runde eine in der Vorrunde verwendete Farbe stricken will, hängt der entsprechende Faden noch auf der anderen Seite des Motivs, denn er ist ja nicht wie bei der Jacquardtechnik mitgeführt worden.

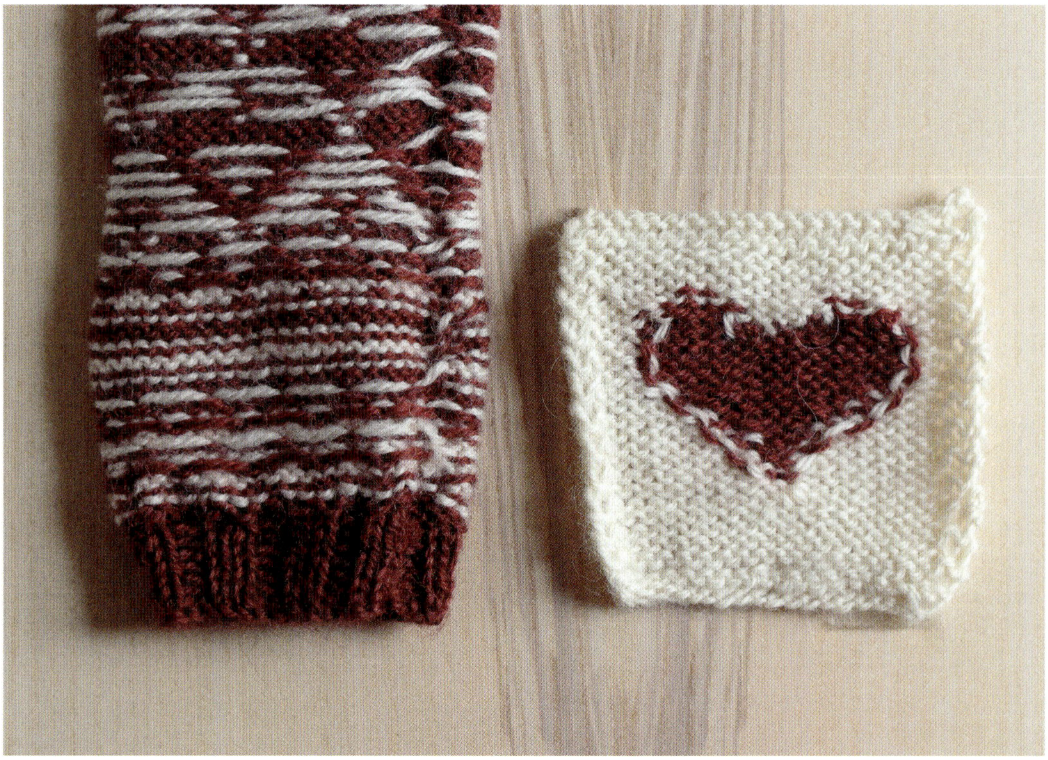

Bei einem kleinen Motiv, das nur über wenige Runden gearbeitet wird, können Sie den Faden entweder hinter dem Motiv wieder an den Anfang führen oder in jeder Runde einen neuen Faden für das Motiv verwenden.

Bei einem größeren Motiv ist hingegen die einzige Möglichkeit, in Höhe des Motivs in Hin- und Rückreihen zu stricken, um den Faden der Kontrastfarbe an der richtigen Stelle wieder aufnehmen zu können.

Möchten Sie also unbedingt rundstricken, ist die beste Methode, mit verkürzten Reihen zu arbeiten – diese Technik ermöglicht es, lediglich eine Partie der Arbeit in Reihen zu stricken. Während Sie das Motiv stricken, arbeiten Sie also vorübergehend nicht in Runden, sondern in Hin- und Rückreihen. Achten Sie darauf, dabei die gleiche Spannung zu halten, sodass das Maschenbild sich nicht von den rundgestrickten Partien unterscheidet.

Es gibt zwei verschiedene Methoden.

1. Methode: Verkürzte Reihen mit Wickelmaschen (Wrap & Turn)

1. Die Hinreihe nach der Strickschrift bis zur letzten Masche stricken (also bis zu der Stelle, an der Sie den Maschenmarkierer für den Rundenbeginn gesetzt haben).
2. An der ersten Masche der folgenden Runde eine verkürzte Reihe arbeiten. Dazu die Masche der linken Nadel links abheben. Der Arbeitsfaden liegt dabei hinter der Arbeit. Nun den Faden zwischen den Nadeln nach vorn holen und die abgehobene Masche zurück auf die linke Nadel heben. Die Masche ist nun umwickelt.
3. Die Arbeit wenden und die Rückreihe nach der Strickschrift links stricken, und zwar bis zu der umwickelten Masche.
4. Den um die Masche geschlungenen Wickel zurück auf die Nadel heben und mit der Hauptmasche zusammen links abstricken.
5. Eine verkürzte Reihe an der letzten Masche der Runde arbeiten. Dazu die Masche links abheben und den Faden zwischen den Nadeln nach hinten legen. Die abgehobene Masche zurück auf die linke Nadel heben und den Faden zwischen den Nadeln wieder nach vorn holen. Nun ist die Masche umwickelt.
6. Die Arbeit wenden und wieder eine Hinreihe stricken (rechte Maschen).

Auf diese Weise fortfahren, bis das Intarsienmotiv der jeweiligen Strickschrift fertig ist. Dann ganz normal in Runden weiterstricken.

Beachten Sie, dass diese Methode je nach verwendetem Garn auf beiden Seiten relativ deutlich sichtbar sein kann.

2. Methode: Verkürzte Reihen mit Umschlag

1. Am Beginn der ersten Intarsienreihe einen Umschlag arbeiten und die Runde nach der Strickschrift zu Ende stricken.
2. Die letzte Masche der Reihe und den Umschlag linksgeneigt zusammenstricken (– abh abh re verschr zus: 2 M nacheinander re abheben, zurück auf die linke Nadel heben, rechts verschränkt zusammenstricken).
3. Die Arbeit wenden, 1 Umschlag arbeiten und die Reihe bis 1 Masche vor dem Ende links stricken.
4. Die letzte Masche der Reihe und den Umschlag links zusammenstricken.

Diese Technik ähnelt der ersten, ist jedoch dank der Umschläge und zusammengestrickten Maschen weniger sichtbar..

ALTERNATIVE ZUR INTARSIEN-TECHNIK: DER MASCHENSTICH

Für kleine, nur wenige Maschen umfassende andersfarbige Motive an einem Kleidungsstück, Accessoire, Kuscheltier für Kinder oder auch einer Wolldecke muss man nicht unbedingt die Intarsientechnik anwenden.

In diesem Fall kann das Motiv im Maschenstich aufgestickt werden. Das dazu verwendete Garn muss die gleiche Stärke haben wie das Hauptgarn des Modells. Die Technik wird in Kapitel 9 (siehe S. 84) ausführlich beschrieben.

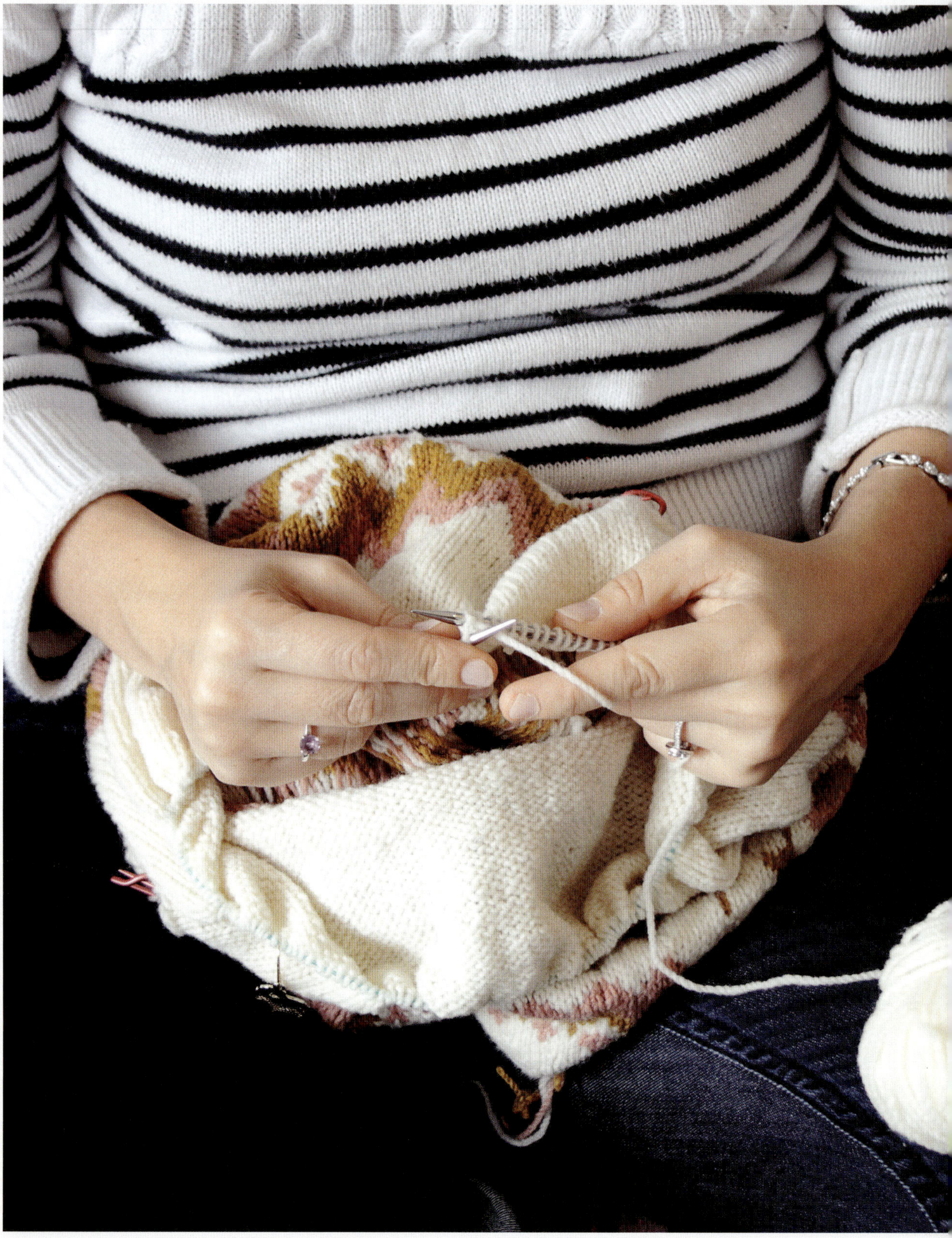

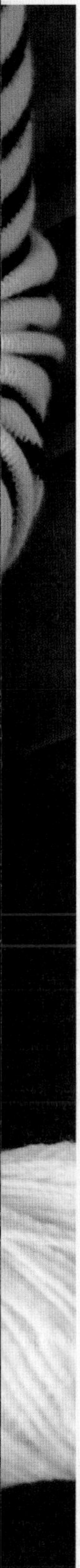

KAPITEL 8

Jacquardmuster stricken

In diesem Kapitel werden detailliert alle Techniken erläutert, die zum Stricken von Jacquardmustern benötigt werden. Damit sind Sie bestens gewappnet und können loslegen!

Fadenhaltung und Fadenführung

Es gibt verschiedene Möglichkeiten, die Fäden zu halten – dabei gibt es keine gute oder schlechte Art. Entscheidend ist, dass Sie die Technik finden, mit der Sie am besten zurechtkommen und eine gute Fadenspannung haben. Am besten probieren Sie mehrere Methoden aus und nehmen sich die Zeit, damit zu experimentieren.

Mit zwei Fäden

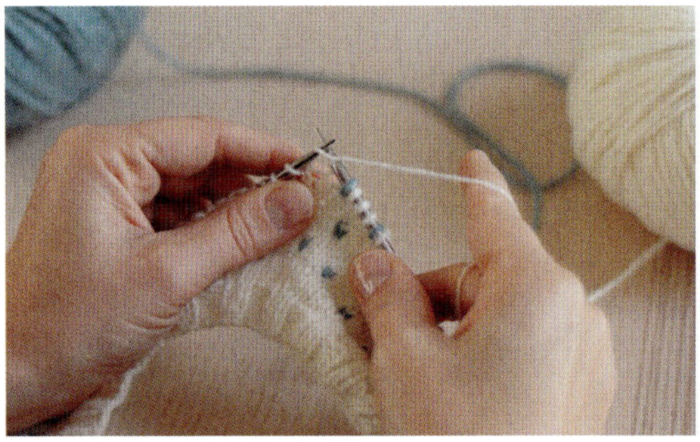

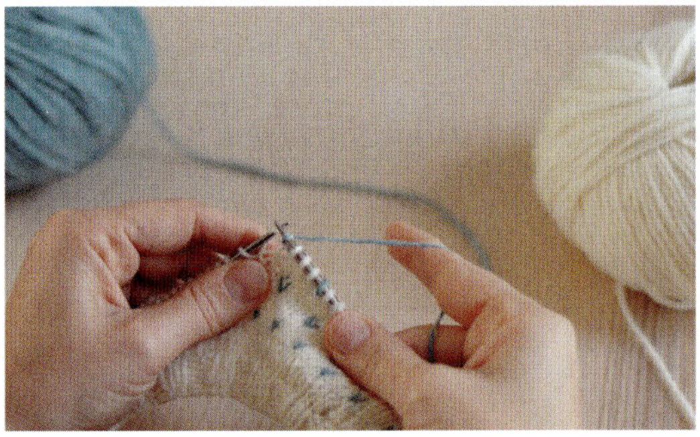

Englische/französische Fadenführung – beide Fäden rechts: Diese Technik wird häufig von Jacquard-Anfängern gewählt. Beide Fäden werden mit der rechten Hand geführt und nach der Strickschrift abwechselnd verwendet. Vorteil: Diese Methode ist einfach, und man muss dafür nicht lernen, beide Fäden gleichzeitig gleichmäßig gespannt zu halten wie bei der beidhändigen Methode (ein Faden in jeder Hand). Nachteil: Die Methode ist zeitaufwändiger, da man permanent den ersten Faden loslassen und den zweiten aufnehmen muss und umgekehrt. Die Technik kann auch zu Verspannungen in den Schultern führen.

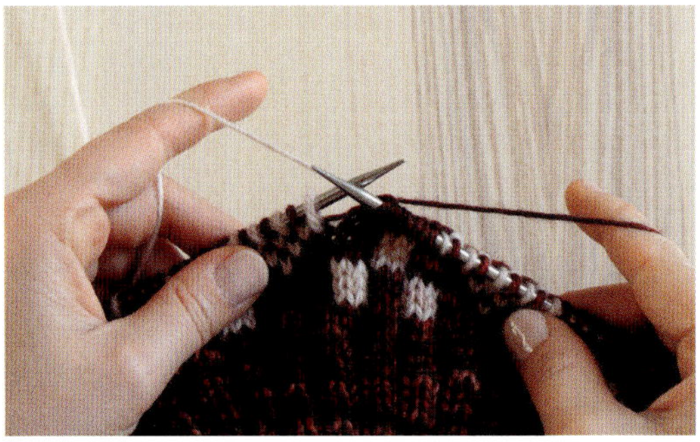

Beidhändige Methode – ein Faden in jeder Hand: Wenn Sie bereits beim einfarbigen Stricken den Faden links führen (deutsche/„kontinentale" Methode) oder direkt eine gute Technik zum Jacquardstricken erlernen möchten, empfehle ich Ihnen, mit jeder Hand einen Faden zu führen. Diese Methode ist schnell und führt nicht so leicht zu Verspannungen, da sie weniger Bewegungen erfordert.

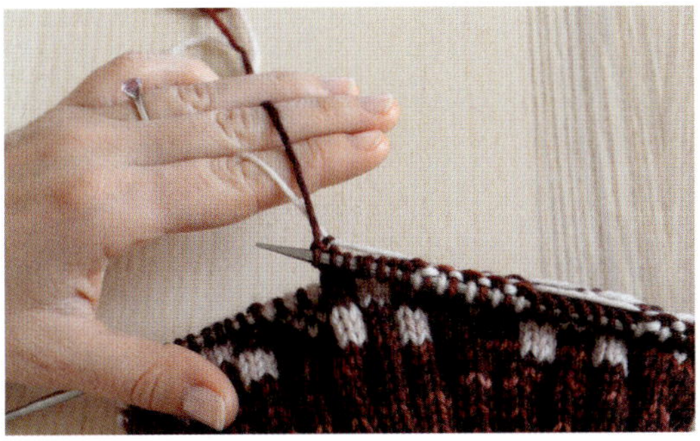 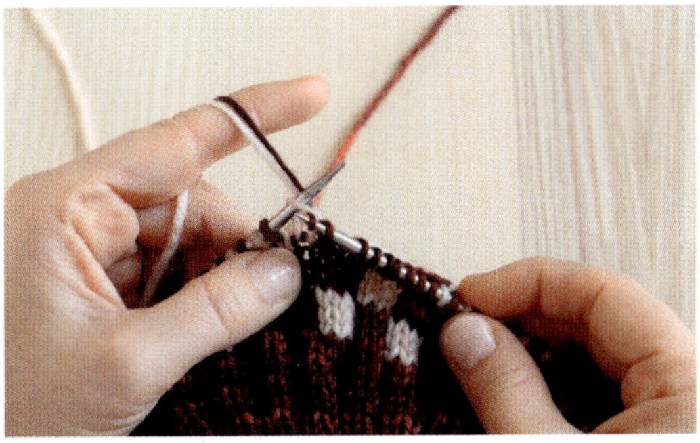

Deutsche Methode: beide Fäden links. Diese Technik eignet sich besonders für alle, die mit der deutschen („kontinentalen") Methode vertraut sind. Für Jacquard-Anfänger kann es jedoch einfacher sein, mit jeder Hand einen Faden zu führen. Bei der deutschen Methode ist es wichtig, die Fäden auf dem Zeigefinger nach der Farbdominanz anzuordnen (siehe weiter unten in diesem Kapitel). Man kann auch jeden Faden mit einem anderen Finger der linken Hand führen. Beim Stricken des Musters fasst man bei jeder Masche den Faden der nach der Strickschrift erforderlichen Farbe.

Mit drei Fäden

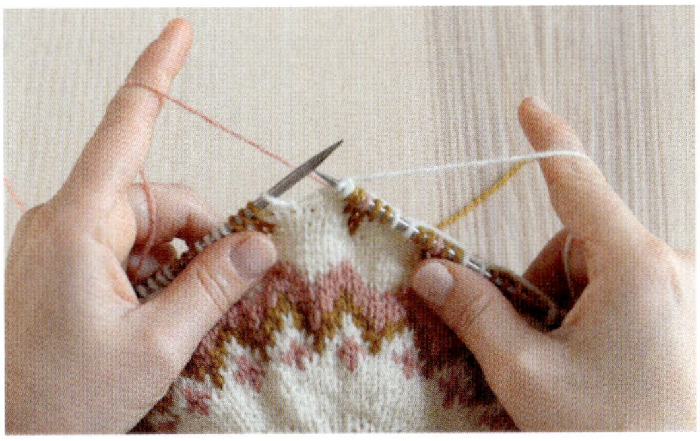 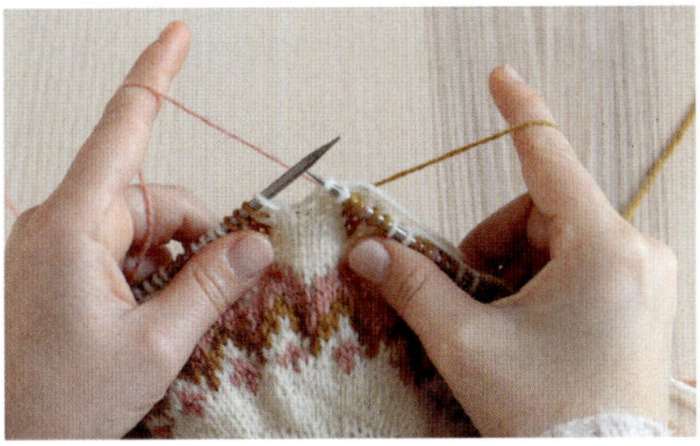

Ein Faden links, zwei Fäden rechts: Bei dieser Methode strickt man mit der linken Hand nach der deutschen Methode, mit der rechten nach der englischen. Beim Farbwechsel an der rechten Hand muss jedes Mal der eine Faden losgelassen und der andere neu aufgenommen werden.

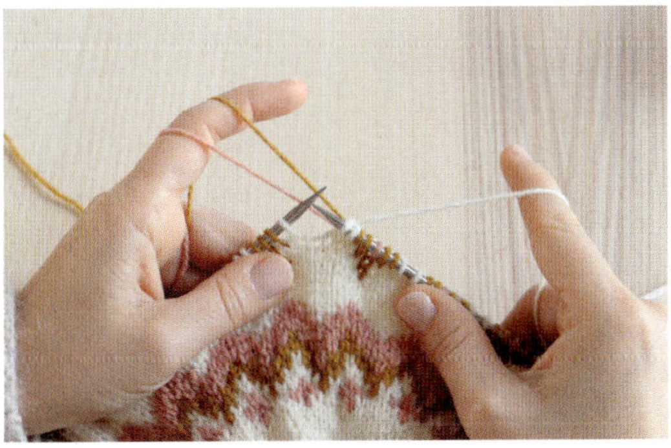

Zwei Fäden links, einer rechts: Hier führt die rechte Hand stets denselben Faden, während an der linken Hand zwischen zwei Farben gewechselt wird. Dabei werden links beide Fäden gleichzeitig geführt. Ist nach der Strickschrift eine rosa Masche an der Reihe, wird mit der rechten Nadel der rosa Faden gefasst, bei einer gelben Masche hingegen der gelbe Faden.

Mit einem Strickfingerhut

Mit dem Strickfingerhut kann man bei der deutschen Strickweise die Fäden leichter fassen, da sie sauber getrennt voneinander geführt werden und nicht verrutschen können wie auf dem Finger. Außerdem ist es einfacher, die Fäden gleichmäßig gespannt zu halten.

Strickfingerhut aus Kunststoff

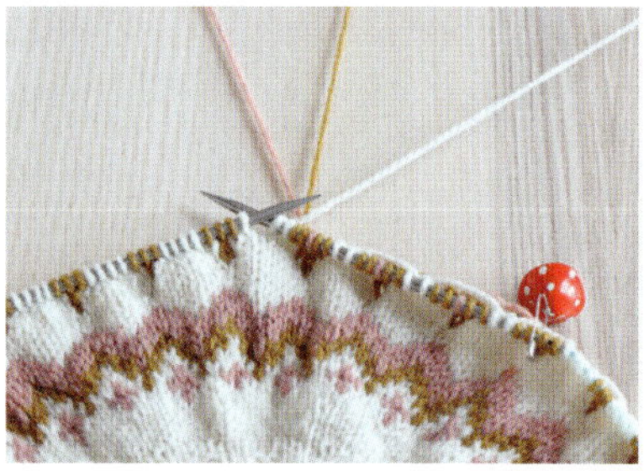

Die Fäden trennen.

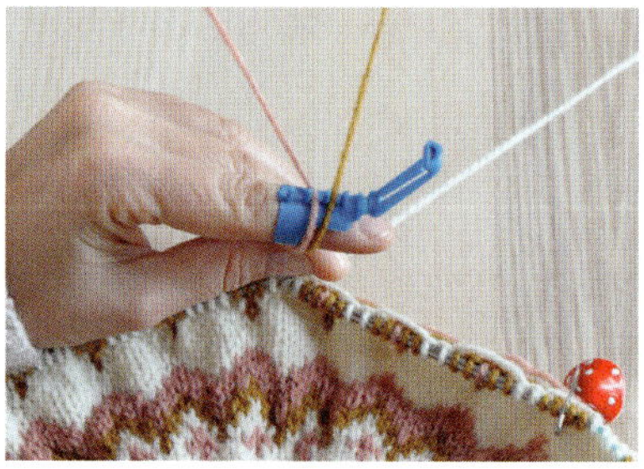

Die beiden linken Fäden in den Fingerhut einlegen.

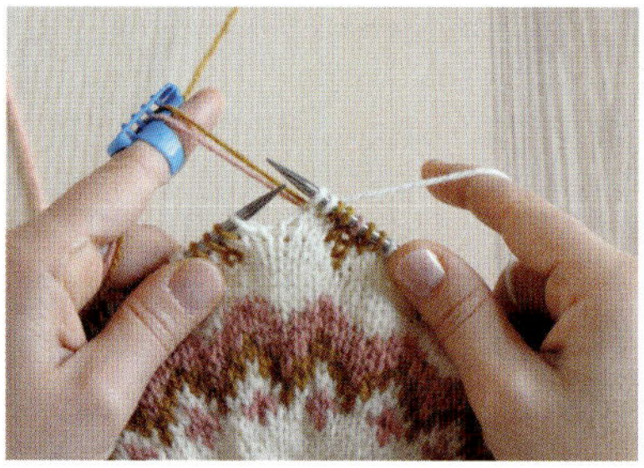

Den rechten Faden mit der rechten Hand fassen.

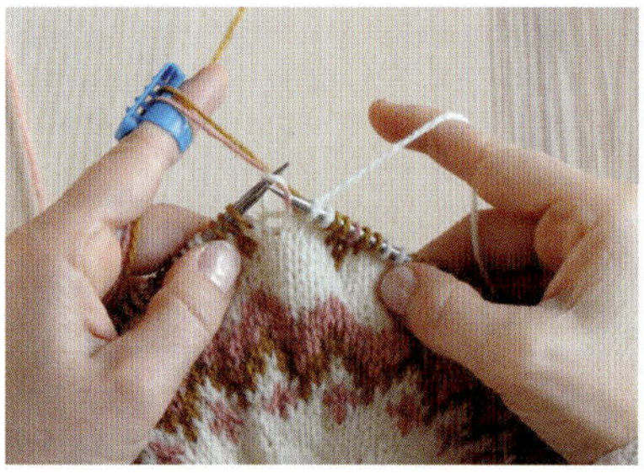

Die Maschen stricken.

Strickfingerhut aus Metall

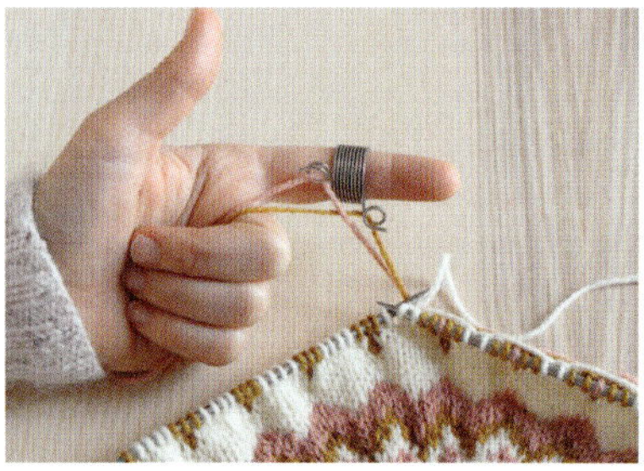

Den Fingerhut aufstecken.

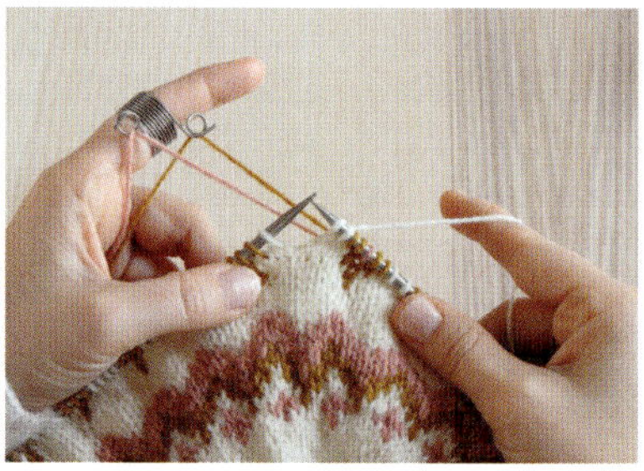

Die Finger in Position bringen.

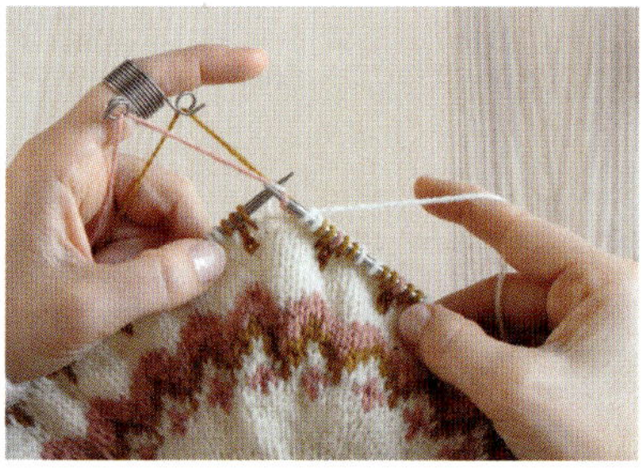

Eine Masche stricken (hier in Rosa).

Anschließen einer neuen Farbe

Mehrfarbig zu stricken bedeutet zwangsläufig, dass man im Verlauf der Strickarbeit irgendwann einen neuen Faden anschließen muss. Das ist ganz einfach! Die Fäden werden nicht miteinander verknotet, es genügt, ein Fadenende von etwa 10 cm hängen zu lassen und direkt mit der neuen Farbe zu stricken wie in der Strickschrift angegeben. Die Fadenenden werden zum Schluss mit der Wollnadel vernäht.

Farbdominanz

Die Farbdominanz ist ein komplexes Thema. Welche Farbe in einem Jacquardmuster dominant ist, variiert je nach Art des Jacquard und je nach Herkunftsland oder -region der Muster und der strickenden Person (Island, Norwegen, Schweden, Großbritannien etc.). Manche sind der Ansicht, dass die Farbdominanz berücksichtigt werden muss, während andere meinen, dass dies keinerlei Auswirkung auf die fertige Strickarbeit hat.

Aber was genau bedeutet Farbdominanz in Jacquardmustern?

Wenn man klassische Jacquardmuster strickt, kommen die Farben – je nachdem, wie die Spannfäden auf der Rückseite geführt werden – unterschiedlich zur Geltung. Man kann also vorausplanen und durch die Position der Fäden steuern, wie die Farben wirken.

Wenn ein zweifarbiges Muster gestrickt wird, das in derselben Runde eine Grundfarbe und eine Musterfarbe hat, erscheinen die Maschen einer der Farben größer, dominanter als die der anderen Farbe.

Im unten abgebildeten Beispiel wurden der linke und der rechte Handschuh mit unterschiedlicher Farbdominanz gearbeitet.

An der rechten Hand wurde die Kontrastfarbe Rot dominant geführt, die Grundfarbe Grau nicht dominant. Daher sind auf der Rückseite der Arbeit die roten Spannfäden deutlicher zu sehen (untere längere Fäden), und auf der Vorderseite wirkt das Muster plastischer.

Umgekehrt wurde am linken Handschuh der graue Faden (Grundfarbe) dominant geführt, der rote Faden (Kontrastfarbe) als Hintergrundfarbe. Dies bewirkt, dass auf der Rückseite die grauen Spannfäden unter den roten verlaufen und deutlicher zu sehen sind. Auf der Vorderseite tritt das rote Muster weniger hervor als am rechten Handschuh.

Daher ist zu empfehlen, die Kontrastfarbe als dominante Farbe zu führen, damit sie gegenüber der Grundfarbe hervortritt.

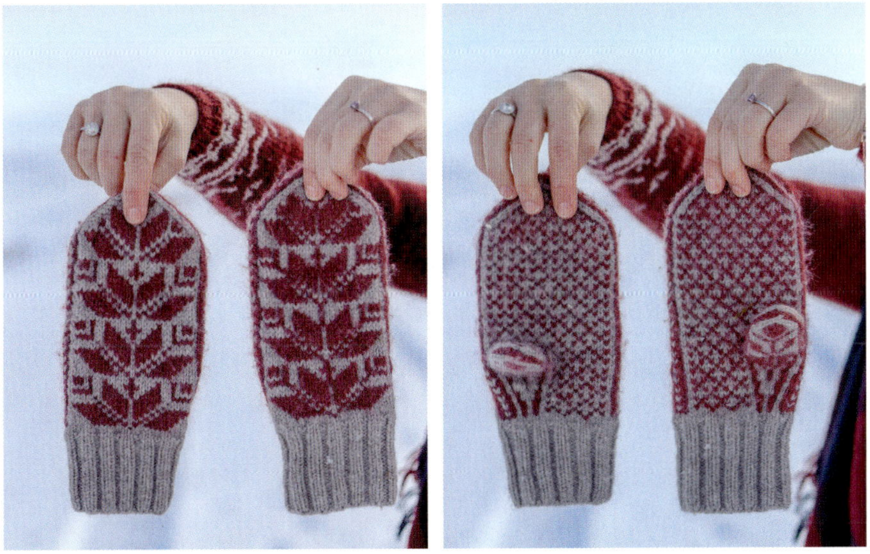

„Norwegian Mittens for Mimi" (Strickanleitung von Anna Mazzarella)

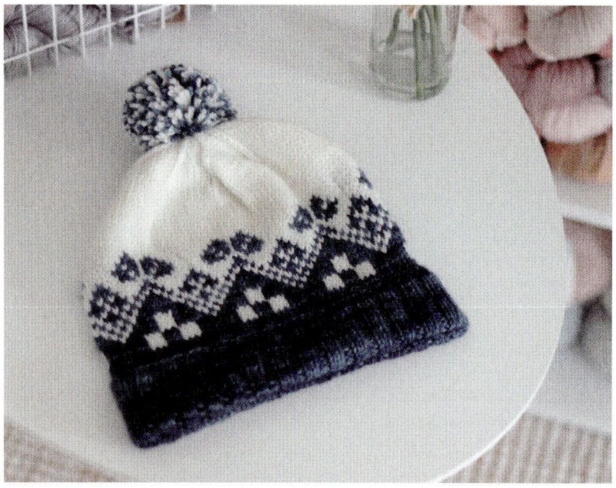

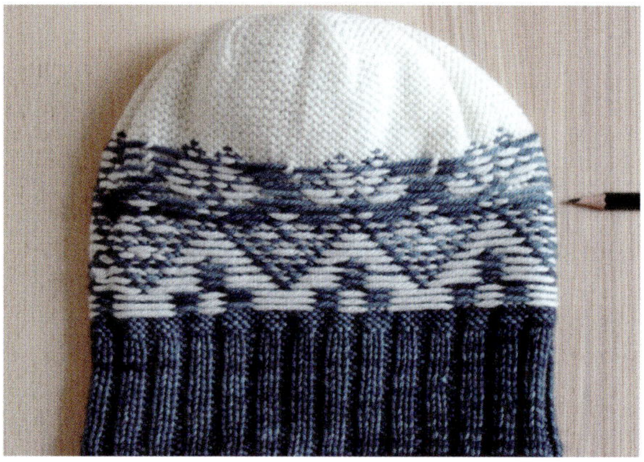

An einem weiteren Beispiel (Mütze Blisco) ist zu erkennen, dass die Farbdominanz wechselt: In der Mitte der Mütze wird Blau zur Kontrastfarbe.

Die Fadenhaltung wurde in der Mitte der Arbeit geändert.

Zu Beginn (vom Rippenmuster bis zur Mitte des Musters) ist Blau die Grundfarbe. Weiß wurde hier als dominante Musterfarbe geführt, Blau hingegen als nicht dominante Farbe.

Diese Dominanz wurde in der Mitte des Musters umgekehrt: Von nun an wurde Blau als dominante Farbe geführt, Weiß als nicht dominante Hintergrundfarbe. Das Ergebnis ist, dass in der unteren Partie das weiße Muster schön zur Geltung kommt, in der oberen Partie jedoch das blaue Muster klarer hervortritt.

Auf der Rückseite ist zu erkennen, dass auch die Spannfäden sich nicht in derselben Position befinden. In der unteren Partie liegt der blaue Faden oben, der weiße unten, in der oberen Partie liegt der weiße Faden oben, der blaue hingegen unten.

Praxistipp

Nach meiner Erfahrung sollte man unbedingt auf die Farbdominanz achten, da sich dies tatsächlich unmittelbar darauf auswirkt, wie ein Muster zur Geltung kommt.

ZUSAMMENFASSUNG

Welche Farbe dominant erscheint, wird also durch die Fadenführung bestimmt: Die Maschen des unten geführten Fadens treten stärker hervor; diese Farbe wird zur dominanten Farbe. Der oben geführte Faden tritt weniger hervor, die Farbe ist nicht dominant. Daher im Voraus wählen, welche Farbe hervorstechen soll, und deren Faden unten führen.

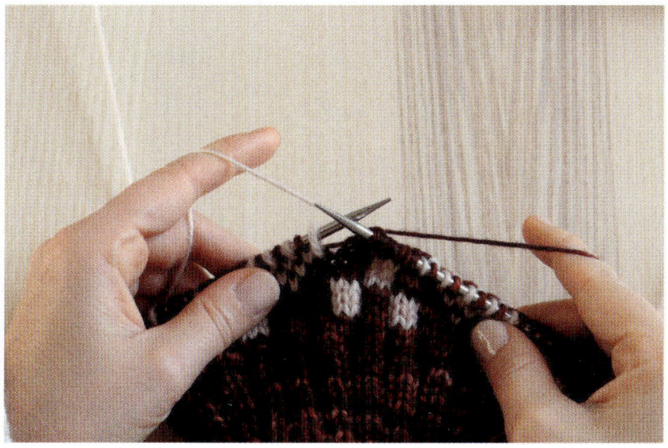

Wenn Sie beidhändig stricken, halten Sie die Hauptfarbe (Grundfarbe, nicht dominant) in der rechten Hand, die Kontrastfarbe (dominant) in der linken Hand.

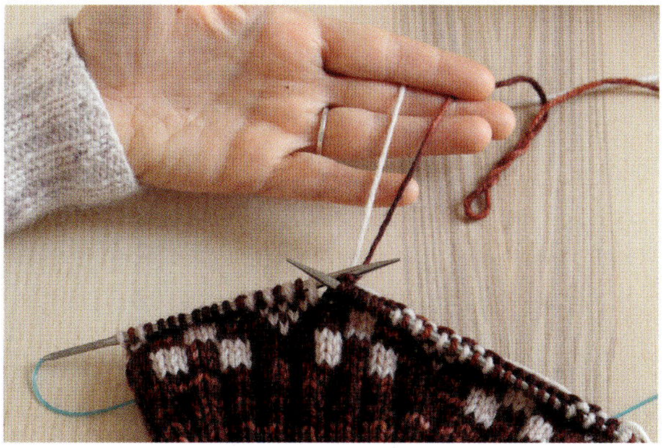

Wenn Sie in deutscher Strickweise arbeiten, also beide Fäden links halten, wird die Farbe des weiter links gehaltenen Fadens dominant.

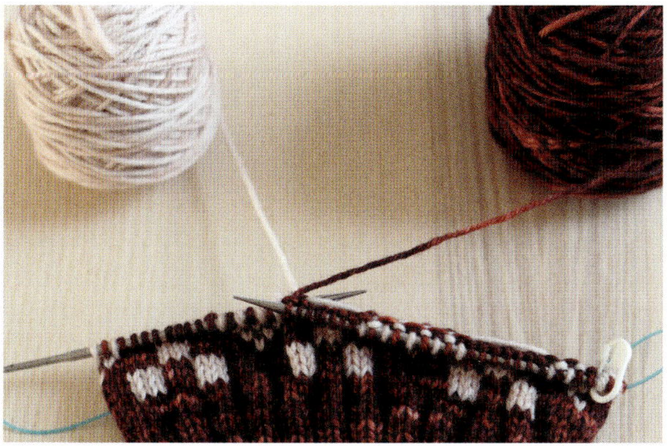

Kontrastfarbe (dominant) links, Grundfarbe (nicht dominant) rechts.

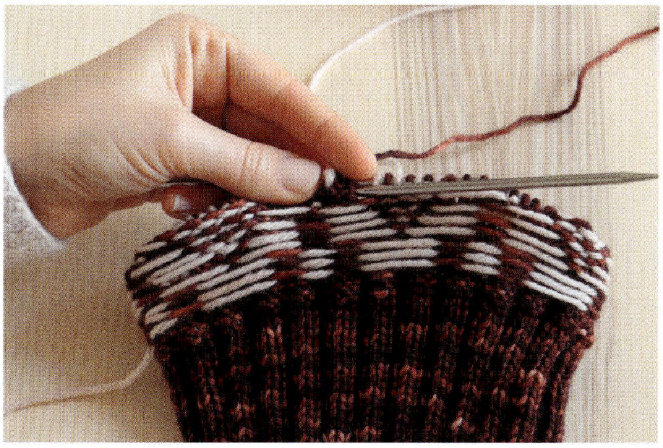

Auf der Rückseite verlaufen die Fäden ganz regelmäßig.

Praxistipp

Wenn Sie eine Farbe gewählt haben, die in Ihrem Modell dominant erscheinen soll, behalten Sie stets dieselbe Fadenführung bei, damit die Dominanz im gesamten Muster gleich bleibt.

Auch wenn manchmal bezweifelt wird, dass die Farbdominanz sich auf das Erscheinungsbild des Musters auswirkt, finde ich, dass die Rückseite dadurch einfach schöner aussieht: Die Fäden verlaufen stets in derselben Position; das sieht sauber und ordentlich aus.

GUT ZU WISSEN

Um die Farben nicht durcheinanderzubringen und sicherzugehen, dass Sie die Farbdominanz konstant durchhalten, legen Sie während der gesamten Strickarbeit ein Wollknäuel rechts von Ihrer Arbeit, das andere links. Das hat den zusätzlichen Vorteil, dass die Fäden sich nicht verwirren.

Einweben der Fäden auf der Rückseite

Eine Besonderheit der Jacquardtechnik, die diese von anderen Techniken des mehrfarbigen Strickens (z. B. Intarsien) unterscheidet, ist das Mitführen der gerade nicht verwendeten Fäden auf der Rückseite der Arbeit. Diese Fäden nennt man Spannfäden (englisch: *floats*).

Wird eine Farbe über mehr als 7 Maschen nicht verwendet, muss deren Faden mit dem Arbeitsfaden gekreuzt werden, damit er an der Rückseite anliegt und gleichmäßig gespannt bleibt. Die Meinungen zu diesem Einweben der Fäden gehen allerdings auseinander.

+ In traditionellen Fair-Isle-Mustern werden die Fäden in der Regel nicht eingewebt, da die Farbwechsel im Muster viel häufiger sind als etwa bei moderneren Jacquardmustern. Daher erübrigt sich das Einweben. Außerdem neigen die traditionell verwendeten Wollarten etwas zum Verfilzen, sodass die Spannfäden auf der Rückseite sich miteinander verbinden und nach dem Waschen eine zusammenhängende Lage bilden.
+ Bei Jacquardmustern, die von den traditionellen Fair-Isle-Regeln abweichen und auch nicht unbedingt in reiner Naturwolle gestrickt werden, ist das rückseitige Einweben der Fäden üblicher. Die Maximalzahl von Maschen, über die man die Fäden spannen sollte, ohne sie zu überkreuzen, wird mal mit 3 angegeben, mal mit 5 oder auch mit 7. Dies hängt von der Garnstärke, dem Muster und auch vom Model ab: An Fäustlingen sind lange Spannfäden störender als etwa an einer Schulterpasse.

Praxistipp

Als ich mit der Jacquardtechnik begann, hatte ich das Bedürfnis, die Spannfäden alle 3 Maschen zu überkreuzen, um sie nicht zu fest anzuziehen. Mit zunehmender Erfahrung bin ich dann zu 5 Maschen übergegangen. Heute überkreuze ich nur noch alle 7 Maschen.

Vernachlässigen Sie diesen Aspekt nicht, vor allem als Anfängerin. Ohne regelmäßiges Einweben der Fäden besteht die Gefahr, dass Sie die Spannfäden zu straff anziehen – dadurch leidet dann das gesamte Strickbild Ihres Modells. An zu langen Spannfäden bleibt man beim Anziehen (Ärmel, Fäustlinge etc.) leicht mit Schmuckstücken hängen.

FARBÜBERGANG AM RUNDENBEGINN

Wenn in Runden gestrickt wird, liegen das Ende der 1. und der Beginn der 2. Runde um wenige Millimeter versetzt. Strickt man glatt rechts in nur einer Farbe, fällt das gar nicht auf. In Jacquard- oder auch Streifenmustern sieht man jedoch den Übergang. In Strickanleitungen für Modelle mit gemusterter Rundpasse wird daher der Rundenbeginn meist an die Rückenpartie in Höhe der rechten Schulter gelegt, damit die Farbwechsel nicht so ins Auge fallen. Es gibt jedoch zwei einfache Methoden für einen stufenlosen Übergang.

+ **Regulieren der Spannung:** Die letzte Masche der Runde in der Grundfarbe etwas lockerer, dann die erste Masche der Folgerunde in der Kontrastfarbe etwas fester stricken. Durch Spielen mit der Spannung lässt sich die Höhe der Maschen anpassen, und die Runden lassen sich später beim Spannen auf eine Höhe bringen.
+ **Zwei Maschen zusammenstricken:** Die Runde mit der neuen Farbe beginnen und ganz zu Ende stricken. An der ersten Masche der Folgerunde die Masche der darunterliegenden Runde (gleiche Farbe wie die Masche darüber) auf die linke Nadel heben und diese beiden Maschen zusammenstricken.

Anleitungen

Beide Fäden links geführt

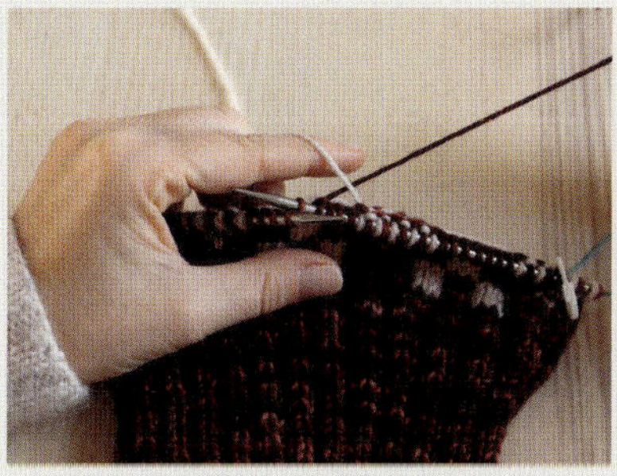

Den einzuwebenden Faden (rosa) um den gerade verwendeten Arbeitsfaden (rot) legen.

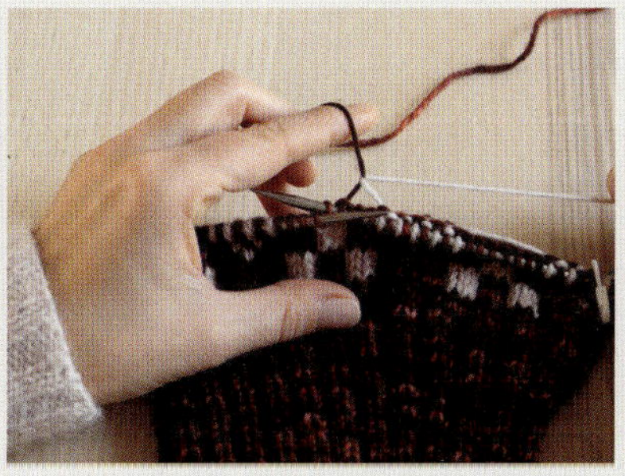

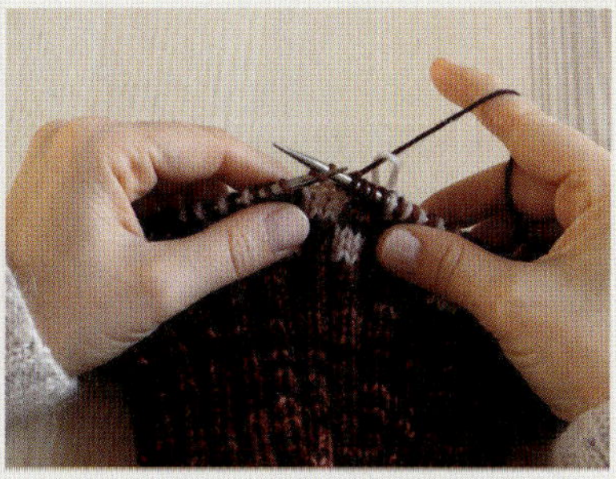

Mit dem Arbeitsfaden weiterstricken.

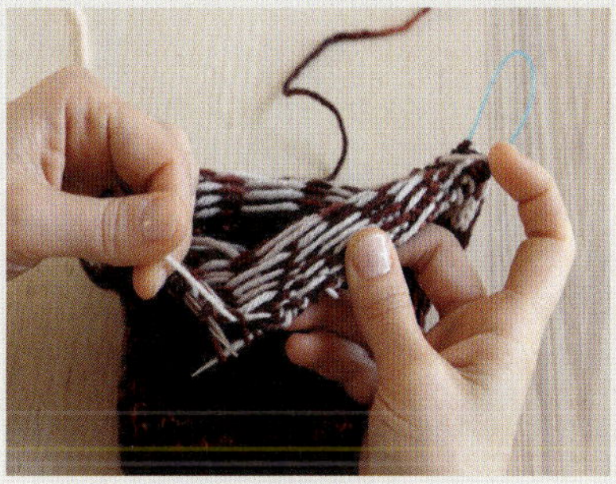

Der rosa Faden ist auf der Rückseite eingewebt.

Ein Faden in jeder Hand

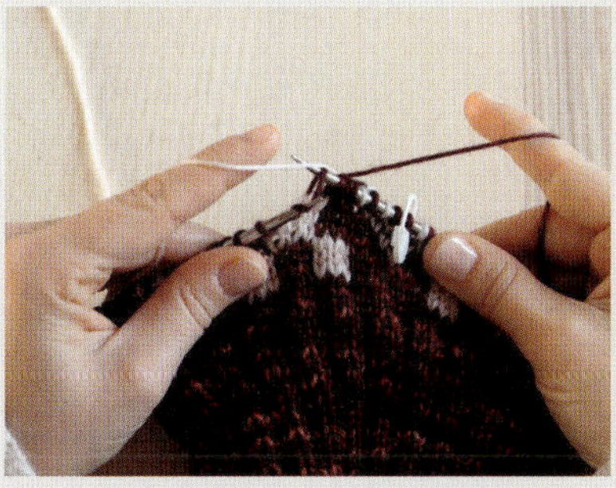

Den links geführten rosa Faden, der eingewebt werden soll, von hinten über die rechte Nadel legen.

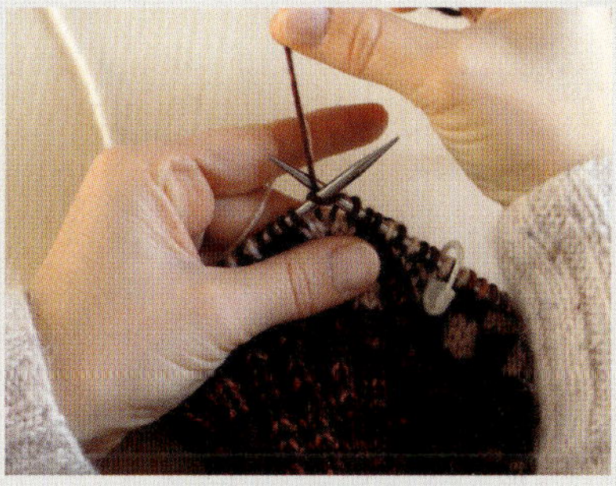

Die nächste Masche mit dem rechts geführten roten Faden stricken.

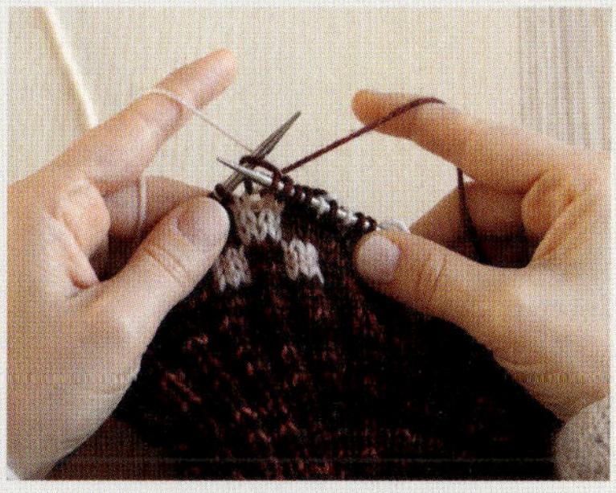

Die Fäden sind auf der Rückseite überkreuzt.

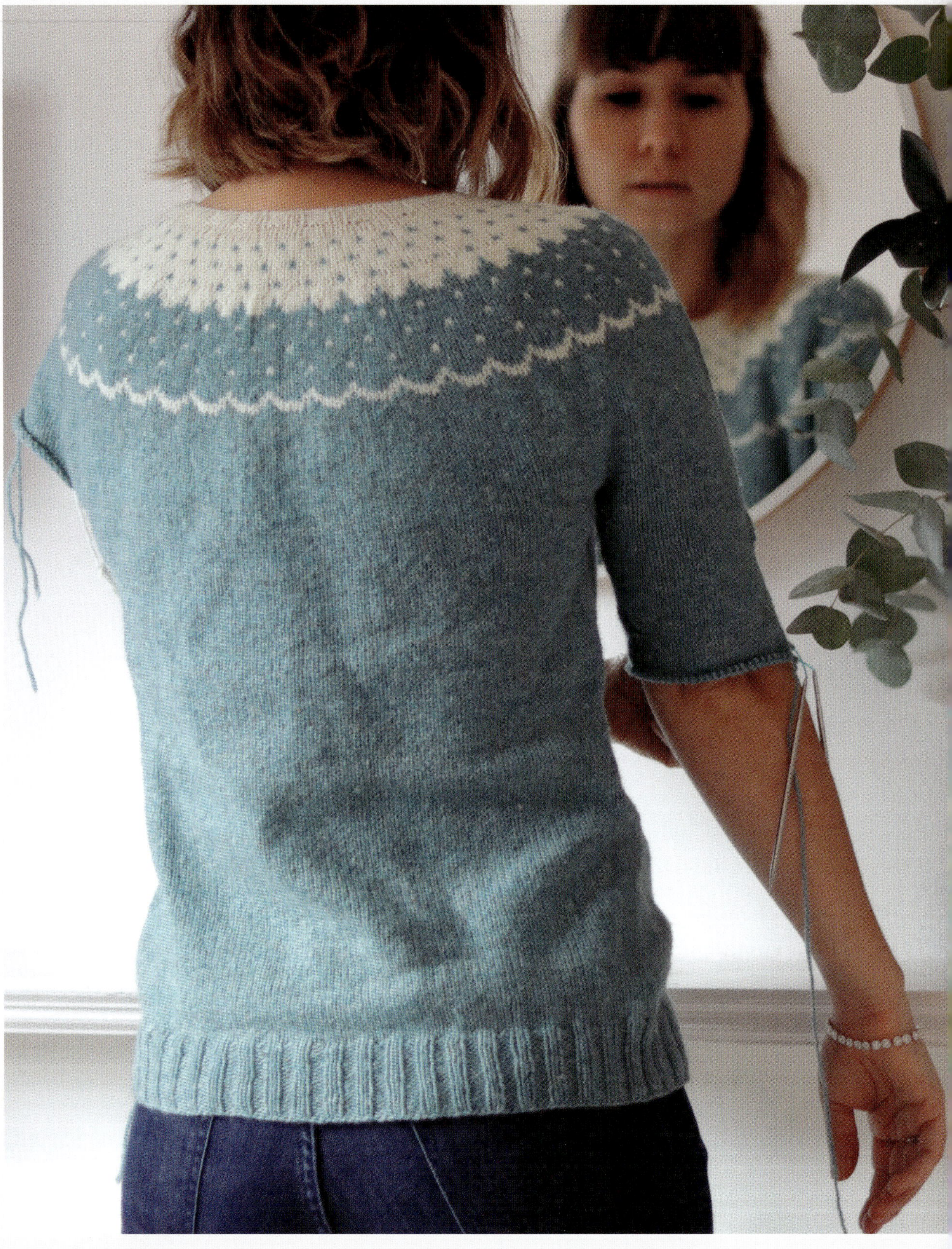

KAPITEL 9

Kontrolle der Fadenspannung

Da bei der Jacquardtechnik mit mehreren Fäden gleichzeitig gestrickt wird, besteht – nach der Auswahl der Farben – die größte Schwierigkeit darin, stets eine gleichmäßige Fadenspannung zu halten. Aufgrund der nur wenig dehnbaren Spannfäden auf der Rückseite ist Jacquardstrick dennoch in der Regel weniger elastisch als es einfarbig glatt rechts gestrickte Maschen sind.

Die richtige Fadenspannung

Beim Jacquardstricken können sich verschiedene Faktoren auf die Spannung auswirken:

+ die Art des verwendeten Garns: Wie in Kapitel 2 bereits erwähnt, ist Baumwolle im Vergleich zu reiner Wolle viel weniger dehnbar
+ die Art der Stricknadeln (Rundnadeln oder Nadelspiel)
+ die Art, wie Sie die Fäden halten (mehr oder weniger fest)
+ die Art, wie die Spannfäden auf der Rückseite geführt werden (alle 3, 5 oder 7 Maschen einweben)

Gute Spannung: Die Arbeit wellt sich hier und da ein wenig (die Wellen verschwinden später beim Spannen), die Fäden auf der Rückseite sind jedoch gleichmäßig gespannt und elastisch. Die Vorderseite der Arbeit liegt glatt.

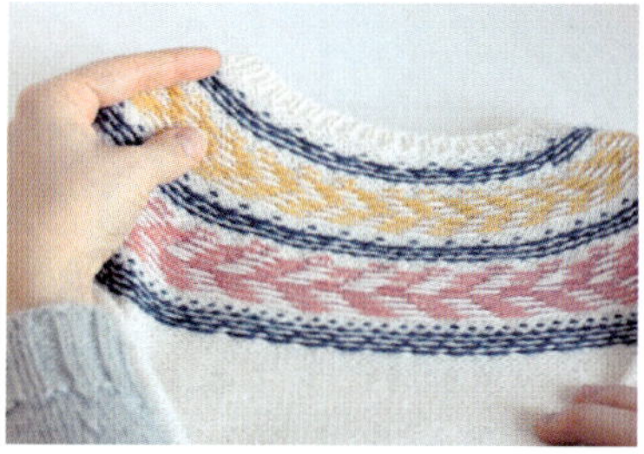

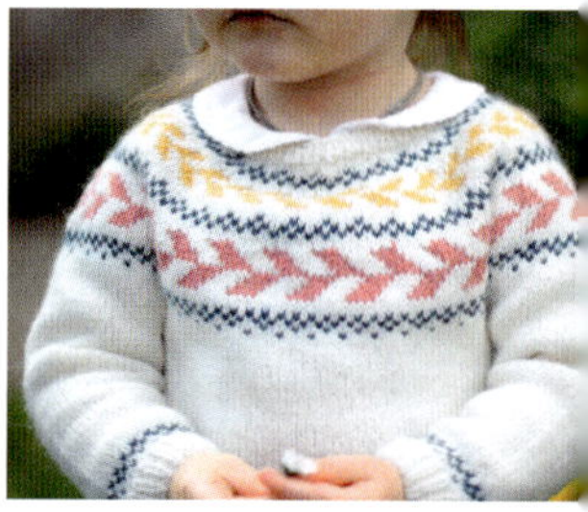

Schlechte Spannung: Die Fäden auf der Rückseite sind zu straff gespannt, sodass die Arbeit nicht gleichmäßig ist. Die Folge ist, dass kontrastfarbige Maschen leicht in der Grundfarbe versinken. Die rechts abgebildete Mütze hat nicht die vorgegeben Maße und sitzt daher auch nicht gut auf dem Kopf.

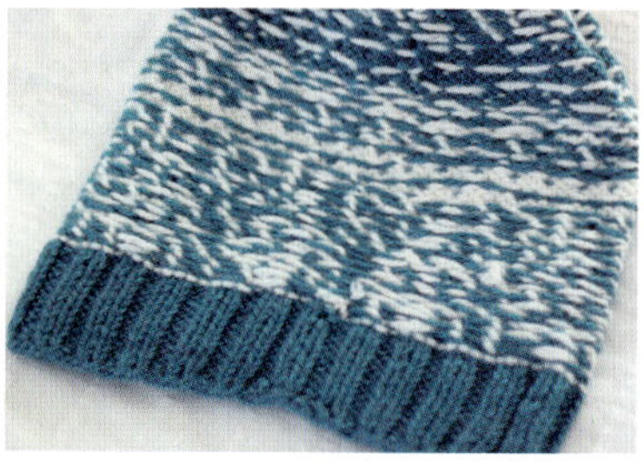

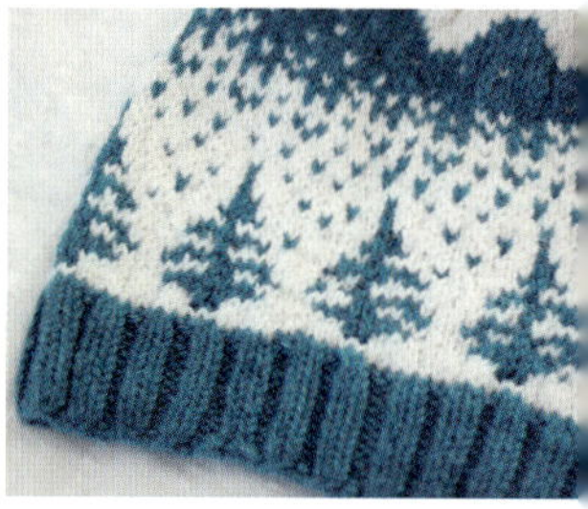

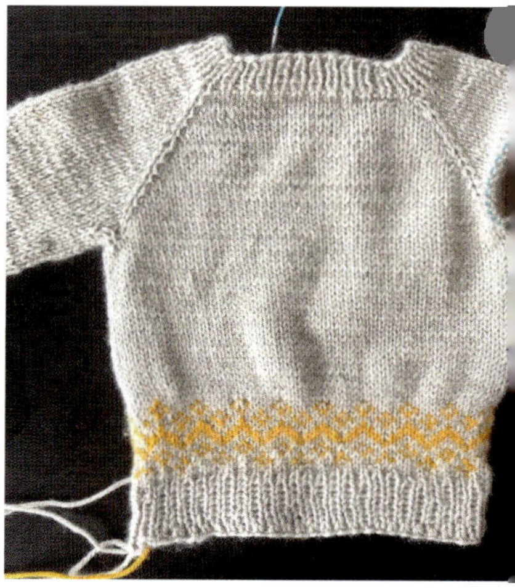

Bei diesem Pullover ist die Spannung in der Musterpartie im Vergleich zu den einfarbigen Partien viel zu fest. Sie entspricht nicht den Angaben der Maschenprobe; die untere Rumpfpartie ist daher zu eng. Die Abweichung ist so groß, dass sie auch durch Spannen nicht behoben werden kann. Die einzige Lösung ist, alles aufzutrennen und die Musterpartie mit um 1–2 Stärken dickeren Nadeln neu zu stricken.

TIPPS & TRICKS FÜR EINE GUTE FADENSPANNUNG

+ Stricken Sie die Jacquardpartie ruhig mit einer etwas dickeren Nadel als die einfarbigen Partien.
+ Versuchen Sie, etwas lockerer zu stricken als gewöhnlich. Vermeiden Sie möglichst, fest zu stricken – dies ist das Hauptproblem von Jacquard-Strickanfängern.
+ Wenn möglich, weben Sie die Fäden alle 3–4 Maschen ein, um zu lange Spannfäden auf der Rückseite zu vermeiden. Dies hilft vor allem Anfängern, die Fäden nicht zu fest anzuziehen. Mit etwas Übung können Sie die Fäden dann über bis zu 7 Maschen mitführen.
+ Kontrollieren Sie zwischendurch immer wieder durch leichtes Ziehen, ob die Arbeit sich in der Breite gut dehnen lässt. So können Sie feststellen, ob Ihre Spannfäden auf der Rückseite zu fest oder auch zu locker sind und versuchen, entsprechend lockerer oder fester zu stricken.
+ Nehmen Sie bei der deutschen Strickweise (Fadenhaltung links) einen Strickfingerhut zu Hilfe.
+ Ist Ihre Arbeit immer noch zu fest, probieren Sie ein anderes Garn aus (anderes Material oder andere Garnstärke).
+ Stricken Sie mit der rechten Seite innen liegend. So werden die Spannfäden außen mitgeführt, wo die rundgestrickte Arbeit den größten Umfang hat.

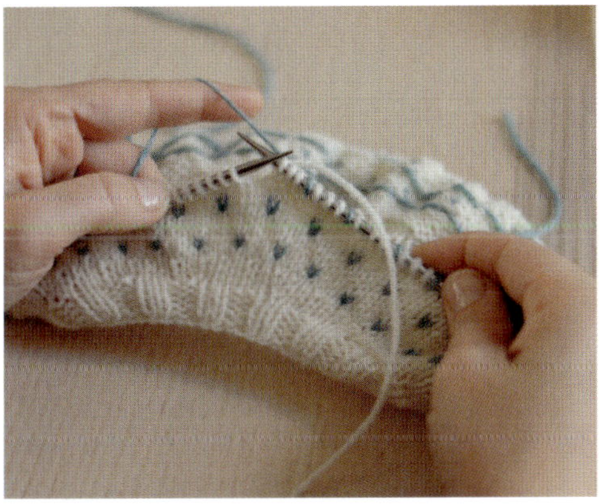

Die rechte Seite liegt beim Stricken außen.

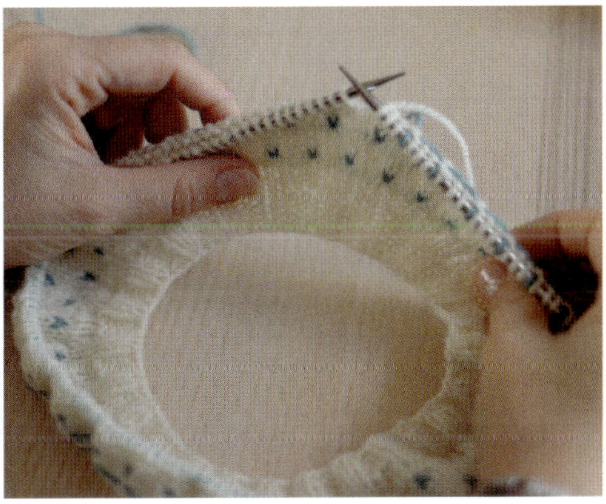

Die rechte Seite liegt beim Stricken innen.

Denken Sie immer daran, dass es das Schwierigste am Jacquardstricken ist, eine gleichmäßige Fadenspannung zu halten. Wenn Sie mit Ihrem ersten Versuch nicht zufrieden sind, ist das ganz normal.

Jacquardmuster in kleinen Runden

Wenn Sie in kleinen Runden stricken wie bei Fäustlingen, Ärmeln oder Socken, kann es schwieriger sein, eine gleichmäßige Spannung zu halten, sowohl bei der Magic-Loop-Technik als auch bei der Arbeit mit einem Nadelspiel. Es kann leicht passieren, dass an den Wendepunkten die Fäden zu fest angezogen werden – dies ist an der fertigen Arbeit sichtbar und lässt sich auch durch Spannen nicht mehr beheben. Daher dürfen die Fäden auf der Rückseite keinesfalls zu fest gespannt werden.

Es gibt verschiedene Techniken, um Jacquardmuster in kleinen Runden zu stricken.

Magic Loop

Mit einer Rundnadel von 60–80 cm Länge kann man in der Magic-Loop-Technik arbeiten. Dabei müssen die Maschen regelmäßig versetzt werden, damit der Übergang später nicht sichtbar ist. Wenn die Maschen in der Mitte der Runde von einem Ende der Rundnadel auf das andere geschoben werden, am besten in jeder Runde die Stelle wechseln, an der die Maschen geteilt werden. So entsteht keine sichtbare Linie, und es wird nicht immer an der gleichen Stelle Zug auf die rückseitigen Spannfäden ausgeübt.

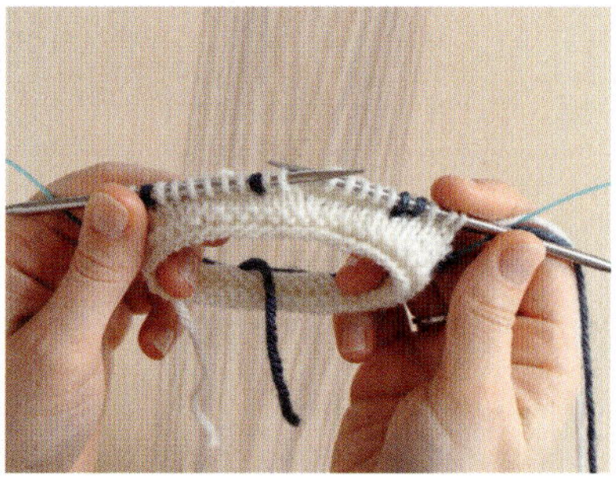

Waagrechte Position der Nadel an den Übergangsstellen

Diese Technik lässt sich sowohl mit einer Rundnadel als auch mit einem Nadelspiel anwenden.

Bei jedem Seitenwechsel die rechte Nadel in derselben Richtung ausrichten wie den Spannfaden. So kann dieser auf der Rückseite ohne Zug mitgeführt werden, und es entsteht ein gleichmäßiges Maschenbild.

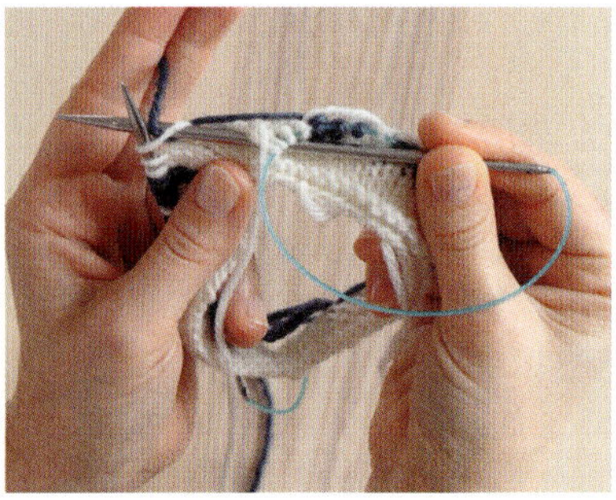

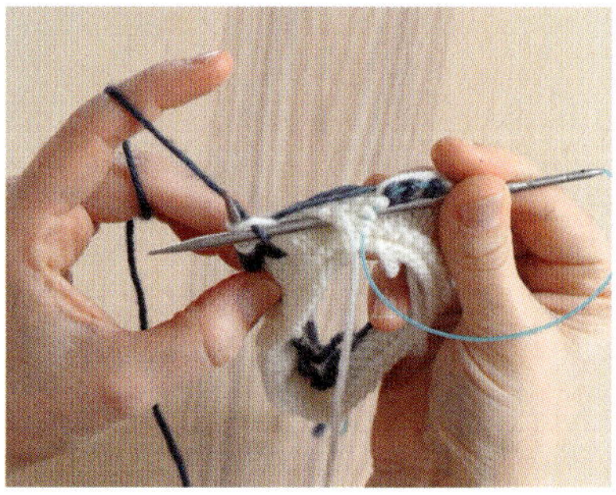

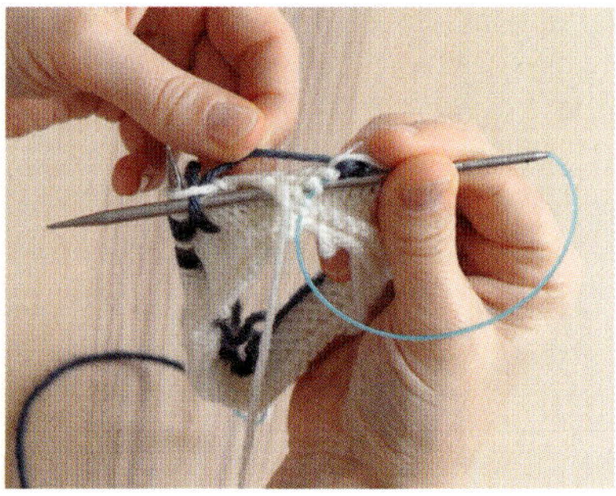

Mit zwei Rundstricknadeln

Um sichtbare Übergänge und Probleme mit der Fadenspannung zu vermeiden, können Sie einfach mit zwei Rundstricknadeln arbeiten: eine Nadel für die erste Hälfte der Maschen, eine für die zweite Hälfte.

Sie arbeiten also mit 2 Seilen und 4 Nadelspitzen. Zuerst die erste Maschenpartie stricken. Am Beginn der zweiten Partie das Seil der rechten Nadel dicht vor die Maschen der linken Nadel legen und mit dem Daumen festhalten. Die Maschen links auf der Nadel und rechts auf dem Seil in einer Höhe ausrichten, als lägen sie auf ein und derselben Nadel. Den mitzuführenden Spannfaden nach links legen und weiterstricken. Sobald die ersten Maschen mit dem mitgeführten Faden gestrickt sind, können Sie das Seil der ersten Rundnadel loslassen. Nach dieser Methode bei jedem Seitenwechsel vorgehen.

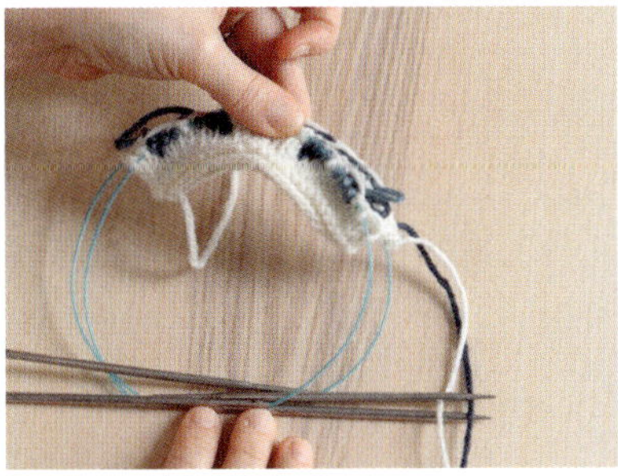

Von einem Seil werden die Maschen abgestrickt, das andere wird waagrecht angelegt, um die Spannfäden gleichmäßig mitzuführen.

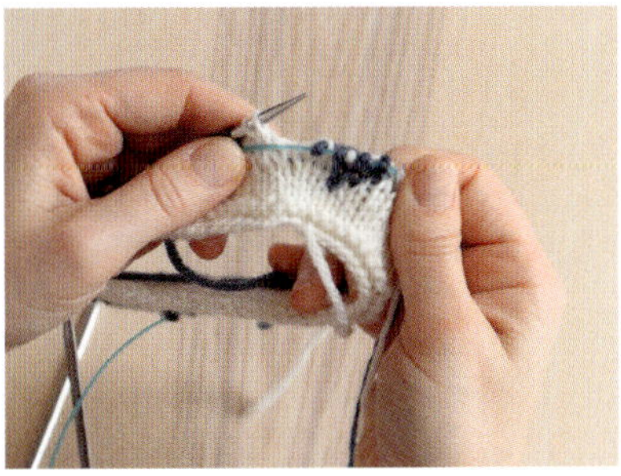

Am Übergang von einer Nadel zur anderen das zweite Seil waagrecht unter die linke Nadel legen, von der abgestrickt wird, und mit dem Daumen festhalten.

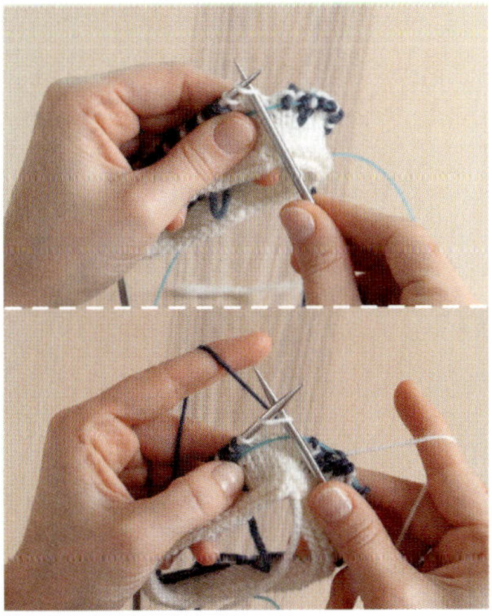

Die ersten Maschen stricken; das Seil dabei noch in der waagrechten Position festhalten.

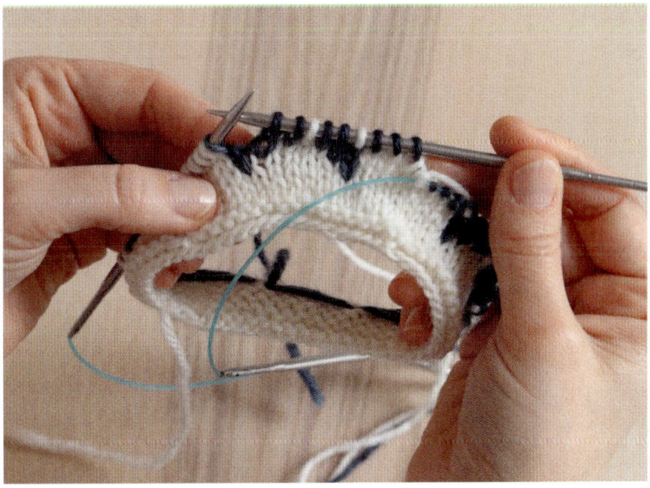

Dann das Seil loslassen und die Runde normal weiterstricken.

Kurze Rundstricknadeln (23 oder 30 cm)

Diese kurzen Rundnadeln sind sehr praktisch, um kleine Runden zu stricken. Die Magic-Loop-Technik erübrigt sich mit ihnen, und es entstehen auch an kleinen Runden keine Probleme mit der richtigen Spannung. Manche mögen sie jedoch nicht, weil sie nicht immer leicht zu fassen sind.

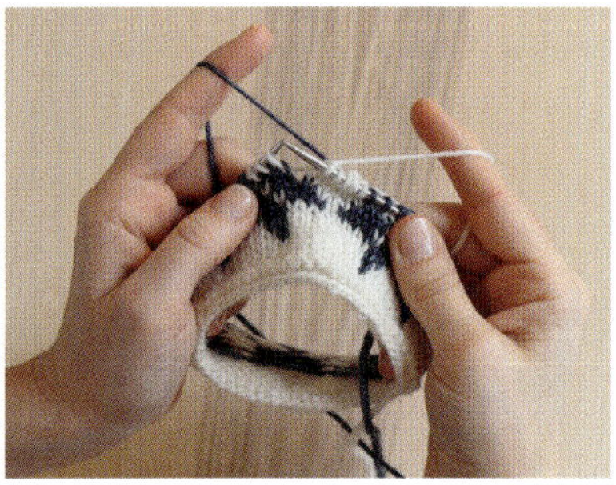
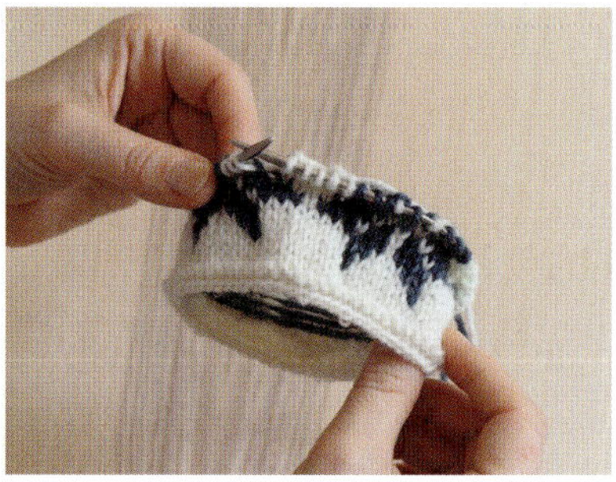
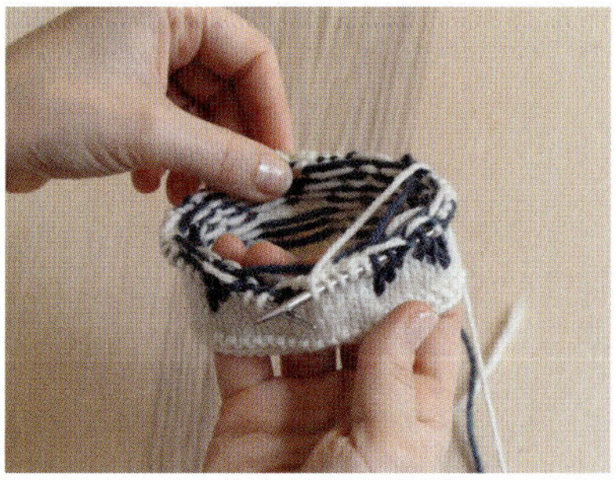

Fehlerkorrektur

Ob Sie Anfängerin oder Fortgeschrittene sind – vor allem bei Jacquardmustern kann es immer vorkommen, dass Probleme mit der Fadenspannung auftreten oder Fehler im Muster passieren. Keine Panik, das geht jedem so und bedeutet nicht unbedingt, dass alles aufgetrennt werden muss.

Probleme mit der Fadenspannung

Wenn einige Ihrer Mustermaschen zu fest sind und in der Grundfarbe verschwinden, haben Sie zu fest gestrickt und die Spannfäden auf der Rückseite nicht korrekt mitgeführt. Zur Korrektur genügt es, auf der rechten Seite der Arbeit mit der Spitze der Stricknadel leicht an den entsprechenden Maschen zu ziehen, um sie hervorzuholen. Diese Technik funktioniert, wenn es sich nur um wenige Maschen handelt. Ist jedoch eine ganze Runde betroffen, ist es besser, sie aufzutrennen.

Sind die kontrastfarbigen Maschen größer als die in der Grundfarbe, bedeutet dies, dass sie lockerer gestrickt wurden. Um sie zu verkleinern, genügt es, an den Spannfäden auf der Rückseite zu ziehen. Anschließend können Sie die Arbeit auch dampfbügeln (mit einem Bügeltuch zum Schutz der Wolle): So behalten die Maschen die richtige Größe. Ebenso wie bei zu festen Maschen gilt: Wenn eine ganze Runde zu locker gestrickt ist (was bei Jacquardmustern selten vorkommt), ist es besser, sie aufzutrennen.

Bei Problemen mit der Fadenspannung, die eine ganze oder sogar mehrere Runden betreffen, ist es besser aufzutrennen. Die oben beschriebenen Techniken an so vielen Maschen anzuwenden, würde sich insgesamt auf die Spannung und auf das Gesamtbild der Arbeit auswirken.

Fehler im gestrickten Muster

Korrektur während des Strickens: Sie haben für eine Masche die falsche Farbe verwendet und dies am Ende der Runde bemerkt? Keine Panik! Das können Sie in der nächsten Runde korrigieren. Dazu bis zu dem Fehler stricken und wie folgt vorgehen: Mit der rechten Nadel von rechts nach links in die Masche der Vorrunde einstechen. Die in der falschen Farbe gestrickte Masche auftrennen und ihren Faden nach hinten legen, dann mit der rechten Nadel den Faden der richtigen Farbe fassen und die Masche der Vorrunde darüberziehen, als hätten Sie eine Masche fallen lassen. Die Masche wieder auf die linke Nadel heben (in der richtigen Ausrichtung, damit sie nicht verschränkt abgestrickt wird), und im Muster der laufenden Runde weiterstricken.

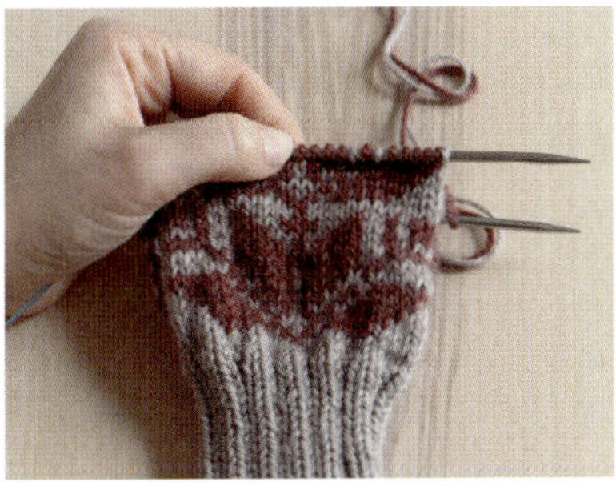

Die mittlere Masche müsste grau sein, nicht weinrot.

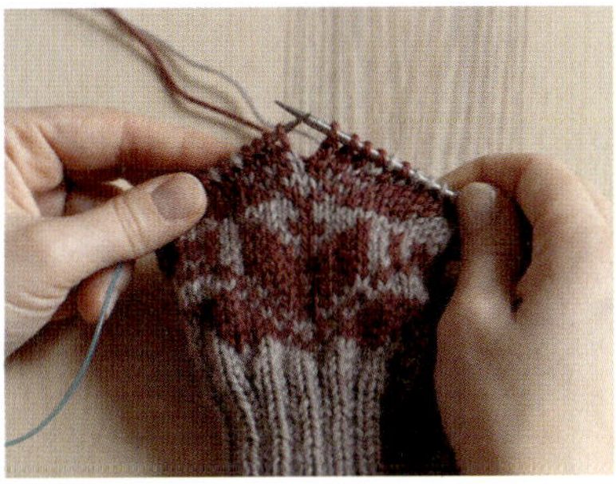

Bis zum Fehler stricken.

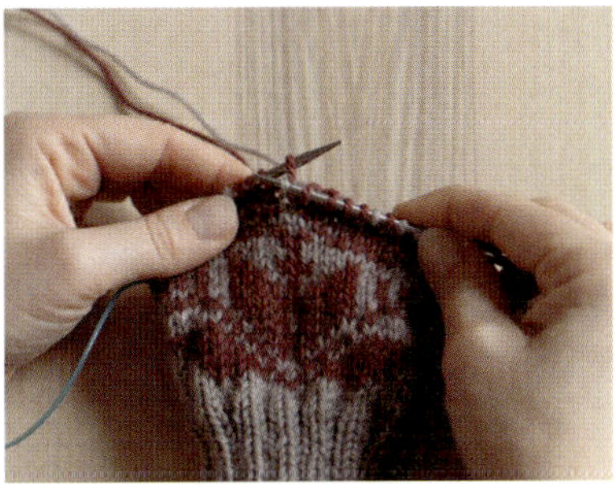

Mit der rechten Nadel in die Masche der Vorrunde einstechen.

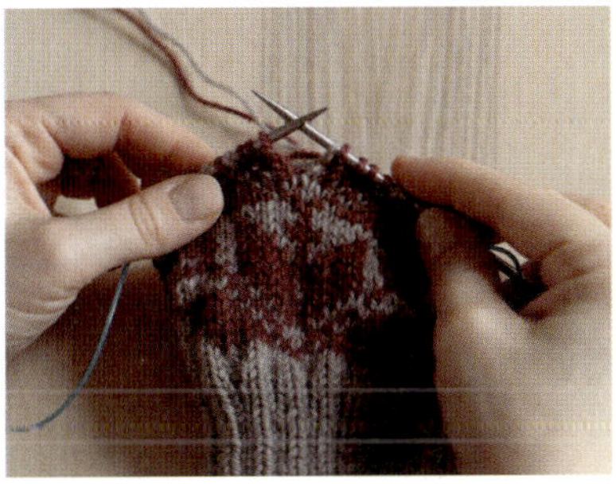

Den weinroten Faden, mit dem die Masche in der Vorrunde (falsch) gestrickt wurde, herausziehen.

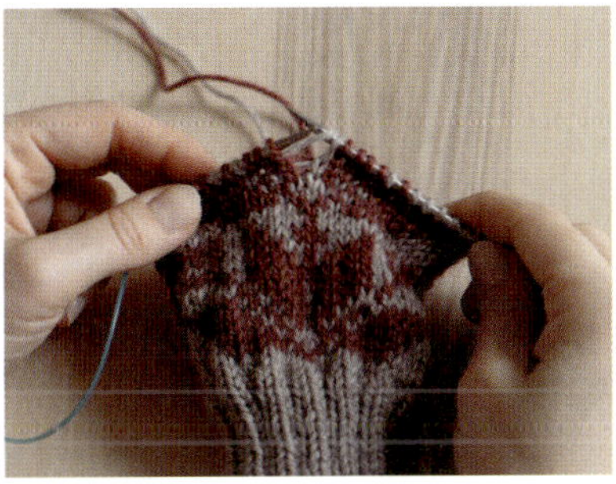

Den hinten liegenden Faden der richtigen Farbe (grau) fassen und auf die rechte Nadel heben.

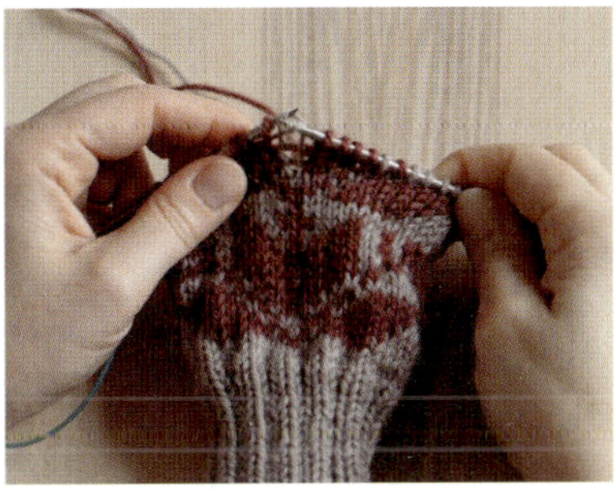

Die graue Masche über den grauen Faden ziehen (wie bei einer fallen gelassenen Masche) und in der richtigen Ausrichtung (nicht verdreht) auf die linke Nadel heben.

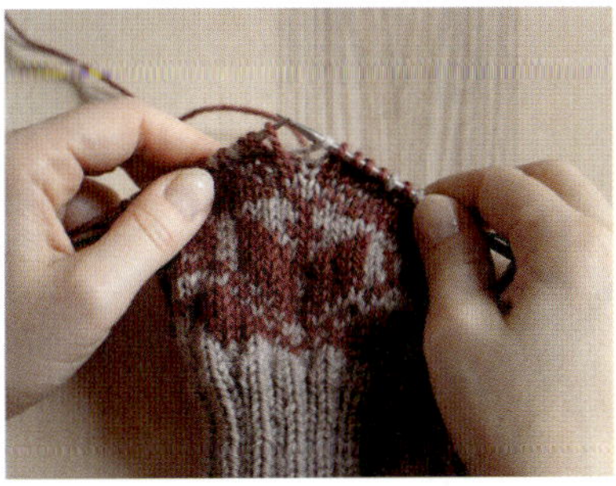

Der Fehler ist behoben. Nun können Sie nach der Strickschrift weiterarbeiten.

Korrektur am fertigen Modell: Sie haben vor dem Spannen der Arbeit an einigen Maschen Fehler entdeckt? Auch diese kann man mit der Technik des Maschenstichs ganz einfach beheben. Dies funktioniert am besten vor dem Spannen. Durch das Spannen werden alle Maschen – auch die überstickten – gleichermaßen geglättet, und die Fehler fallen gar nicht mehr auf.

Dazu einen Faden der fehlenden Farbe und eine Wollnadel verwenden. Es wird von unten nach oben und von links nach rechts gearbeitet. Zuerst die Nadel von hinten nach vorn unten am V der fehlerhaften Masche einstechen, dann unter den beiden Gliedern der oberhalb gelegenen Masche durchziehen. Zuletzt wieder am Anfangspunkt unten am V einstechen, diesmal von vorn nach hinten.

Ebenso bei allen Maschen vorgehen, die korrigiert werden sollen. Dabei auf der Rückseite stets einen genügend langen Faden zum Vernähen lassen.

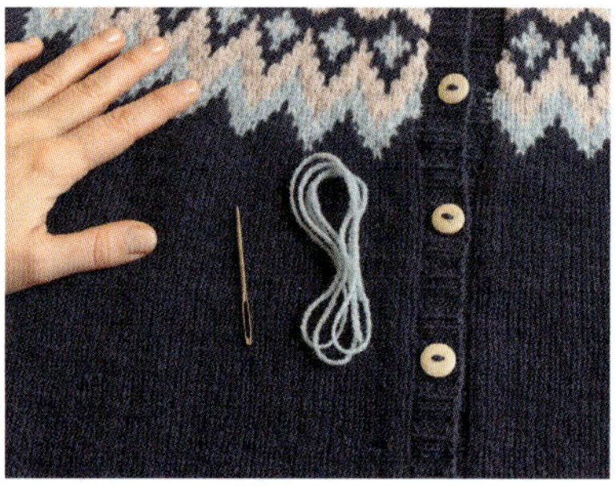

Einen Faden in der korrekten Farbe und eine Wollnadel nehmen.

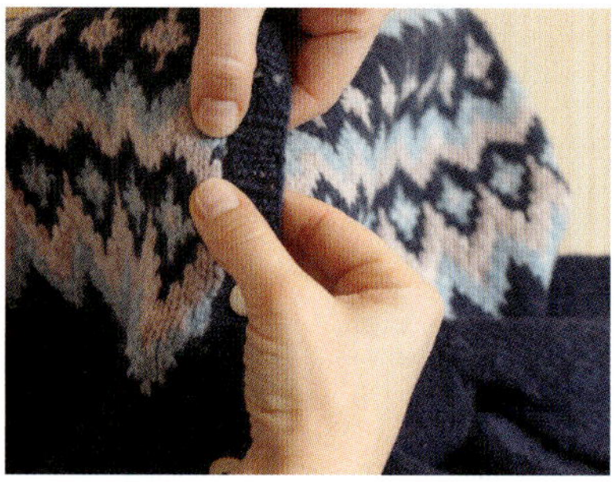

Die dunkelblaue Masche müsste hellblau sein.

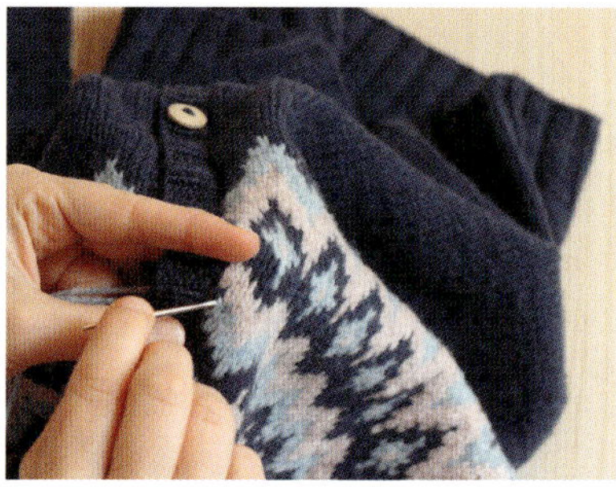

Mit der Nadel von innen nach außen unten im V einstechen.

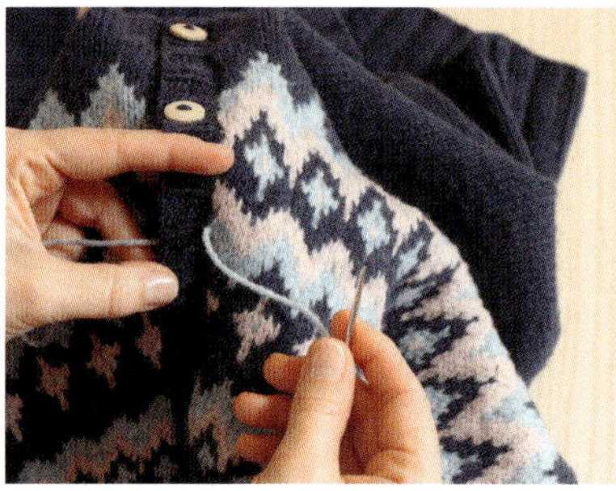

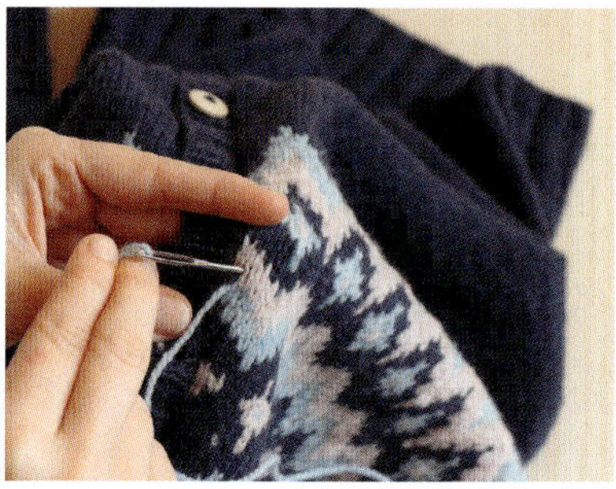

Oben am rechten Maschenglied einstechen, oben am linken Maschenglied wieder herauskommen.

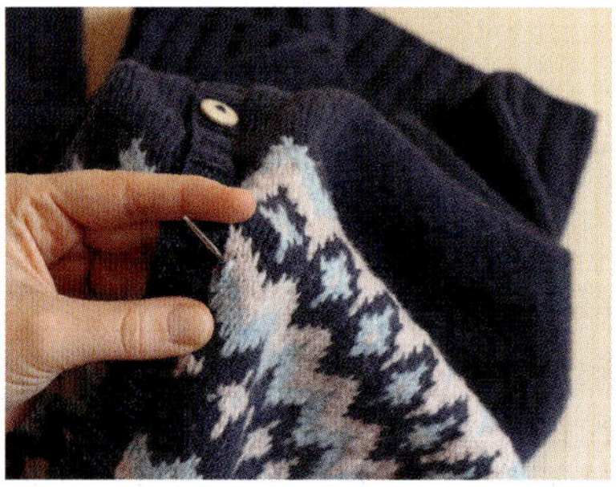

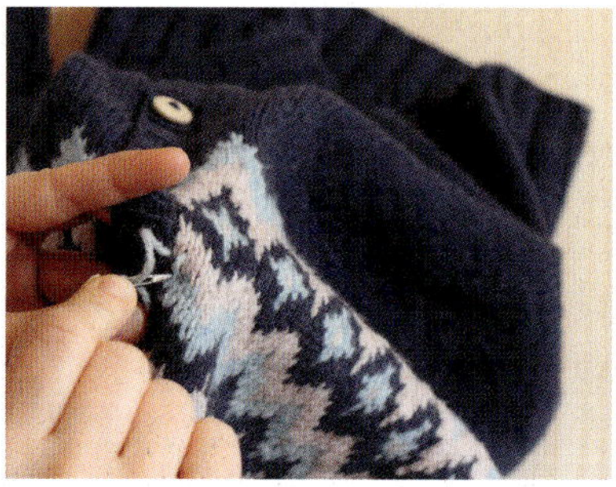

Erneut unten am V einstechen (von außen nach innen).

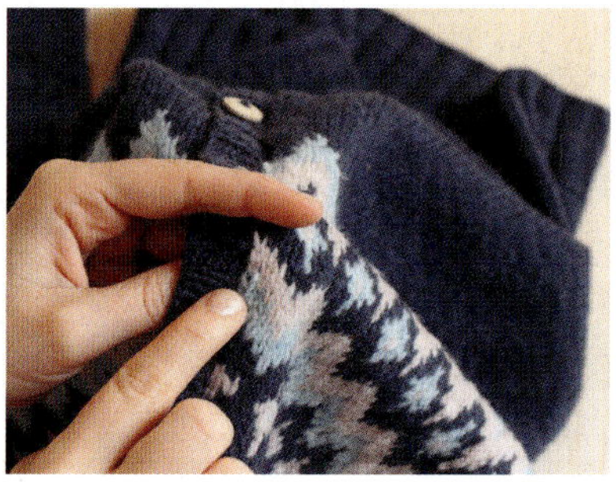

Die Masche ist im Maschenstich überstickt.

GUT ZU WISSEN

Der Maschenstich eignet sich sehr gut zur Fehlerkorrektur, doch auch zum Hinzufügen kleiner Motive. Sie können z. B. Augen, Nase und Schnurrhaare einer Katze vorn auf einen Kinderpullover oder auf ein gestricktes Kuscheltier sticken! Achtung: Die Garnstärke muss dabei identisch mit der des Jacquardmusters sein.

Profitipp

Dank der beschriebenen Techniken müssen Sie nicht bei jedem kleinen Fehler zurückstricken. Sind jedoch mehrere Fehler in derselben Runde passiert, ist es besser, aufzutrennen und neu zu stricken.

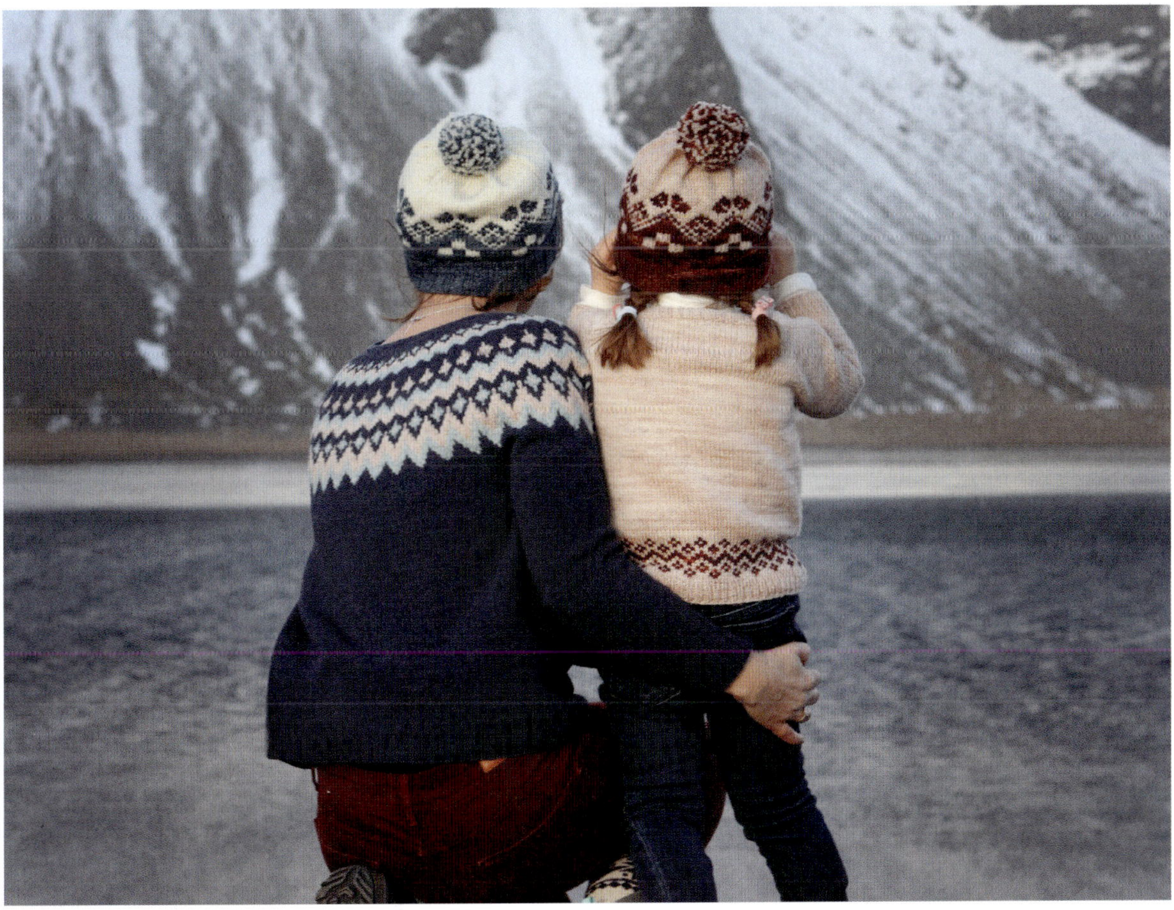

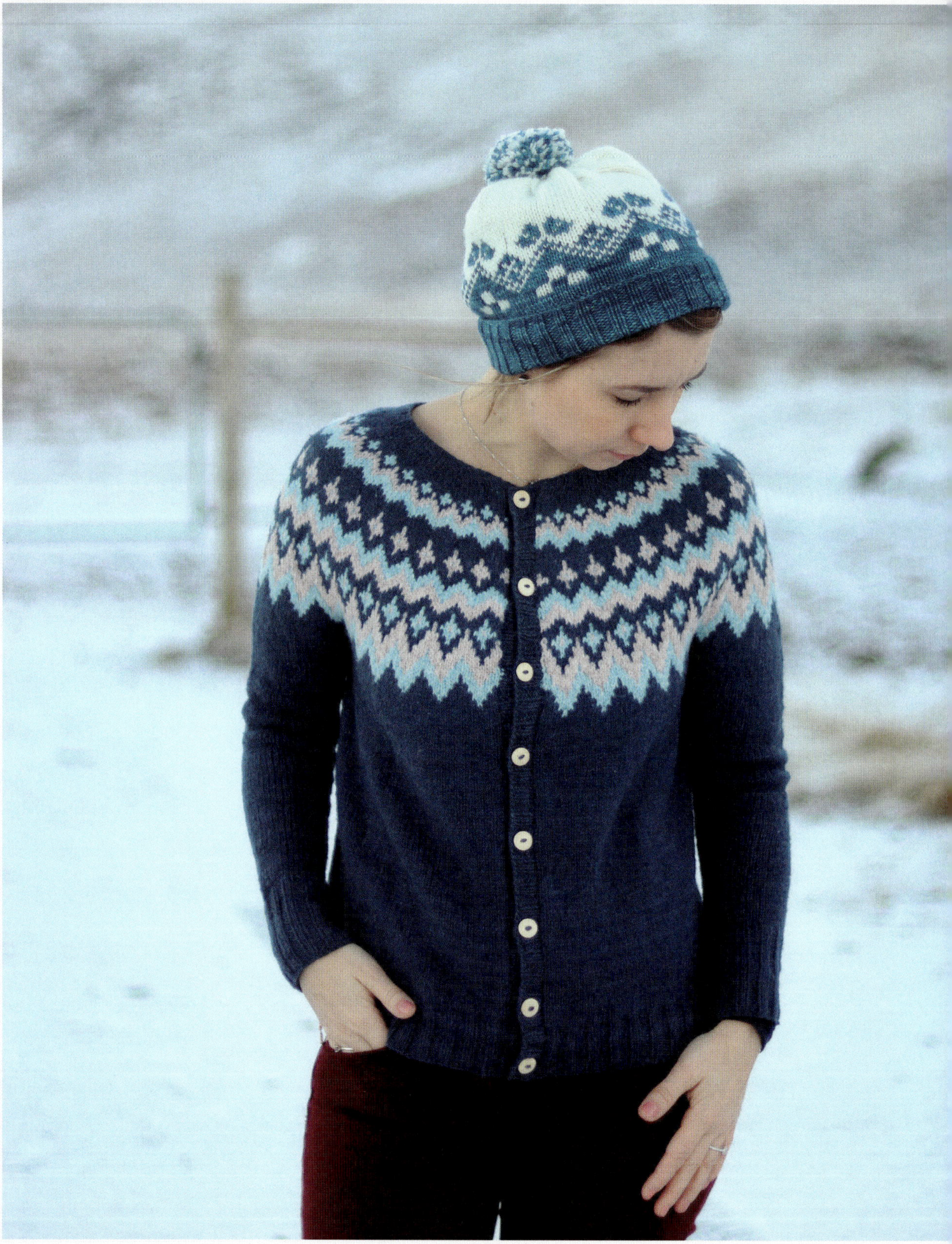

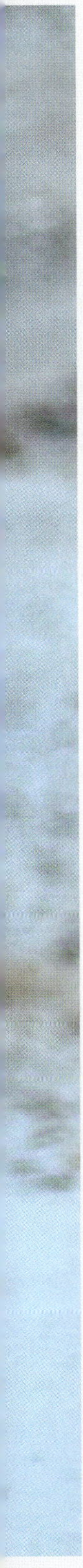

KAPITEL 10

Steek-Technik

Das Steeken ist eine Technik, die meist angewendet wird, um rundgestrickte Pullover in Jacken zu verwandeln. Je nach Modell können mit dieser Methode auch Öffnungen an Halsausschnitt, Ärmeln, am Vorderteil eines Pullovers oder auch Taschenöffnungen gearbeitet werden.

Was ist ein Steek?

Das schottische Wort Steek bedeutet *to fasten, to close*, also befestigen oder schließen. Das Prinzip der Steek-Technik ist, einen geschlossenen Schlauch in ein offenes Kleidungsstück zu verwandeln. Das Verb *to steek* bezieht sich dabei auf den Prozess des Aufschneidens einer geschlossenen Strickarbeit, die nominale Form *a steek* („Masche") bezeichnet hingegen die Hilfsmaschen, die z. B. in der Mitte eines Vorderteils angebracht und später für die Jackenöffnung aufgeschnitten werden.

Das Prinzip ist ganz einfach: Nach dem Befestigen der Hilfsmaschen wird entlang der Maschen ein senkrechter Schnitt angebracht, damit eine Öffnung entsteht oder ein Teil angestrickt werden kann. Bei der Umwandlung in eine Jacke werden nach dem Aufschneiden die Maschen entlang der Kanten aufgenommen, um die Knopfleisten anzustricken. Die aufgeschnittenen Maschen müssen noch versäubert werden, damit sie sich nicht aufribbeln. Die Knopfleiste ist der gängigste Verschluss für Strickjacken, doch es ist auch möglich, einen Reißverschluss einzunähen.

Die Technik kann bei jeder Strickarbeit angewendet werden, meist kommt sie jedoch bei Jacquardmustern zum Einsatz. Warum aber Jacquardmuster rundstricken und aufschneiden, wenn man eine Jacke anfertigen will? Warum nicht gleich in Reihen stricken? Ganz einfach: weil mehrfarbige Muster sich viel leichter in Runden arbeiten lassen, denn dabei gibt es keine Rückreihen, und man kommt schneller voran. Man vermeidet auch die Unterschiede, die durch unterschiedlich fest gestrickte Hin- und Rückreihen entstehen. Gerade bei Jacquardmustern ist es außerdem schwierig, saubere Kanten zu arbeiten.

Steek-Technik: geeignete Garne

Praxistipp

Verwenden Sie zum Aufschneiden der Steeks lieber eine kleine, spitze Schere als eine Schere mit langen Klingen. Es kommt darauf an, langsam und präzise zu arbeiten, um wirklich an der richtigen Stelle zu schneiden! Ist die Arbeit einmal aufgeschnitten, gibt es kein Zurück mehr!

Traditionell werden zum Steeken Wollgarne empfohlen. Deren Vorteil – vor allem, wenn es sich nicht um maschinenwaschbare Garne mit Superwash-Ausrüstung handelt – ist, dass sie mit der Zeit etwas verfilzen. Genau diese Eigenschaft ist bei der Steek-Technik erwünscht! Nach dem Befestigen werden die Maschen aufgeschnitten; nach der Wäsche verfilzen sie dann, halten zusammen und lösen sich nicht auf. Man kann für die Steek-Technik auch maschinenwaschbare Wolle (Superwash) verwenden. Dies wird jedoch weniger empfohlen. Die Fäden verfilzen dabei nicht, sodass die Maschen unbedingt mit der Nähmaschine gesichert werden müssen (nicht mit der Häkelmethode, siehe weiter unten). Die Schnittkanten müssen zusätzlich durch ein aufgenähtes Band befestigt werden.

Pflanzliche Fasern (Baumwolle, Leinen) und Seide sowie Kunstfasern (Acryl, Nylon) sind für die Steek-Technik oder generell für Jacquardmuster nicht zu empfehlen.

Steeks befestigen: häkeln oder nähen?

Mit der Nähmaschine geht es schneller, aber ... dazu brauchen Sie natürlich eine Nähmaschine! Nach dem Festnähen und Durchschneiden der Maschen muss die Kante von Hand mit einem Band versäubert und zusätzlich befestigt werden. Der Vorteil dieser Methode ist, dass die Innenseite schön und sauber aussieht.

Für die gehäkelte Sicherung der Steeks benötigt man eine Häkelnadel, die dünner ist als die verwendeten Stricknadeln. Das Häkeln dauert länger als das Befestigen mit der Nähmaschine, doch danach ist keine weitere Versäuberung erforderlich. Die Innenseite sieht allerdings nicht ganz so schön aus wie bei der ersten Methode.

Betrachten wir beide Steek-Techniken im Detail.

Sichern mit der Nähmaschine

Zum Steeken mit der Nähmaschine bringen Sie zunächst gemäß Ihrer Strickanleitung die Steekmaschen an oder entscheiden Sie selbst, an welcher Stelle Sie Ihre Arbeit durchschneiden wollen. Hier habe ich das Vorderteil eines Pullovers gesteekt, um ihn in eine Jacke zu verwandeln.

Wenn der Steek aus 5 Maschen besteht, wird er am besten in der Mitte der 3. Masche durchgeschnitten, damit die Öffnung genau mittig liegt. Vor dem Schneiden müssen jedoch unbedingt zwei Nähte angebracht werden, um die Maschen zu sichern. Sonst würde sich eine nach der anderen auflösen!

Die erste Naht wird zwischen der 2. und der 3. Masche angebracht, die zweite zwischen der 3. und der 4. Masche.

Hier noch einige Tipps, damit die Nähte gut gelingen.

+ Sie können im **Geradstich** oder im **Zickzackstich** nähen. Wichtig ist jedoch, dass die Stiche möglichst klein sind. Ich persönlich verwende stets den Geradstich. Die beste Methode? Beide zusammen – auf jeder Seite eine Naht im Geradstich, dann eine im Zickzackstich. So sind Ihre Maschen garantiert gut gesichert.
+ Verwenden Sie Nähgarn in der Farbe Ihres Strickgarns.
+ Die **erste Naht von unten nach oben** nähen, die **zweite von oben nach unten**.
+ Anfang und Ende jeder Naht **mit Rückstichen sichern**, damit sie nicht aufgehen.
+ **Langsam nähen!** Jede einzelne Masche muss gut in der Naht gefasst werden; Sie dürfen keine übergehen! Daher nähe ich sicherheitshalber stets ein zweites Mal über jede Naht.

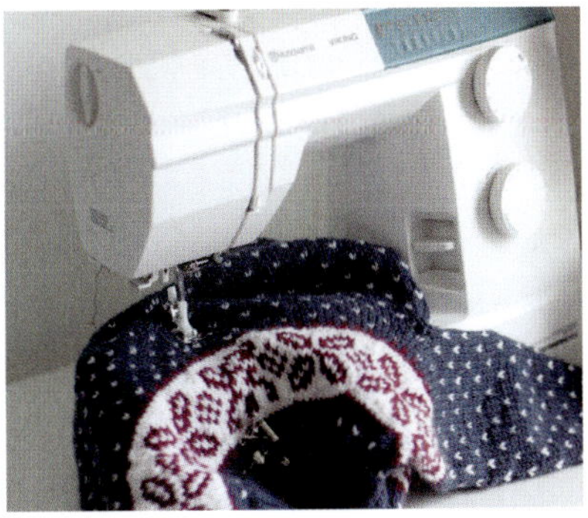

+ Die **Maschen** beim Nähen mit den Fingern **etwas auseinanderziehen**, um sicherzugehen, dass Sie genau in der Mitte nähen.

Wenn die Nähte fertig sind, geht es ans Durchschneiden! Da die Nähte zwischen der 2. und 3. Masche und der 3. und 4. Masche liegen und die Maschen damit befestigt sind, kann ich in der Mitte der 3. Masche schneiden.

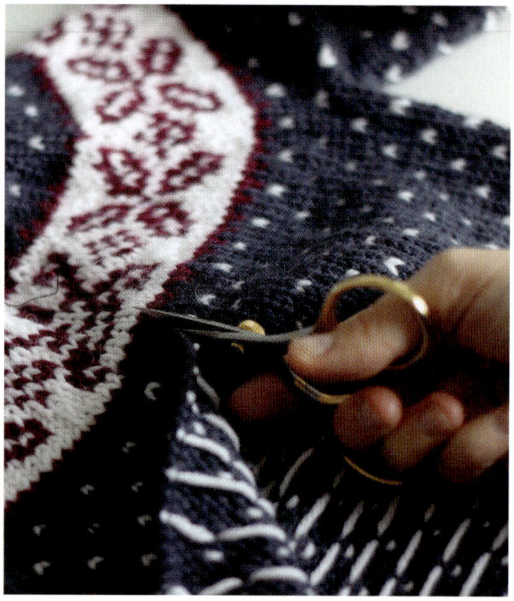

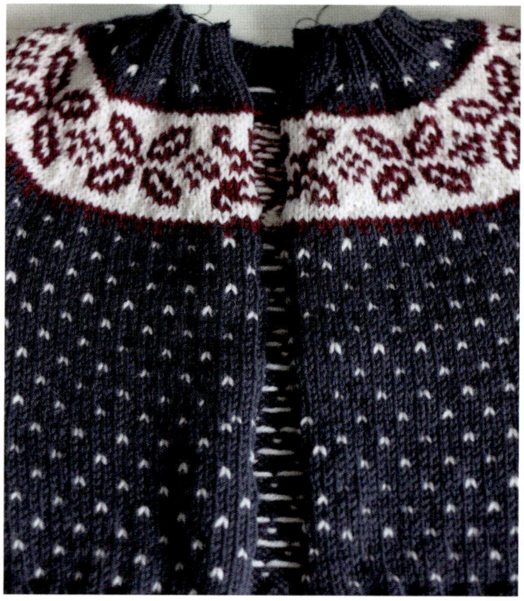

Es gehört etwas Mut dazu: ruhig Blut, tief durchatmen, Schere zur Hand nehmen – und los geht's! Ohne zu schneiden geht es nicht! Noch einmal: **Wichtig ist, ganz langsam vorzugehen**. Vergessen Sie nicht, die **Maschen mit den Fingern gut auseinanderzuhalten**, damit Sie an der richtigen Stelle schneiden!

In manchen Strickanleitungen wird empfohlen, die Maschen vor dem Versäubern der Steeks aufzunehmen, in anderen, erst zu versäubern. Ich persönlich nehme lieber zuerst die Maschen auf.

Wie auf den Abbildungen zu sehen ist, entsteht auf der **Innenseite eine Art Umbruch oder Besatz** mit den Fäden, die sich bis an die Naht lösen (keine Panik, das ist normal!).

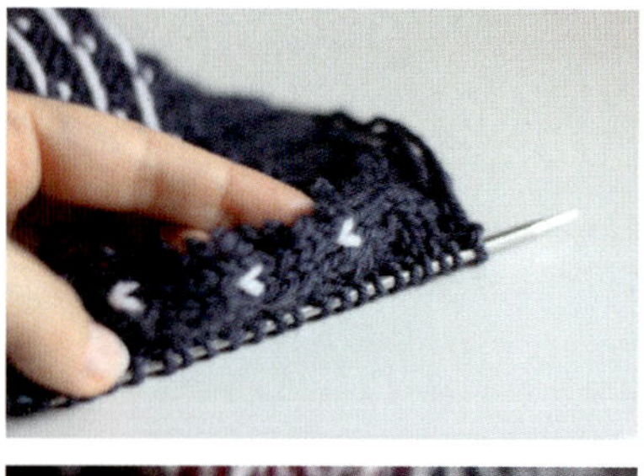

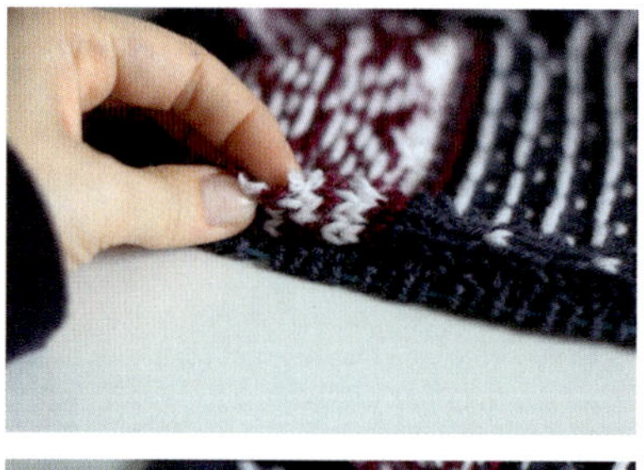

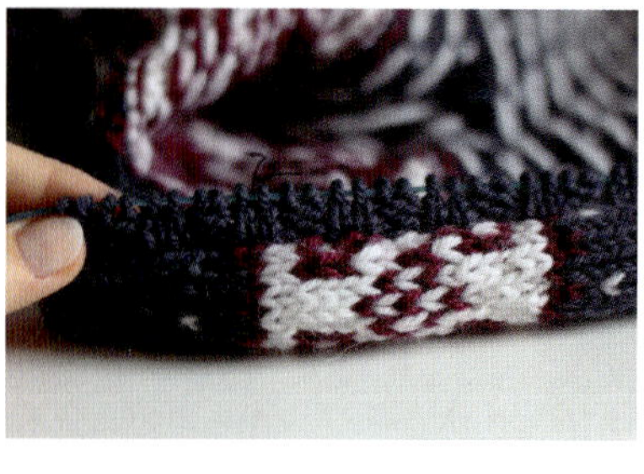

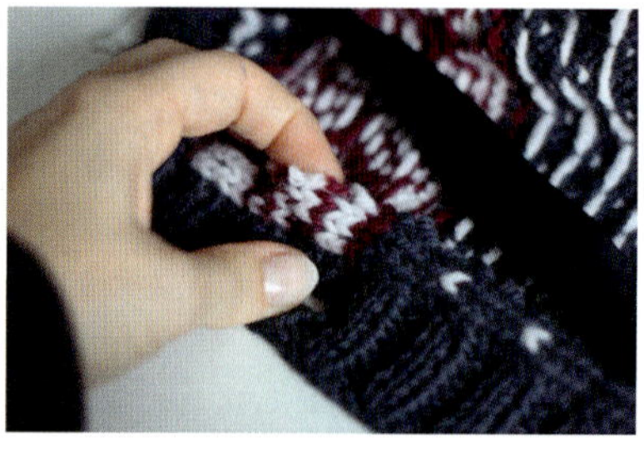

Hier habe ich die Maschen aufgenommen und den Umbruch dabei nach innen umgelegt. Anschließend habe ich ganz normal die Knopfleiste gestrickt.

Praxistipp

Durch das Aufnehmen der Maschen kann sich die Spannung des Jacquardmusters verändern, sodass Maschen und Spannfäden zu locker sind. Eine zuvor angebrachte gerade Naht (Stichlänge 2) fixiert die Maschen an der Stelle, an der sie später aufgenommen werden. So entsteht ein gleichmäßigeres Maschenbild.

Sichern mit der Häkelnadel

Bei dieser Technik wird beidseits der mittleren Steek-Masche jeweils eine Reihe Kettmaschen gehäkelt – danach wird geschnitten! Die Maschen sind gut gesichert, und die Kanten legen sich nach innen um. Für die Kettmaschen am besten eine Kontrastfarbe verwenden, um sicherzugehen, dass Sie an der richtigen Stelle schneiden.

Das Prinzip ist ähnlich wie bei der Sicherung mit der Nähmaschine, wie das abgebildete Beispiel mit 5 Steek-Maschen zeigt. Für die linke Reihe Kettmaschen sticht man unter das linke Glied der 3. und das rechte Glied der 2. Masche ein, für die rechte Reihe Kettmaschen unter das rechte Glied der 3. und das linke Glied der 4. Masche. Über die gesamte Länge des Pullovers wird an jeder Reihe eine Kettmasche gehäkelt. Aufgeschnitten wird dann genau in der Mitte der 3. Masche.

Hier noch ein paar Tipps für die gehäkelte Sicherung:

+ Das Grundprinzip ist, dass das äußere Glied der Mittelmasche mit dem inneren Glied der angrenzenden Masche durch Kettmaschen zusammengehäkelt wird. Dazu eine **kleinere Häkelnadel** verwenden als für die Wolle des Modells angegeben und ein ebenfalls etwas dünneres **kontrastfarbiges Garn** wählen.
+ Legen Sie die Arbeit mit den **Steeks waagrecht** vor sich hin, sodass Sie gut von rechts nach links häkeln können.
+ Die Sicherung an den Maschen unterhalb der mittleren Steek-Masche häkeln und die **Arbeit so falten**, dass die Maschen, die zusammengehäkelt werden sollen, besser zu sehen sind. Mit der Häkelnadel unter die beiden Maschenglieder einstechen und eine Kettmasche häkeln.

ACHTUNG

Bei Jacquardmustern mit maximal zwei Farben pro Reihe genügt die gehäkelte Sicherung der Steeks.

Bei Jacquardmustern mit drei Farben in einer Reihe müssen die Maschen der Musterpartie vor dem Häkeln zuerst mit einer maschinengenähten Naht gesichert werden. Dies ist z. B. bei der Jacke Scafell der Fall (siehe Hinweis in der Anleitung). Der Grund dafür ist, dass mit der gehäkelten Befestigung höchstens zwei Farben gleichzeitig gesichert werden können.

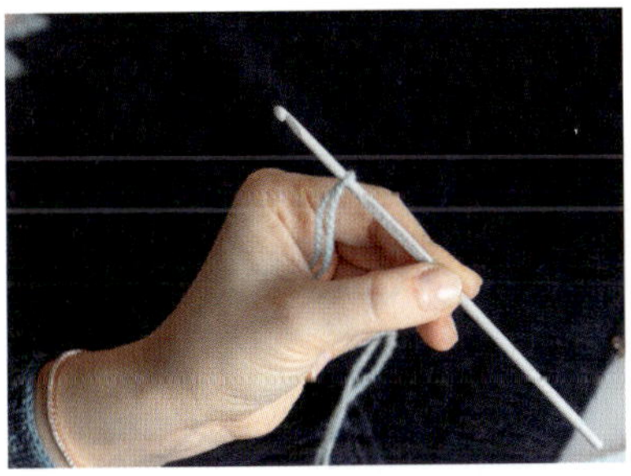

Zu Beginn eine Anfangsschlaufe auf die Häkelnadel legen.

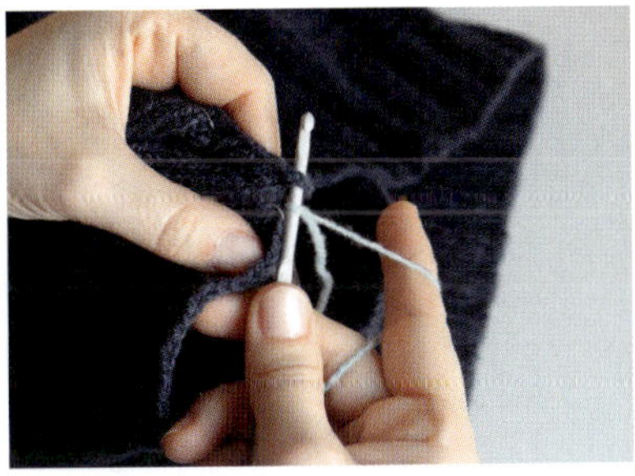

Unter den beiden Steek-Maschen des Pullovers einstechen, d. h. unter dem rechten Glied der 2. und dem linken Glied der 3. (= mittleren) Masche, direkt neben der abgeketteten Kante.

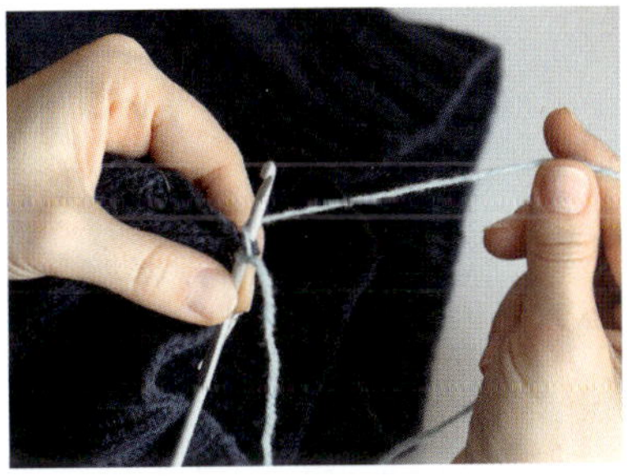

Den Arbeitsfaden um die Häkelnadel legen.

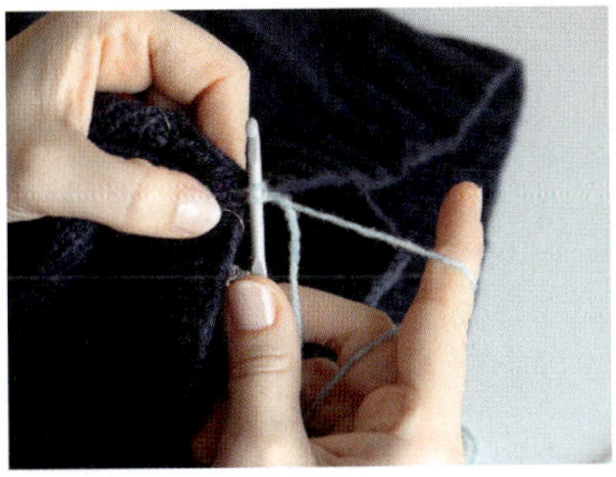

Den Faden durch die Maschenglieder auf der Nadel ziehen. Nun liegen zwei Schlaufen auf der Nadel.

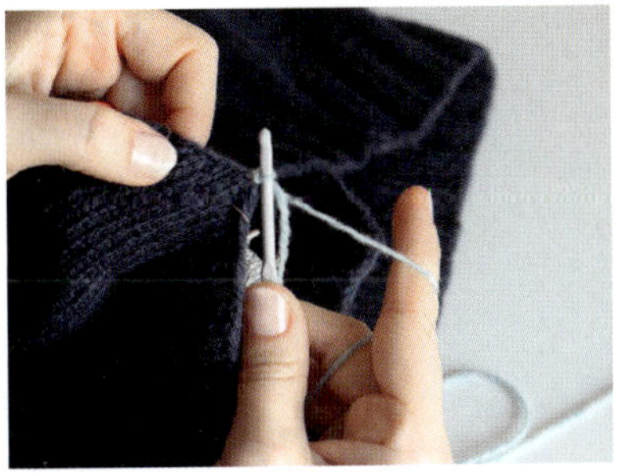

Die neue Schlaufe durch die erste Schlaufe auf der Nadel ziehen. Zum Schluss darf nur noch eine Schlaufe auf der Nadel liegen.

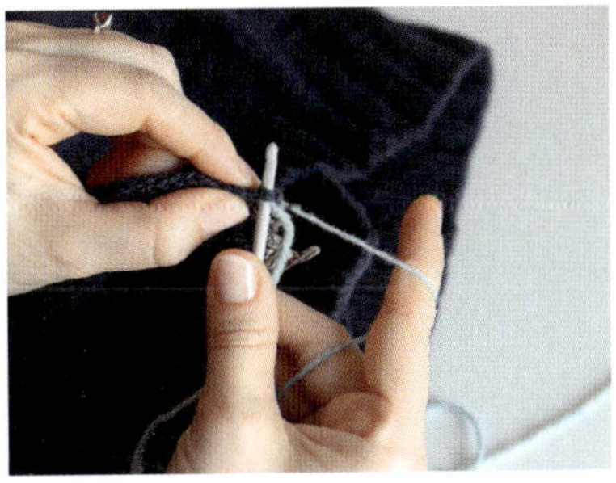

An den folgenden Runden ebenso vorgehen: Stets unter den beiden Maschengliedern der Steek-Maschen einstechen.

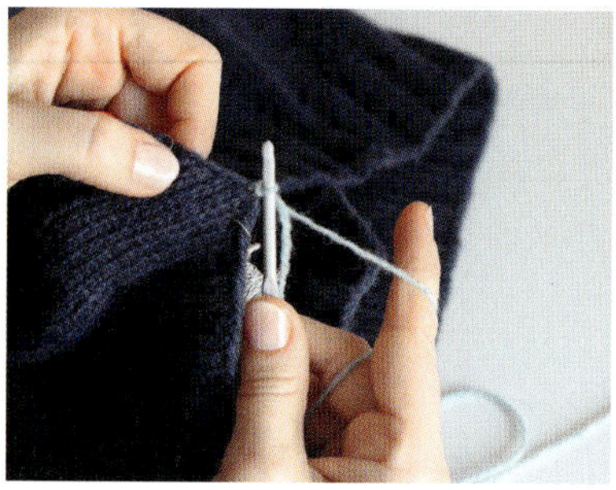

Den Faden um die Häkelnadel schlagen und unter den beiden Maschengliedern durchziehen. Dann den Faden durch die rechte Schlaufe auf der Nadel ziehen. Diesen Vorgang an jeder Runde wiederholen.

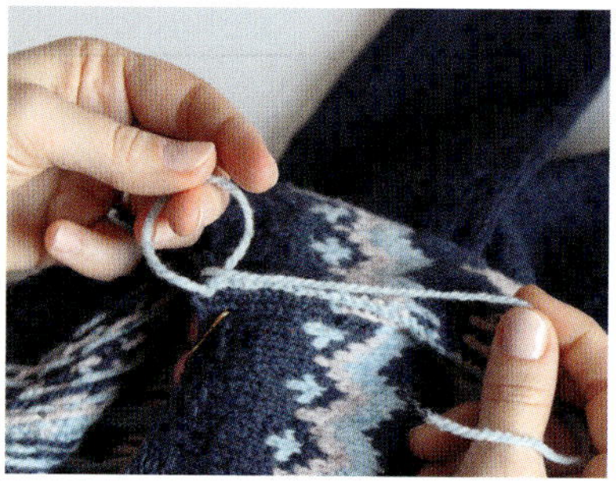

Den Faden abschneiden und durch die letzte Schlaufe ziehen. Dann die Sicherung auf der anderen Seite der Steeks häkeln.

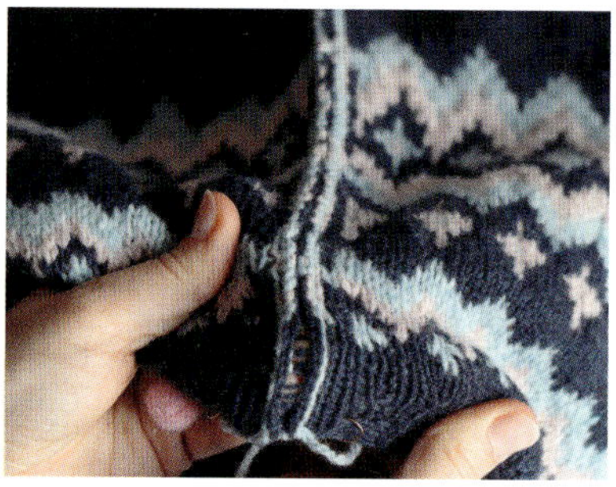

Wenn man die mittlere Masche auseinanderzieht, sind die kontrastfarbigen Häkelkanten gut zu erkennen. Nun die Arbeit mit einer spitzen Schere genau in der Mitte der 3. Masche durchschneiden.

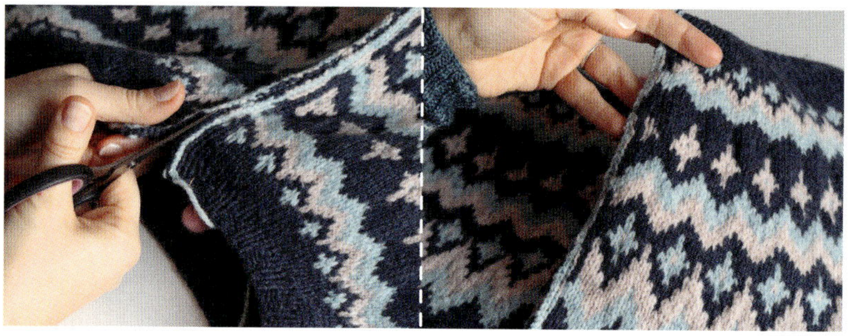

Nach dem Schneiden auf beiden Seiten die Maschen direkt neben der Häkelkante aufnehmen und die Knopfleisten stricken.

Welche Technik ist besser?

Meiner Ansicht nach sind beide Methoden gleich gut. Sie sollten beide ausprobieren, um zu sehen, welche Sie bevorzugen. Die maschinengenähte Naht ist schnell gemacht, doch das anschließende Versäubern (Annähen eines Bandes) braucht mehr Zeit. Das Häkeln dauert vielleicht etwas länger, dafür ist jedoch keine weitere Versäuberung erforderlich. Weitere entscheidende Faktoren sind, ob Sie eine Nähmaschine oder eine passende Häkelnadel sowie zu Ihrem Modell passendes Garn (naturbelassen oder Superwash) in einer Kontrastfarbe zur Verfügung haben. Auch die Anzahl der Farben in einer Reihe spielt eine Rolle.

Versäubern der Innenseite

Fäden vernähen

Es ist nicht unbedingt nötig, die Steek-Fäden zu vernähen wie die des übrigen Modells, vor allem, wenn sie sich alle in der Mitte des Steeks (Rundenanfang) befinden. Sie werden später ohnehin abgeschnitten und durch die Versäuberung verdeckt.

Wenn es Ihnen lieber ist, können Sie die einzelnen Fäden jedoch vor dem Abschneiden vernähen.

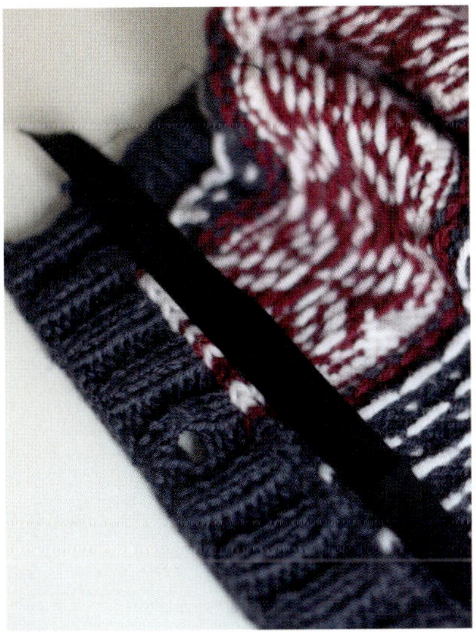

Annähen eines Bandes oder Schrägbands

Wenn Sie die Steeks mit der Nähmaschine gesichert und die Knopfleisten gestrickt haben, wird als Nächstes an der Innenseite ein Band aufgenäht, um die innen liegende Kante der Steeks zu kaschieren und die Steek-Maschen zusätzlich zu schützen. Sie können ein einfaches Band verwenden, dessen Enden Sie umschlagen oder abflämmen, damit sie nicht ausfransen, oder Sie verwenden Schrägband. Das Band wird in der Länge des Pullovers zugeschnitten und von Hand aufgenäht. Dazu an einer Ecke beginnen und die Nadel zuerst in eine gestrickte Masche, dann in das Band einstechen. Einige Maschen überspringen und erneut erst in eine Masche, dann in das Band einstechen. Über die gesamte Länge des Pullovers so fortfahren. Vor dem Annähen der anderen Bandseite die hervorstehenden Fäden abschneiden, damit sie nicht zu sehen sind.

Wenn die verwendete Wolle naturbelassen ist (ohne Superwash-Ausrüstung), verfilzen die Steek-Kanten mit der Zeit, und die abgeschnittenen Maschen verbinden sich mit dem übrigen Gestrick. Dies funktioniert natürlich nur mit Wolle, nicht mit Baumwolle, Bambus oder Acryl, da diese Fasern nicht verfilzen. Doch auch hier sind die Steek-Kanten durch das Band gut geschützt.

Unsichtbare Naht

Die unsichtbare Naht ist eine gute Methode, um die Steek-Kanten innen zu befestigen, falls diese Sie stören. Dies ist besonders zu empfehlen, wenn die Steek-Maschen durch Kettmaschen gesichert wurden und Sie die Innenseite noch schöner versäubern möchten. Man verwendet dafür eine Wollnadel.

Festonstich

Auch mit dem Festonstich (Schlingstich) können die Innenkanten der Steeks befestigt werden. Die Stiche sind größer und sichtbarer, doch auch dekorativ halten die Kanten gut an ihrem Platz.

Alternative Versäuberung: das Steek-Sandwich

Wenn Sie keine klassischen Knopfleisten stricken möchten, die wie oben beschrieben versäubert werden müssen, können Sie ein sogenanntes Steek-Sandwich anfertigen (eine von Kate Davies entwickelte Methode). Die Technik ist relativ simpel: Die Steek-Kante wird einfach zwischen zwei gestrickten Streifen eingefasst (wie der Belag eines Sandwichs). Da die Kante dadurch dicker und schwerer wird, eignet sich die Methode allerdings nicht für alle Modelle.

Nach dem Sichern der Maschen und Durchschneiden der Arbeit von rechts (Außenseite) die Maschen aufnehmen wie für eine klassische Knopfleiste und vier Reihen glatt rechts stricken. Dann die Maschen auf der Rundnadel ruhen lassen.

Von links (Innenseite) mit einer zweiten Rundnadel die Schlaufen aufnehmen, die durch das vorherige (von der Außenseite durchgeführte) Aufnehmen der Maschen entstanden sind. Drei Reihen glatt rechts stricken, dabei mit einer rechten Reihe beginnen.

Die beiden so entstandenen gestrickten Streifen müssen nun verbunden werden, um die Steek-Kante einzufassen. Dazu mit einer dritten Rundnadel von rechts (Außenseite) die Technik des Abkettens mit drei Nadeln anwenden, jedoch ohne die Maschen abzuketten: die erste äußere mit der ersten inneren Masche zusammenstricken und so fortfahren bis zum Ende der aufgenommenen Maschen. Nun ist nur noch eine Maschenreihe übrig, und die Steek-Kante ist im Sandwich eingeschlossen. Zum Abketten einen Kordelabschluss (I-Cord) stricken, in den nach Wunsch Knopflöcher eingearbeitet werden können.

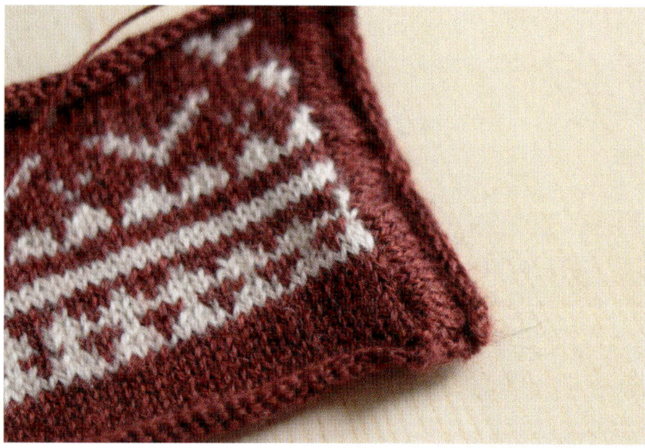

Rechte Seite

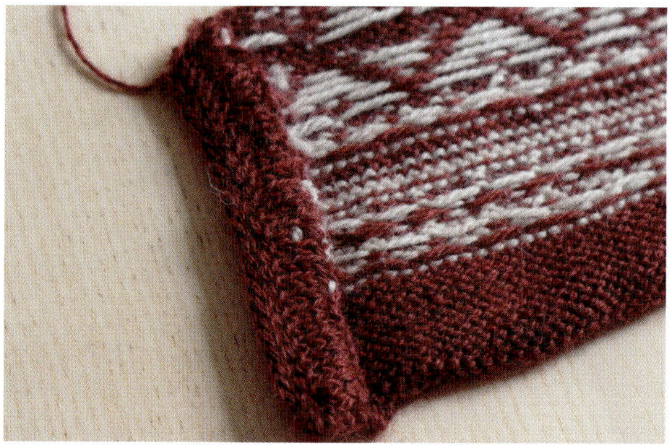

Linke Seite

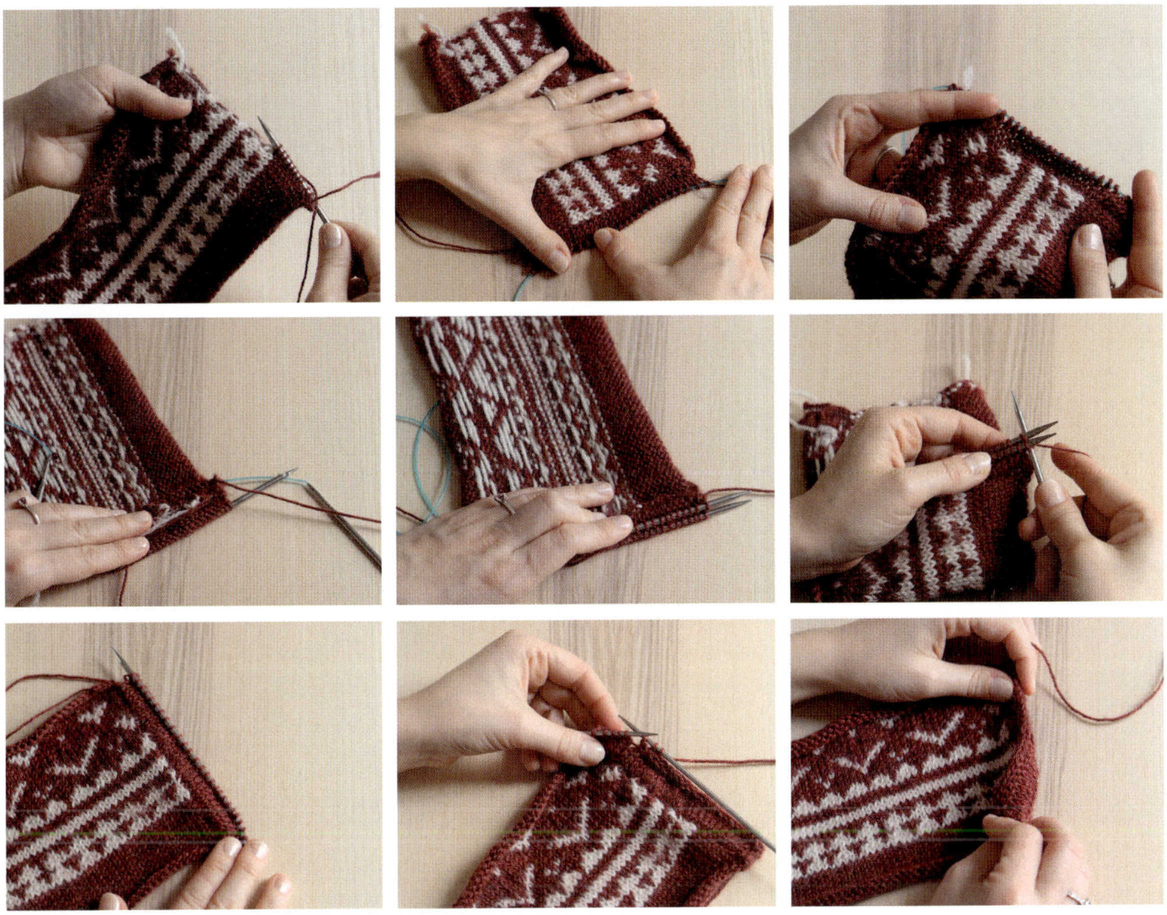

SPANNEN: VOR ODER NACH AUFSCHNEIDEN DER STEEKS?

Es ist nicht zu empfehlen, das gesamte Modell vor dem Aufschneiden der Steeks zu spannen: Dadurch würden die Fäden gedehnt und könnten sich aus der gehäkelten oder genähten Sicherung lösen. Vorder- und Rückenteil können auf Wunsch leicht gedämpft werden, doch das eigentliche Spannen sollte ganz zum Schluss erfolgen – nach dem Durchschneiden der Steeks und der Fertigstellung der Knopfleisten.

Hinzufügen von Steeks an einer Pulloveranleitung

Wenn Sie eine Jacke stricken möchten, in Ihrer Anleitung jedoch keine Steeks vorgesehen sind, da es sich um eine reine Pulloveranleitung handelt, können Sie die Steeks einfach selbst hinzufügen.

Zu Beginn der Strickarbeit – egal, ob diese von oben oder von unten begonnen wird – 5 Hilfsmaschen hinzufügen. Anfang und Ende des Steeks mit Maschenmarkierern kennzeichnen. Diese 5 Mittelmaschen zählt man nicht zu der in der Anleitung angegebenen Gesamtzahl der Maschen und strickt sie stets ohne Muster glatt rechts, auch in den Musterpartien unten am Rumpf und an der Rundpasse. In den Musterpartien sollten jedoch einzelne Maschen des Steeks in der Musterfarbe gestrickt werden, um die Fäden gut mitzuführen und zu vermeiden, dass die Spannfäden, die später durchgeschnitten werden, zu lang sind.

Den Rundenbeginn am besten in die Mitte der Steek-Maschen legen – so sparen Sie sich später das Vernähen der Jacquardfäden, da die Fäden durchgeschnitten und durch die gehäkelte oder die mit der Maschine genähte Sicherung befestigt werden. Einfach mit der zu beendenden „alten" Farbe bis zur Mitte der Steeks stricken und die neue Farbe an derselben Stelle beginnen. So befinden sich alle Fadenenden auf einer Höhe in der Mitte der Steeks.

Bei einem kleinteiligen Jacquardmuster spielt es keine Rolle, an welcher Stelle im Muster die Steeks platziert werden. Sie können einfach an irgendeinem Punkt der Strickschrift eingefügt werden. Vorsicht jedoch bei größeren Motiven! Bei Mustern mit großen Motiven ist die Anordnung des Musters rechts und links der Steeks (und später der Knopfleisten) zu beachten. Möglicherweise muss das Muster für die Steeks an einer anderen Stelle geteilt werden als an dem Punkt der Strickschrift, der laut Anleitung an der vorderen Mitte liegt.

Nehmen wir dazu das Beispiel einer Schneeflocke (ein traditionelles skandinavisches Jacquardmotiv), die in der Strickschrift der Anleitung zweigeteilt dargestellt ist. Für die Variante mit Steeks muss die Strickschrift abgeändert werden, und zwar so, dass das Motiv zusammenhängend dargestellt wird. Dadurch liegt später auf beiden Seiten der Knopfleiste ein komplettes Motiv, kein in der Mitte geteiltes. Die Anzahl der Rapporte bleibt gleich, das Motiv wird lediglich anders verteilt.

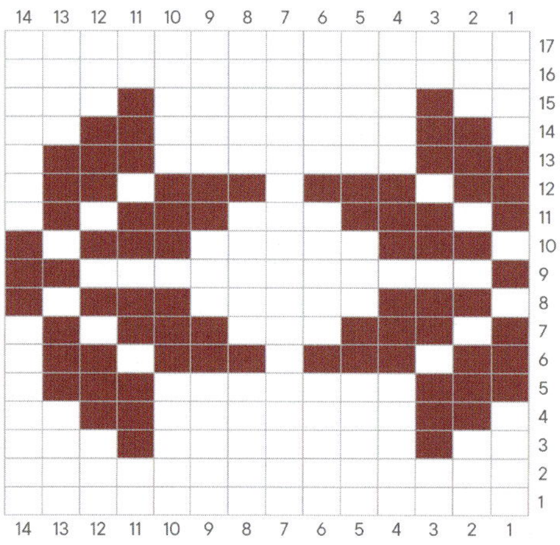

Original-Strickschrift aus der Anleitung

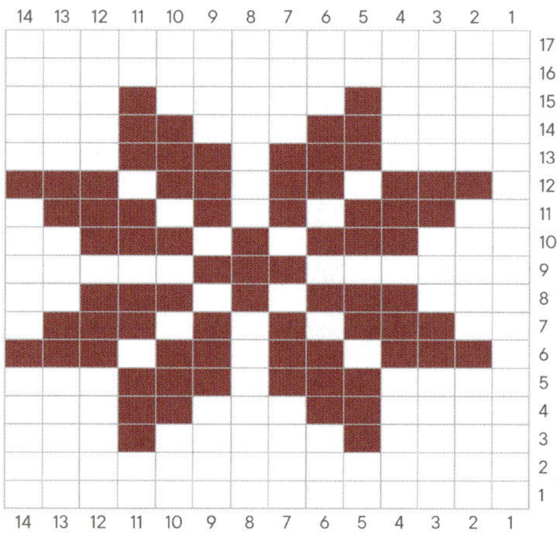

Abgeänderte Strickschrift für die Variante mit Steeks

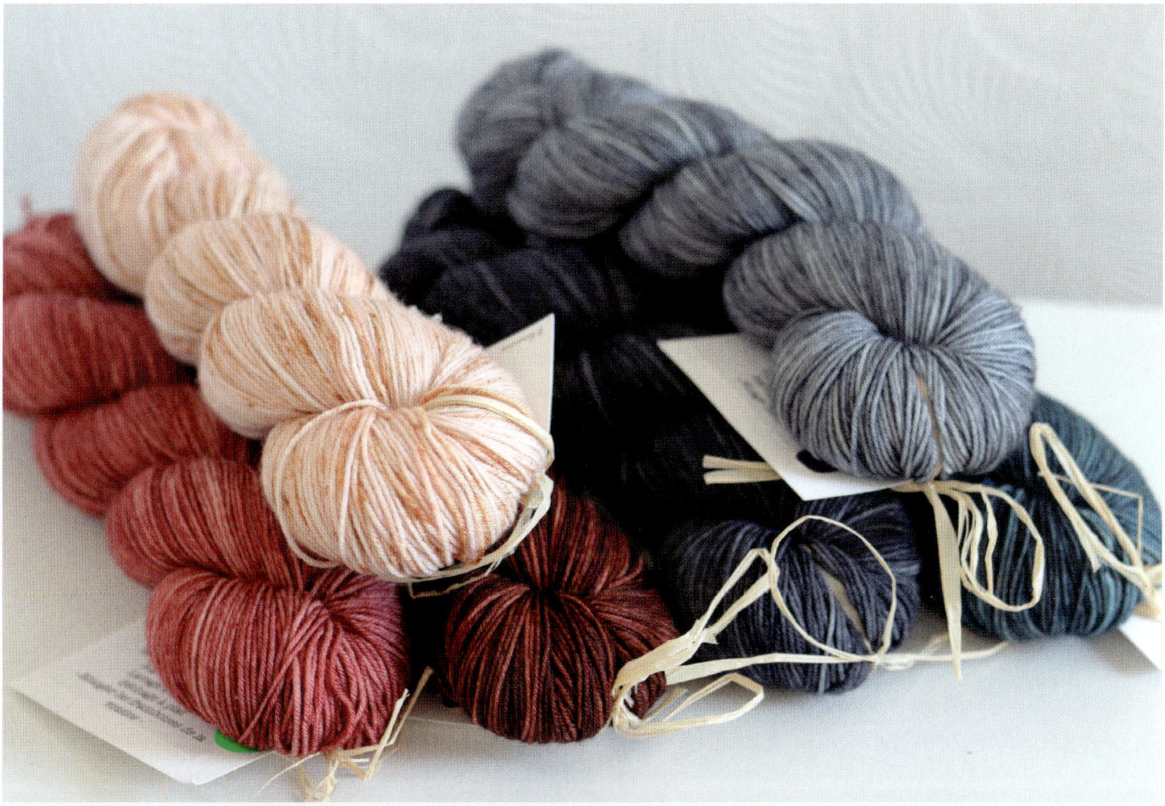

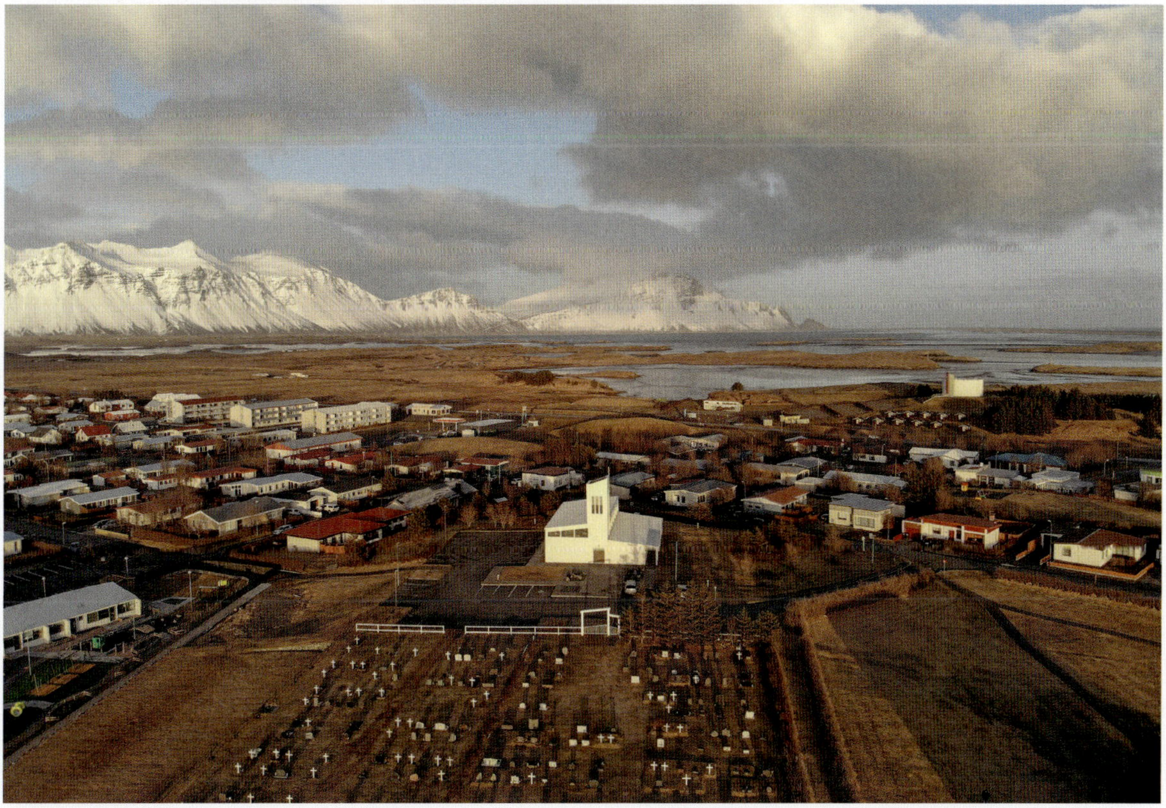

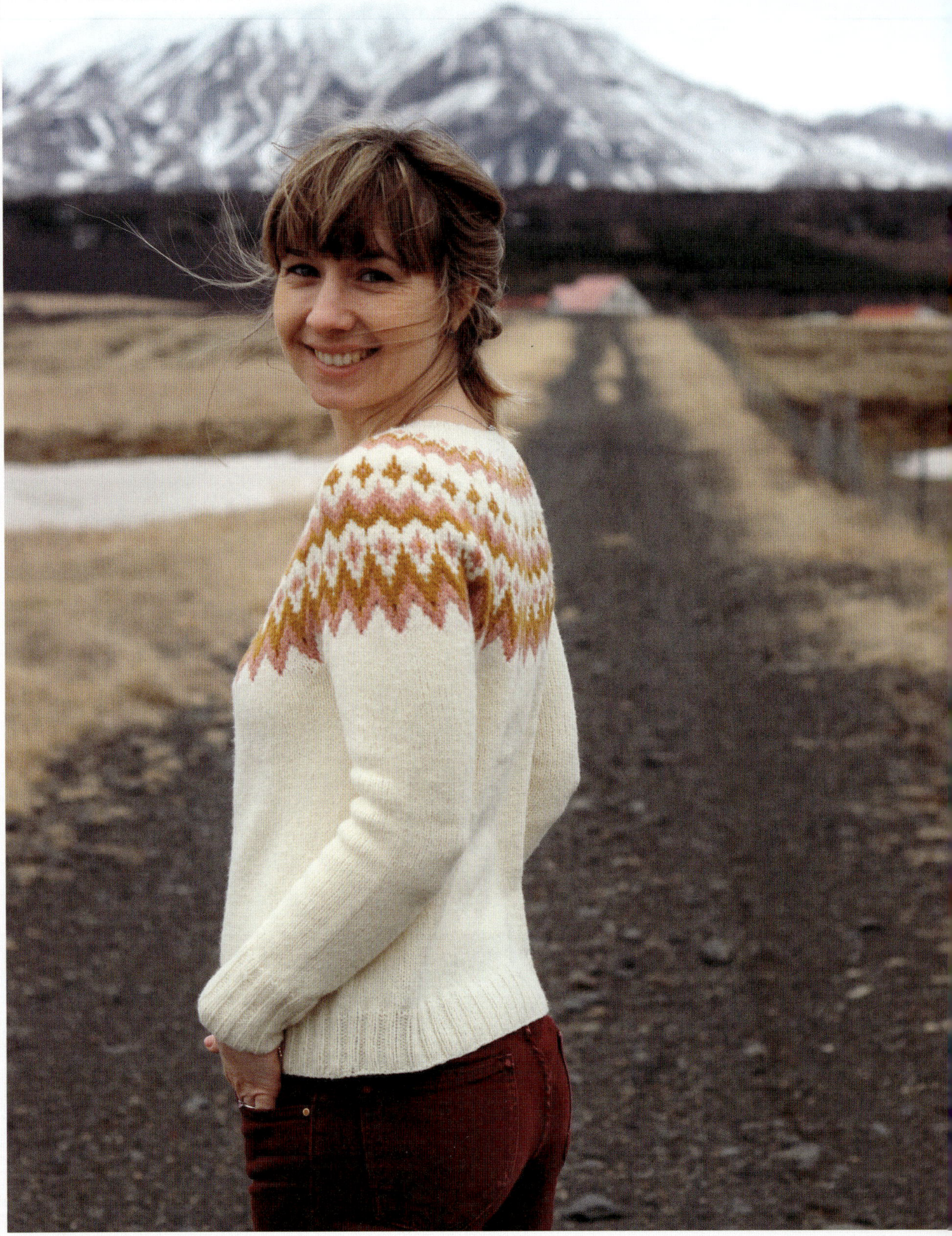

KAPITEL 11

Abschlussarbeiten

Wenn Sie Ihr Modell zu Ende gestrickt haben, fehlen zur endgültigen Fertigstellung noch einige Schritte. Diese Abschlussarbeiten sind ein Muss – vor allem bei Jacquardmodellen!

Fäden vernähen

Wenn Sie Ihre Strickarbeit auf links wenden, sehen Sie jede Menge Fadenenden an den Stellen, an denen eine neue Farbe angesetzt wurde. Es gibt verschiedene Methoden, um diese ordentlich zu versäubern.

Beurteilen, in welcher Richtung die Fäden vernäht werden

Müssen zwei dicht nebeneinanderliegende Fäden vernäht werden, überkreuzt man diese am besten, damit in der Mitte kein Loch entsteht. Dazu die beiden Fadenenden in entgegengesetzter Richtung legen, um das Loch zu kaschieren. Durch leichten Zug an den Fäden die jeweils erste Masche etwas festziehen, damit ein schönes Maschenbild entsteht. Letzteres gilt für alle vorhandenen Fadenenden.

Sind die Fäden korrekt ausgerichtet, wird einer nach dem anderen mithilfe einer Wollnadel vernäht.

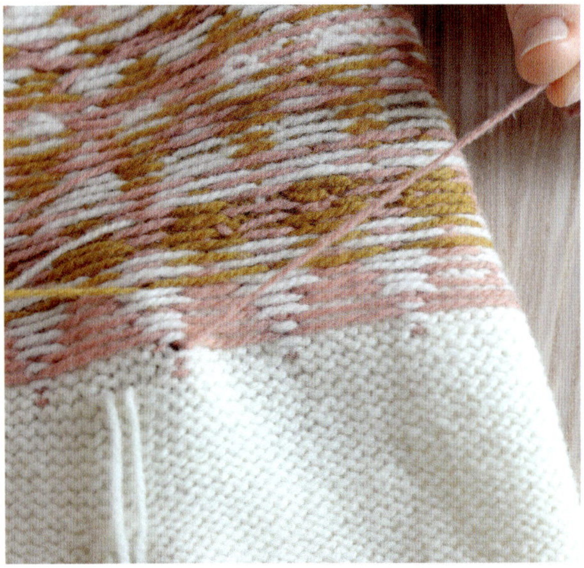

Werden die Fäden in dieser Richtung gezogen, entsteht ein Loch. Sie müssen in entgegengesetzter Richtung gezogen werden.

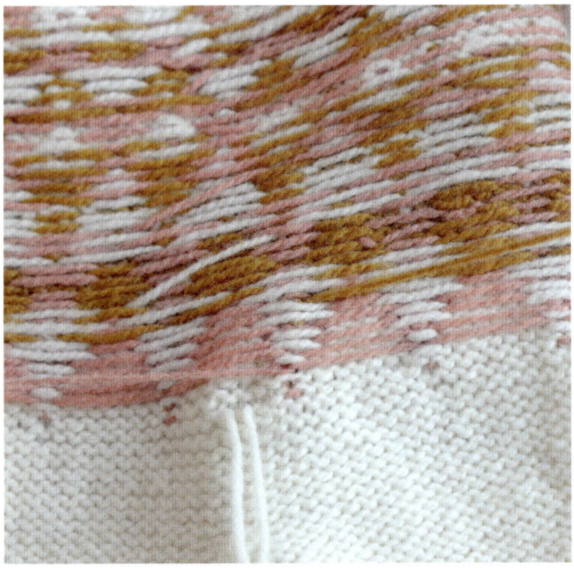

Hier verschließen die Fäden das zuvor sichtbare Loch, sie müssen also in dieser Richtung gezogen werden.

Fäden vernähen – die Technik

Mithilfe der Wollnadel den Faden über eine Länge von 2,5 cm durch einige Maschenglieder ziehen, und zwar in der Richtung, in der er verlaufen wäre, wenn man mit ihm weitergestrickt hätte. Dabei darauf achten, nicht an der Strickarbeit zu ziehen.

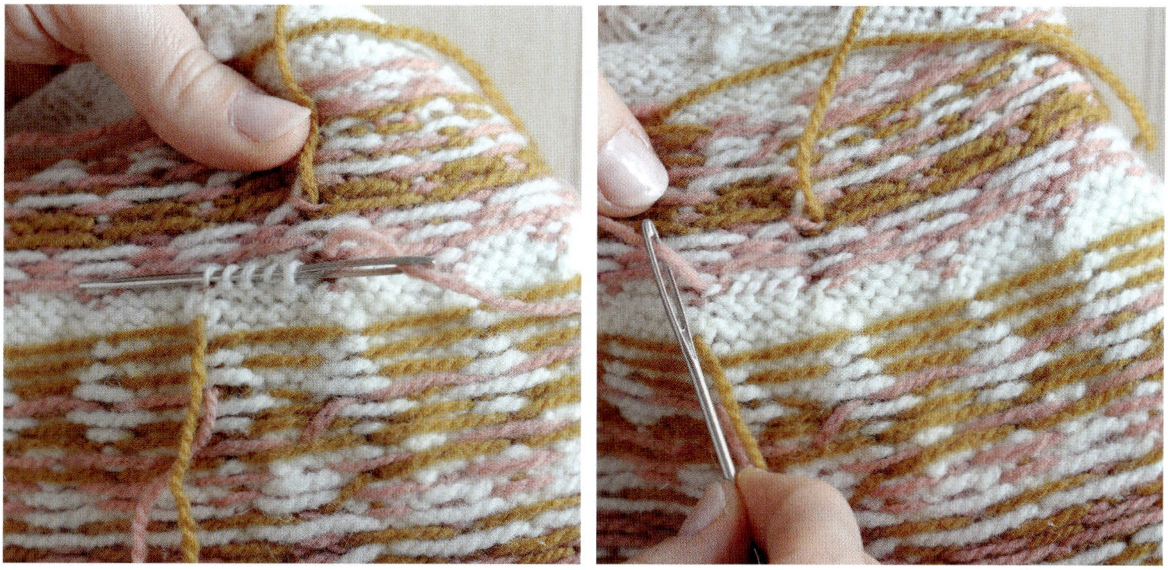

Fäden verknoten?

Es ist auch möglich, nicht jeden Faden einzeln zu vernähen, sondern … zwei Fäden miteinander zu verknoten! Diese Technik ist sehr verbreitet, und man findet sie sogar an traditionellen Modellen. Da naturbelassene Wolle durch das Waschen leicht verfilzt, verbinden sich die Fadenenden mit der Zeit miteinander. Bei Superwash-Wolle ist dies zwar nicht der Fall, nach meiner Erfahrung funktioniert diese Methode aber sehr gut.

Praxistipp

Bei Jacquardmustern mit häufigen Farbwechseln (z. B. Fair-Isle-Muster) kann man die Fäden auch schon während der Strickarbeit vernähen.

Spannen

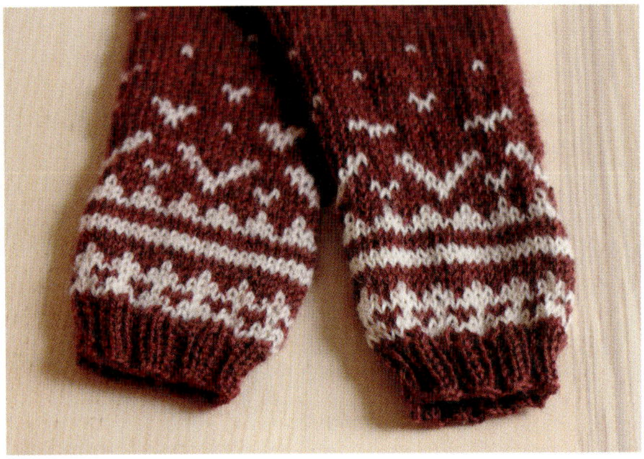

Unterschied zwischen einem gespannten Ärmel (links) und einem nicht gespannten Ärmel (rechts): Vor dem Spannen ist das Maschenbild ungleichmäßig und gewellt – trotz guter Fadenspannung. Nach dem Spannen liegt das Jacquardmuster glatt und kommt schön zur Geltung.

Ein Jacquardmodell ist erst fertig, nachdem es gespannt wurde! Dieses Prinzip gilt überall, wo Jacquard gestrickt wird. Das Spannen einer Strickarbeit ist grundsätzlich notwendig, damit das Gesamtergebnis wirklich gut aussieht – dies gilt besonders für Jacquardmuster. Erst durch Spannen erhält ein Modell die korrekten Maße, außerdem wird die Jacquardpartie geglättet, und kleinere Unregelmäßigkeiten in der Fadenspannung werden behoben.

Folgende Schritte sind dazu notwendig:

Waschen

Eine Schüssel mit kaltem bis lauwarmem klarem Wasser füllen (durch zu warmes Wasser könnte die Wolle verfilzen) und etwas Wollmaschmittel zugeben. Dabei stehen Produkte mit und ohne Auswaschen zur Auswahl (siehe S. 23).

Danach einfach die Strickarbeit hineinlegen, ohne zu reiben oder zu wringen. Alles gut untertauchen, sodass sich alle Partien voll Wasser saugen. Die noch nicht durchnässten Stellen sanft drücken. Wenn keine Luftblasen mehr aufsteigen, ist alles gut von der Waschlauge durchtränkt. Nun das Ganze nicht mehr bewegen und für etwa 20 bis 30 Minuten einweichen lassen.

Wenn Sie Waschmittel verwenden, das ausgewaschen werden muss, anschließend das Wasser wechseln und die Arbeit noch einmal für 15 bis 30 Minuten in klarem Wasser einweichen.

Praxistipp

Bei einem Modell mit starken Kontrastfarben, z. B. Weiß/Beige und Dunkelblau, am besten kaltes Wasser verwenden, um ein Ausbluten der Farben zu verhindern. Sie können auch ein Farbfangtuch ins Wasser geben.

Ausdrücken

Anschließend das Wasser ausdrücken. Die Strickarbeit vorsichtig aus dem Wasser nehmen, dabei die Hände gut unter die Arbeit halten, damit sie sich nicht verzieht. Keinesfalls auswringen! Das Wasser lediglich sanft ausdrücken, die Arbeit auf ein großes, bereitgelegtes Frotteehandtuch legen und darin einrollen. Auf den Boden legen und auf der ganzen Länge mit den Füßen darauftreten.

Wenn Sie mutiger sind und/oder Superwash-Wolle verwendet haben, können Sie die Strickarbeit auch in einen Kissenbezug oder ein Wäschenetz geben und diese Etappe dem Schleudergang der Waschmaschine überlassen. Dabei jedoch eine niedrige Drehzahl wählen und vorher genau prüfen, ob die Wolle maschinengeeignet ist.

Spannen

Ist die Strickarbeit gut ausgedrückt, kann sie flach auf einer auf den Boden gelegten Matte ausgebreitet werden. Die folgende Etappe ist gerade für Jacquardmodelle sehr wichtig: Die Arbeit wird festgesteckt, damit sie ihre Form und die in der Anleitung angegebenen Maße erhält. Dazu können Spannstecknadeln (T-Nadeln) oder Kammnadeln verwendet werden (Letztere finde ich noch praktischer).

Vorsichtig an der Jacquardpartie ziehen, bis sie ganz glatt liegt.

Die gespannte Strickarbeit behält später ihre Form, sie kann also normal gewaschen werden und muss nicht jedes Mal neu gespannt werden. Für Socken gibt es sogenannte Sockenspanner, die sehr nützlich sind.

ANMERKUNG

Es ist durchaus möglich, die gemusterte Rundpasse eines Modells zu spannen, bevor der Rumpf gestrickt wird – sei es, um die Spannung zu kontrollieren, sei es, um sich zum Weiterstricken zu motivieren. Dazu die komplette Passe stricken und die Maschen auf einem ausreichend langen Wollfaden stilllegen. Dann das Ganze einweichen und behutsam ausdrücken. Danach können Sie die Passe ganz leicht feststecken, jedoch ohne daran zu ziehen: Es ist schwierig, vor dem Stricken des Rumpfes die exakte Form der Passe zu bestimmen, und die Passe darf nicht verzogen werden.

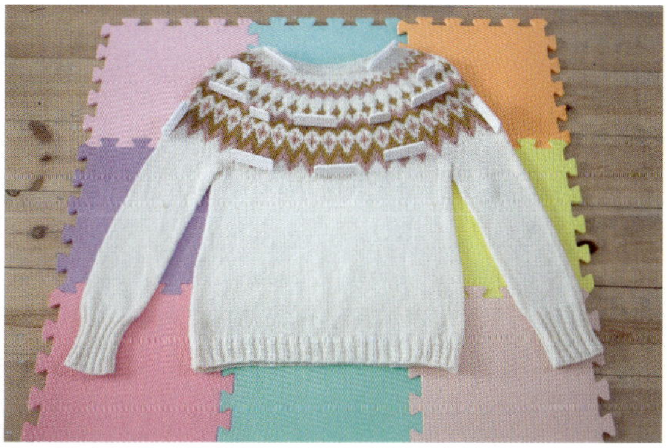

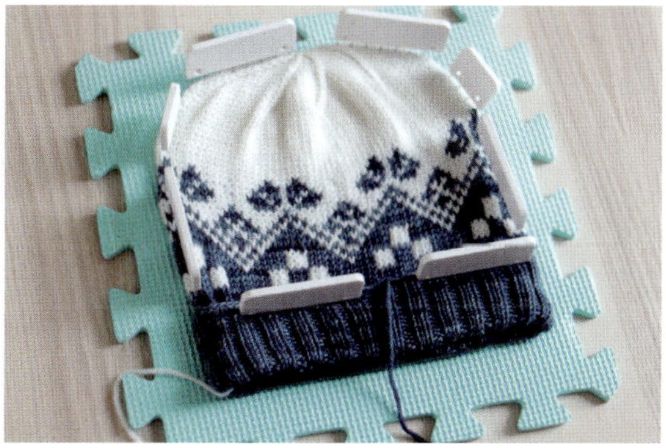

Regelmäßiges Waschen von Strickstücken

Um Strickwaren zu waschen, gibt es zwei Möglichkeiten.

+ Handwäsche: Das Strickstück in einer Schüssel mit lauwarmem Wasser und dem von Ihnen bevorzugten Wollwaschmittel (siehe Kapitel 2) einweichen. Zum Trocknen auf dieselbe Weise vorgehen wie nach dem Spannen (Handtuch oder Waschmaschine).

Bei selbstgestrickten Jacquardmodellen aus naturbelassener Wolle ohne Superwash-Ausrüstung kann es passieren, dass sie bei der Wäsche in der Waschmaschine verfilzen! Diese Strickstücke sollten ausschließlich von Hand in lauwarmem Wasser gewaschen werden!

+ Maschinenwäsche: Achtung, vor dem Waschen Ihres selbstgestrickten Modells (Pullover, Jacke o. a.) unbedingt zuerst die Maschenprobe in der Maschine waschen und sehen, wie die Wolle die Maschinenwäsche verträgt. Ich persönlich verwende entweder das Feinwäscheprogramm bei 30° oder den Wollwaschgang. Die Schleuderzahl sollte auf etwa 800 bis 1000 Umdrehungen pro Minute eingestellt werden. Die Drehzahl sollte nicht zu gering sein, damit das Strickstück gut an die Trommelwand gedrückt wird und nicht durch lose Bewegungen in der Trommel leidet. Neben zu abrupten Temperaturschwankungen ist Reibung die Hauptursache für Verfilzen (die Fasern schrumpfen, verlieren dadurch ihre Elastizität und verhärten).

Praxistipp

Bevor Sie Ihr Strickstück in die Waschmaschine stecken, vergewissern Sie sich, dass das verwendete Garn sich für die Maschinenwäsche eignet. Wie bereits mehrfach erwähnt, sind nur Superwash-Garne garantiert maschinenwaschbar.

Praxistipps für die Maschinenwäsche

+ Wollwaschmittel verwenden.
+ Je nach Modell kaltes oder lauwarmes Wasser verwenden. Zu warmes Wasser lässt Wollkleidung schrumpfen.
+ Kostbare selbstgestrickte Stücke einzeln waschen.
+ Für Strickwaren und bügelfreie Wäsche einen möglichst kurzen Waschgang wählen.
+ Wollstrick nicht in den Wäschetrockner geben! Ebenso wie zu warmes Wasser lässt auch heiße Luft die Fasern schrumpfen.
+ Die Strickstücke nicht auswringen! Besser in ein Handtuch einrollen und flach auf einem zweiten, trockenen Handtuch oder einem Wäscheständer trocknen wie oben beschrieben.

Aufbewahrung von Strickwaren

Damit Ihr selbstgestricktes Modell lange hält, beachten Sie folgende Hinweise.

+ Strickwaren besser falten als aufhängen.
+ Keinen verschmutzten Pullover im Kleiderschrank aufbewahren – dies könnte Motten anziehen, und eventuelle Flecken könnten sich nicht mehr entfernen lassen.
+ Gegen Motten Zedernholzstücke, Lavendelsäckchen oder Mottenkugeln im Schrank verteilen. Das Zedernholz hat die zusätzliche Eigenschaft, Feuchtigkeit zu absorbieren und so Muff und Stockflecken vorzubeugen. Die Holzstücke in Stoff wickeln, um Flecken auf den Wollwaren zu vermeiden.
+ Strickwaren aus Wolle nicht luftdicht verpackt aufbewahren. Naturbelassene Wolle, wie sie oft für Jacquardmodelle verwendet wird, muss atmen. Wäschebeutel aus Nessel oder Musselin sind hierfür sehr gut geeignet.

Was tun gegen Pilling?

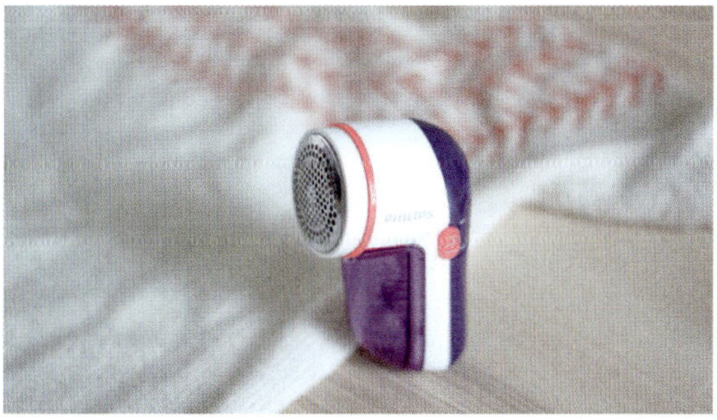

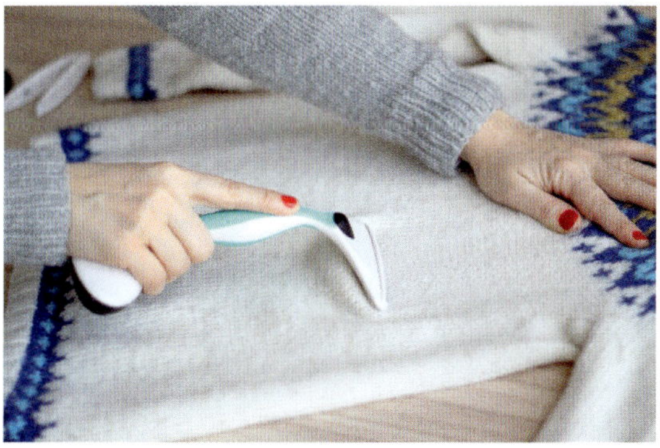

Ich verwende stets einen speziell für Strickwaren geeigneten elektrischen Fusselrasierer, mit dem sich Knötchen ganz leicht entfernen lassen. Er hat nur eine Geschwindigkeitsstufe, und es genügt, damit sanft über den Pullover zu fahren. Er sollte jedoch nicht für Lacestrick verwendet werden, da dabei unerwünschte Löcher entstehen könnten. Für Jacquardmodelle ist er ideal. Ich verwende ihn vor allem für Modelle der Garnstärken DK, Sport oder Fingering (Nadelstärken 2,25–4,5).

Der Gleener® ist ein anderer Fusselentferner, mit dem die Knötchen mechanisch entfernt werden. Dazu das Strickstück einfach auf einer festen Unterlage ausbreiten und mit dem Fusselentferner von oben nach unten darüberfahren. Am besten zuerst an einer möglichst unsichtbaren Stelle ausprobieren, etwa einer innen liegenden Naht. Ich verwende diesen Fusselrasierer für dicke Jacquard-Winterpullover (Garnstärke Worsted, Nadelstärke 4,5–5,5).

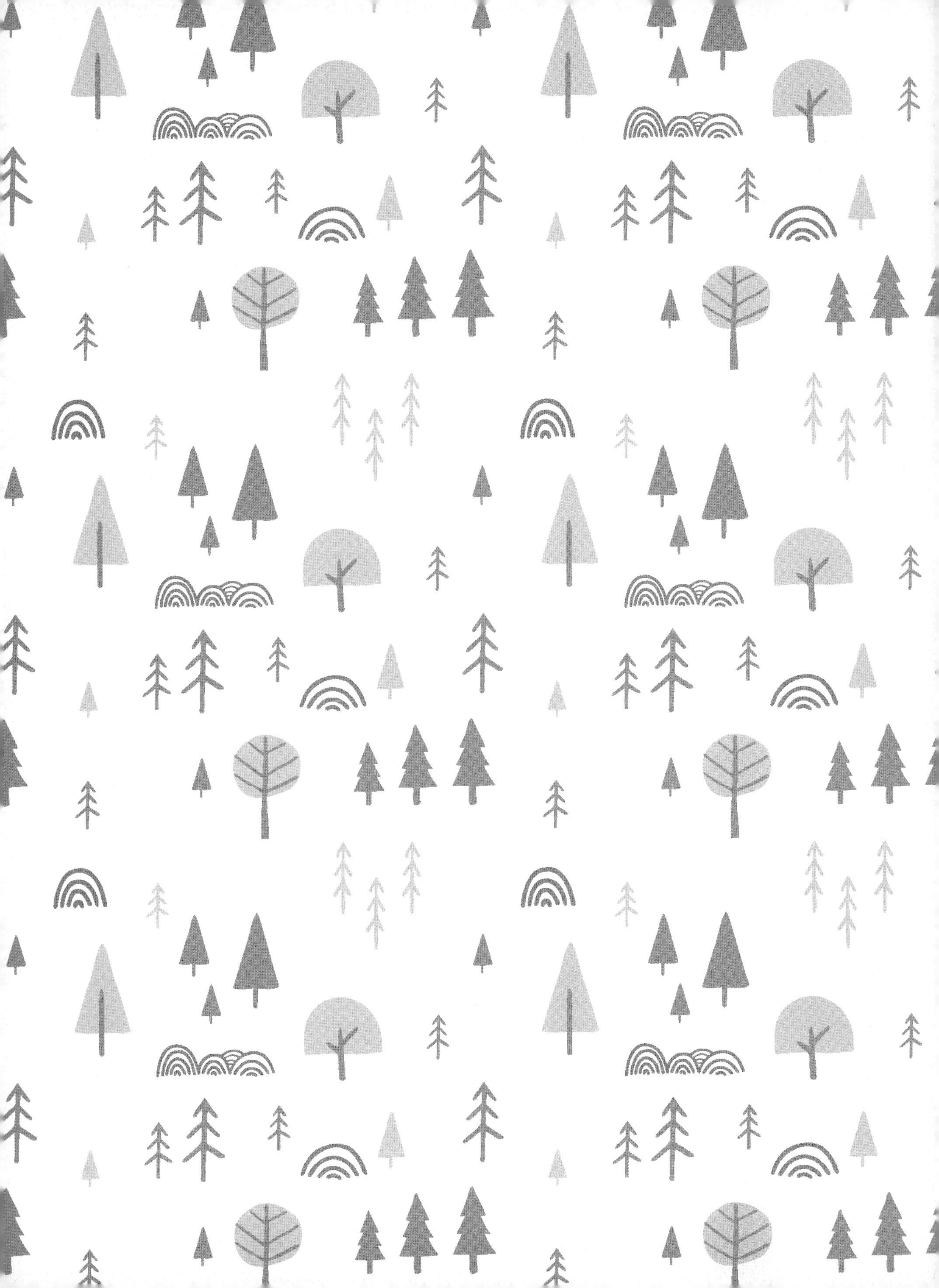

Modellanleitunge

Mütze Blisco

Die Anleitung für diese Mütze ist sehr einfach, ideal für alle Jacquard-Anfänger: Es werden maximal zwei Farben pro Runde verwendet, und die Fäden müssen auf der Rückseite der Arbeit nur selten gekreuzt werden. Dank der drei Größen ist die Anleitung für jedes Alter geeignet. Als Unisex-Modell ist sie perfekt für die ganze Familie: Jungen, Mädchen, Damen und Herren.

WOLLE UND MATERIAL

- **Wolle der Garnstärke DK**
  - Grundfarbe (GF): 95/115/125 Meter
  - Kontrastfarbe (KF): 60/90/100 Meter
- Rundnadel Nr. 3,75 (Länge 40–60 cm)
- Rundnadel Nr. 3,5 (Länge 40–60 cm) für das Rippenbündchen
- 1 Maschenmarkierer
- 1 Wollnadel
- 1 Pompon

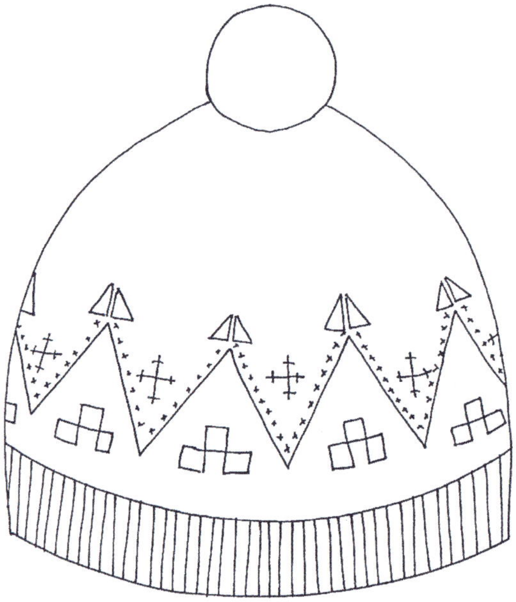

MASSE

Größen: Kinder/Erwachsene 1/Erwachsene 2
Umfang der fertigen Mütze: 42/48/55 cm
Kopfumfang (nach dem Spannen, ohne zu ziehen): 46–50/51–55/56–60 cm
Höhe der Mütze: 19/20/22 cm

MASCHENPROBE (10 x 10 cm)

23 M x 30 R glatt rechts in Runden mit Nadeln Nr. 3,75 (oder nach Bedarf andere Nadelstärke)

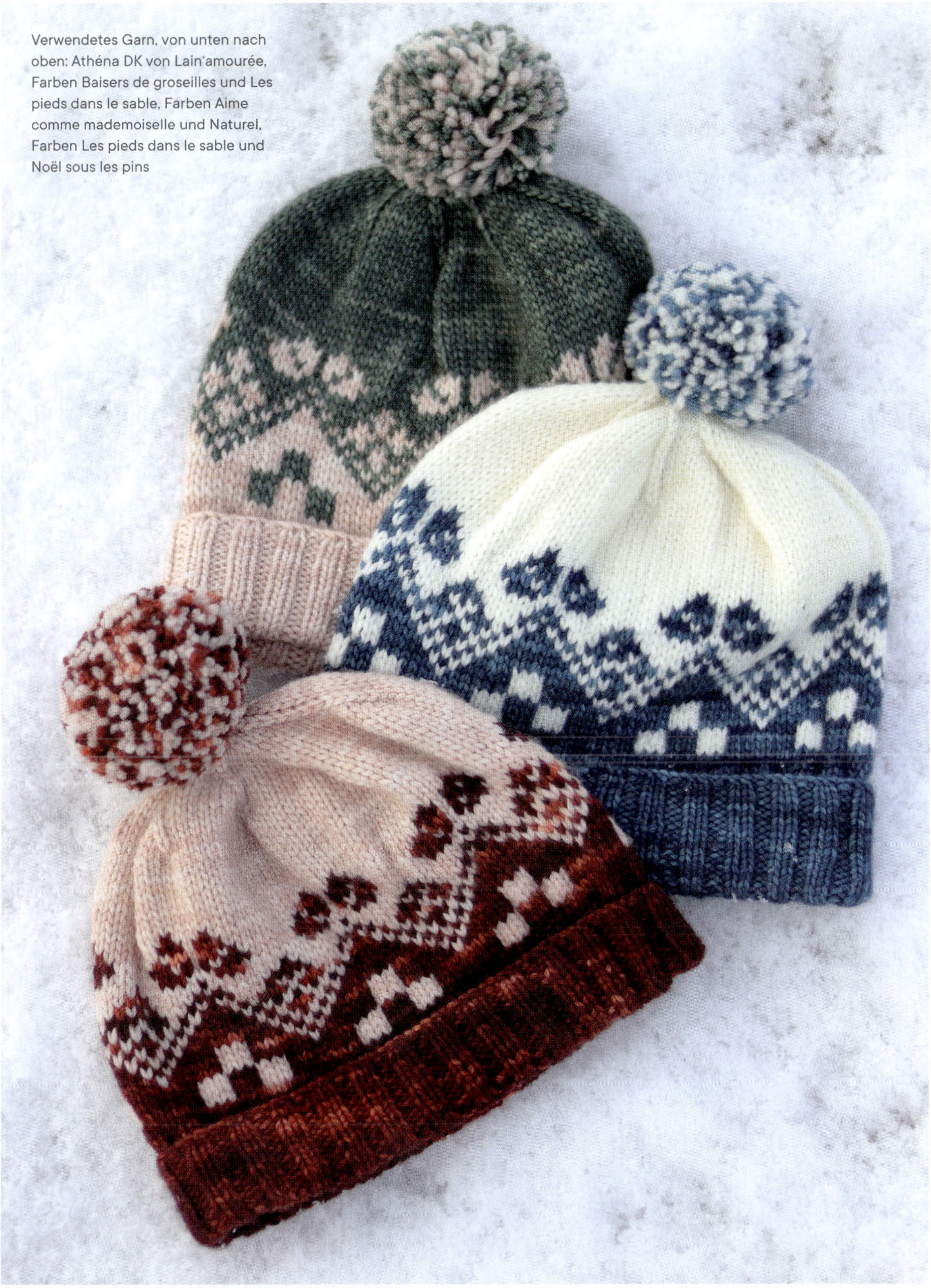

Verwendetes Garn, von unten nach oben: Athéna DK von Lain'amourée, Farben Baisers de groseilles und Les pieds dans le sable, Farben Aime comme mademoiselle und Naturel, Farben Les pieds dans le sable und Noël sous les pins

Anleitung

Bündchen (Umschlag)

Mit Nadeln Nr. 3,5 96 / 112 / 128 M im Kreuzanschlag anschlagen. Die Maschen zur Runde schließen und den Rundenbeginn mit einem MM markieren.

10 / 11 / 12 cm im Rippenmuster 2/2 (2 M re, 2 M li) stricken.

Kopfteil

Zu den Nadeln Nr. 3,75 wechseln und nach der unten abgebildeten Strickschrift im Jacquardmuster stricken. Das Muster über die gesamte Runde wiederholen.

ANMERKUNG

Um die Farbdominanz zu beachten, zuerst die KF als dominante Farbe führen, die GF als nicht dominante Farbe. In der 14. Runde die Farbdominanz umkehren: Nun die GF dominant führen, die KF nicht dominant.

Nach Fertigstellung des Musters bis zu einer Gesamthöhe von 24 / 25,5 / 28 cm glatt rechts weiterstricken.

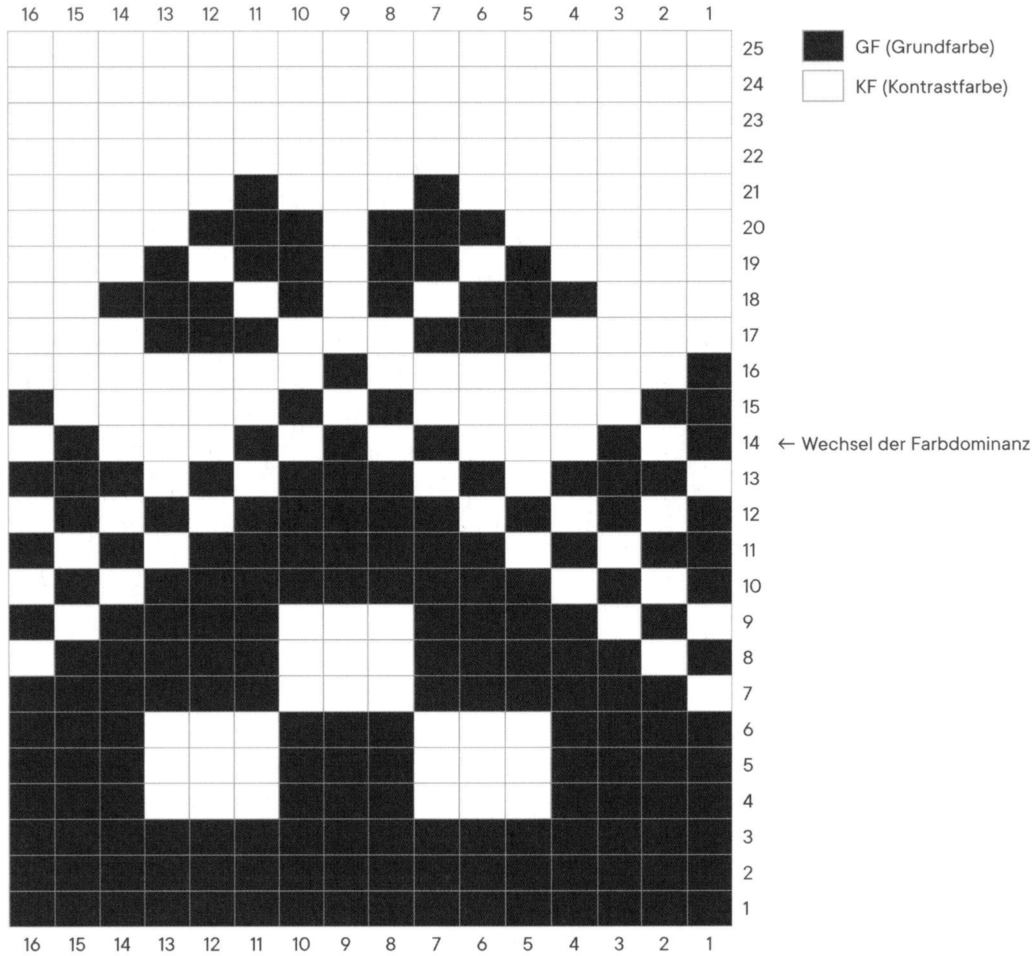

Abnahmen für die Spitze

Nur Größe Erwachsene 2

14 M re, 2 M re zus, von * bis * wh bis Rundenende.

13 M re, 2 M re zus, von * bis * wh bis Rundenende.

Nur Größen Erwachsene 1 und Erwachsene 2

12 M re, 2 M re zus, von * bis * wh bis Rundenende.

11 M re, 2 M re zus, von * bis * wh bis Rundenende.

Alle Größen

10 M re, 2 M re zus, von * bis * wh bis Rundenende.

9 M re, 2 M re zus, von * bis * wh bis Rundenende.

8 M re, 2 M re zus, von * bis * wh bis Rundenende.

7 M re, 2 M re zus, von * bis * wh bis Rundenende.

6 M re, 2 M re zus, von * bis * wh bis Rundenende.

5 M re, 2 M re zus, von * bis * wh bis Rundenende.

4 M re, 2 M re zus, von * bis * wh bis Rundenende.

3 M re, 2 M re zus, von * bis * wh bis Rundenende.

2 M re, 2 M re zus, von * bis * wh bis Rundenende.

1 M re, 2 M re zus, von * bis * wh bis Rundenende.

2 M re zus, von * bis * wh bis Rundenende.

Den Faden in etwa 30 cm Länge abschneiden, durch die verbleibenden Maschen fädeln und festziehen, um das Loch zu schließen.

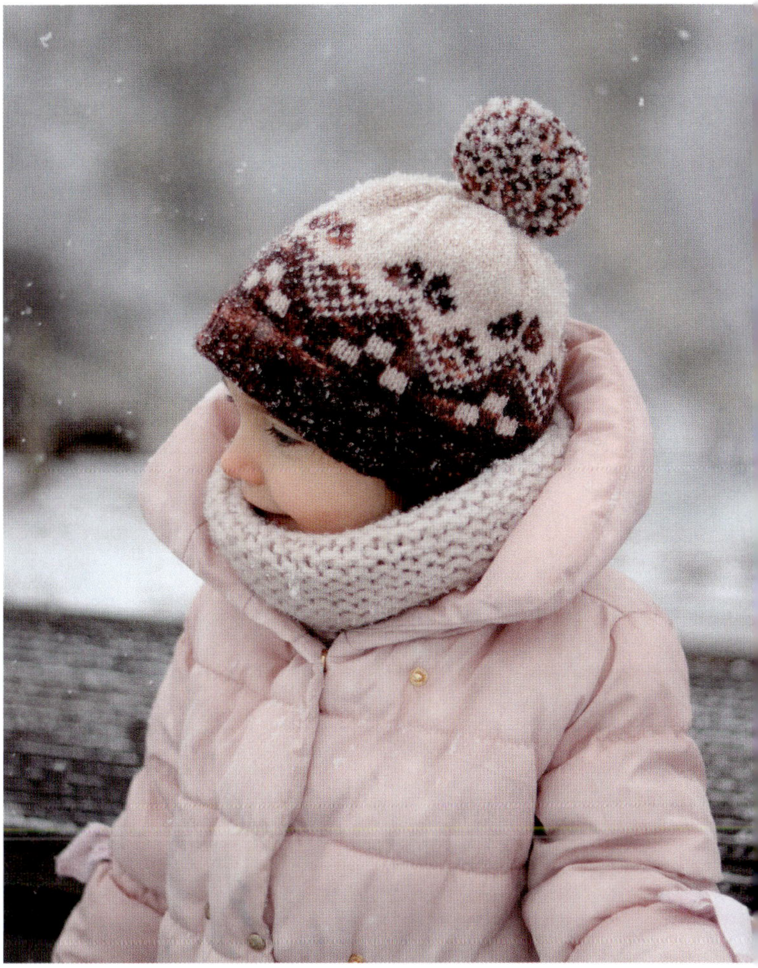

Fertigstellung

Mithilfe der Wollnadel die Fäden vernähen. Die Mütze spannen, damit das Jacquardmuster zur Geltung kommt. Dazu die Mütze auf einer Spannmatte feststecken oder auf einen runden Gegenstand (Ball, Luftballon) ziehen. Einen Pompon annähen und das Bündchen einmal umschlagen.

Pullover Helvellyn

Helvellyn ist ein Unisex-Pullover für Babys und Kinder. Das Modell ist ideal für ein erstes Jacquard-Projekt. Die Fäden müssen auf der Rückseite nicht gekreuzt werden, und es kommen niemals mehr als 2 Farben pro Runde vor. Da das Jacquardmuster als Bordüre oberhalb des Taillenbündchens gearbeitet wird, braucht man auch nicht gleichzeitig auf die korrekte Fadenspannung zu achten und Maschen zu- oder abzunehmen. Der Pullover ist ein Top-Down-Modell, er wird also von oben nach unten gestrickt.

WOLLE UND MATERIAL

- **Wolle der Garnstärke DK**
  - Grundfarbe (GF): 230 / (280, 320, 360) / [400, 450, 500, 550] / 650, 750 Meter
  - Kontrastfarbe (KF): 15 / (15, 20, 20) / [20, 25, 25, 30] / 35, 35 Meter
- Rundnadel Nr. 3,75 (Länge 60–80 cm) für Rumpf und Ärmel
- Rundnadel Nr. 3,5 (Länge 60–80 cm) für die Rippenbündchen
- Maschenmarkierer
- Wollfäden zum Stilllegen der Maschen
- 1 Wollnadel

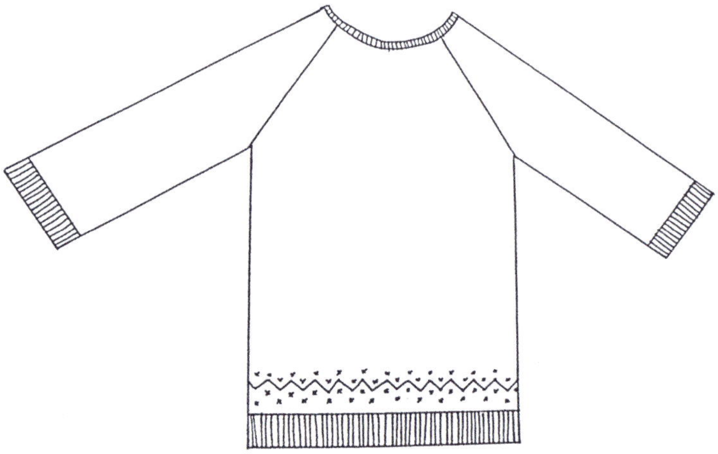

GRÖSSEN

3 / (6, 12, 18) Monate / [2, 4, 6, 8] / 10, 12 Jahre

MASCHENPROBE (10 x 10 cm)

23 M x 30 R glatt rechts in Runden mit Nadeln Nr. 3,75 (oder nach Bedarf andere Nadelstärke)

Verwendetes Garn: Einband von Ístex Lopi (Stärke Fingering, Nadelstärke 2,2–3,25, doppelt gestrickt). Farben Naturweiß und Marineblau. Rosa Modell (siehe S. 34): Athéna DK von Lain'amourée, Farben Les pieds dans le sable und Baisers de groseilles.

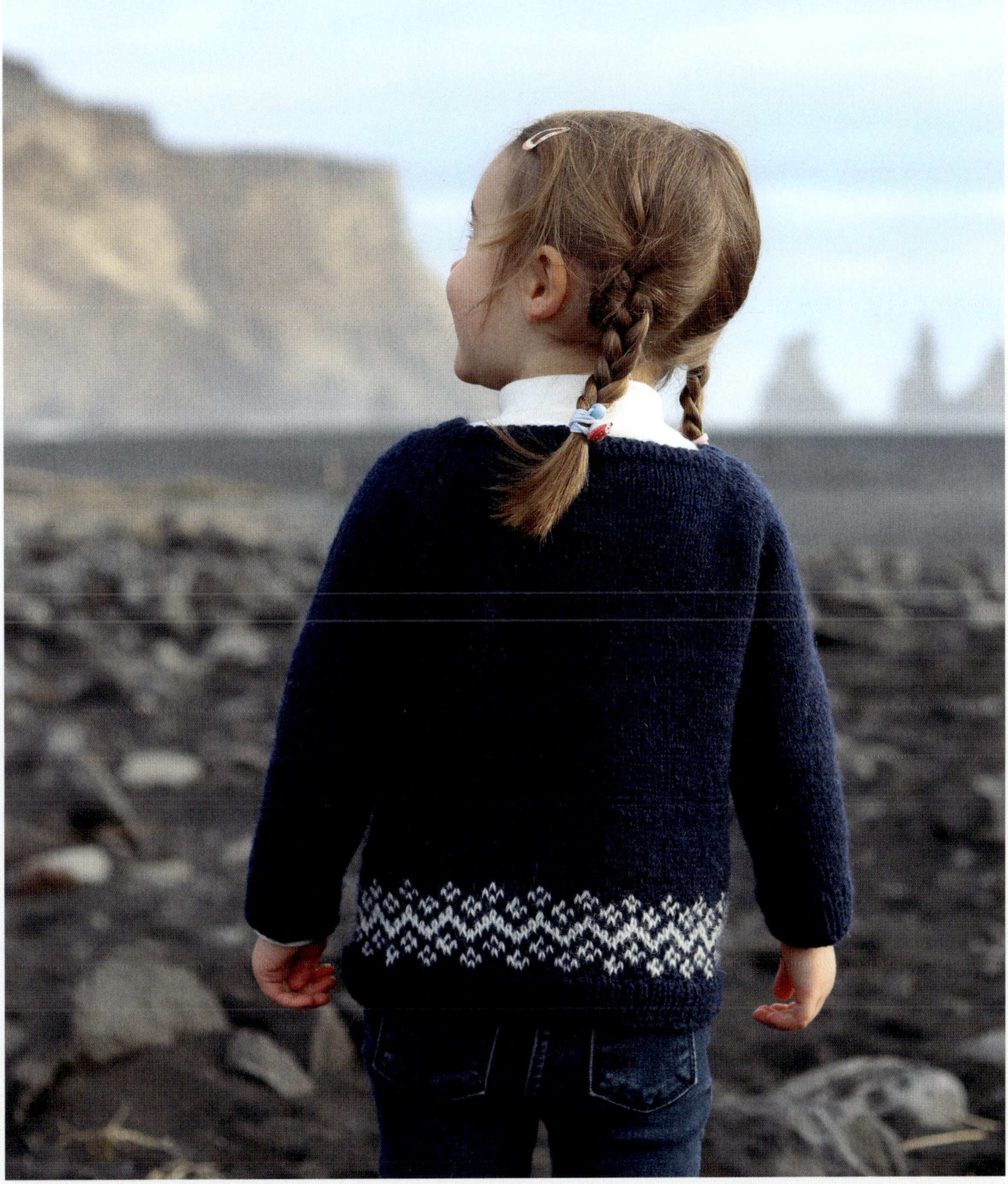

Anleitung

Halsausschnitt und Passe

Mit Nadeln Nr. 3,5 66 / (72, 72, 82) / [86, 88, 88, 90] / 92, 94 M im Kreuzanschlag anschlagen. Die Maschen zur Runde schließen und den Rundenbeginn mit einem MM markieren.

5 Rd im Rippenmuster 1/1 (1 M re, 1 M li) stricken.

Zu den Nadeln Nr. 3,75 wechseln und 1 Rd glatt re str, dabei MM setzen wie folgt:

9 / (11, 12, 13) / [14, 15, 16, 16] / 17, 17 M re (Rückenteil), MMs, 1 M re, MMs, 12 / (12, 10, 13) / [12, 12, 10, 10] / 10, 10 M re (Ärmel), MMs, 1 M re, MMs, 19 / (22, 24, 26) / [29, 30, 32, 33] / 34, 35 M re (Vorderteil), MMs, 1 M re, MMs, 12 / (12, 10, 13) / [12, 12, 10, 10] / 10, 10 M re (Ärmel), MMs, 1 M re, MMs, 10 / (11, 12, 13) / [15, 15, 16, 17] / 17, 18 M re (Rückenteil), MMs für den Rundenanfang.

Ab der folg. Rd mit den Raglan-Zunahmen beginnen, die in jeder 2. Rd gearbeitet werden.

1. Rd: bis zum 1. MM re str, *1 re gen Zun, MM abh, 1 M re (Raglan), MM abh, 1 li gen Zun, re M bis folg. MM*; von * bis * noch 3x wh, re M bis Rd-Ende.

In jeder Zunahmerunde werden insgesamt 8 Maschen zugenommen.

2. Rd: re M.

Die 1. und 2. Rd wh, bis insgesamt 13 / (13, 15, 15) / [16, 17, 19, 20] / 21, 22 Zunahmerunden gearbeitet wurden. Mit einer 2. Rd enden. Auf der Nadel liegen nun 170 / (176, 192, 202) / [214, 224, 240, 250] / 260, 270 Maschen, die wie folgt unterteilt sind: 38 / (38, 40, 43) / [44, 46, 48, 50] / 52, 54 M pro Ärmel. 45 / (48, 54, 56) / [61, 64, 70, 73] / 76, 79 M am Vorderteil. 45 / (48, 54, 56) / [61, 64, 70, 73] / 76, 79 M am Rückenteil und 4 Raglan-M zwischen den MM.

Maschen aufteilen für Ärmel und Rumpf

Runde zum Stilllegen der Maschen: re M bis MM, MM entfernen, 1 M re (Raglan), MM entfernen, 38 / (38, 40, 43) / [44, 46, 48, 50] / 52, 54 M für den re Ärmel stilllegen, 2 / (2, 2, 3) / [3, 3, 3, 3] / 3, 3 M für den Armausschnitt anschlagen und einen neuen MM für den Rundenbeginn setzen, 2 / (2, 2, 2) / [3, 3, 3, 3] / 3, 3 M anschlagen, MM entfernen, 1 M re (Raglan), MM entfernen, 45 / (48, 54, 56) / [61, 64, 70, 73] / 76, 79 M re für das Vorderteil, MM entfernen, 1 M re (Raglan), MM entfernen, 38 / (38, 40, 43) / [44, 46, 48, 50] / 52, 54 M für den li Ärmel stilllegen, 4 / (4, 4, 5) / [6, 6, 6, 6] / 6, 6 M anschlagen, MM entfernen, 1 M re (Raglan), MM entfernen, an der Rückenpartie re M bis zum bisherigen MM des Rundenanfangs, MM entfernen. Der neue Rundenanfang liegt unten am Armausschnitt.

Die Raglanmaschen befinden sich jetzt am Vorder- und Rückenteil: 2 Raglanmaschen werden dem Rückenteil zugeteilt, 2 dem Vorderteil. Sie sind nun nicht mehr durch Maschenmarkierer abgetrennt.

Rumpf

Für den Rumpf liegen nun 102 / (108, 120, 126) / [138, 144, 156, 162] / 168, 174 M auf der Nadel.

Den Rumpf glatt rechts gerade weiterstricken bis zu einer Länge von 6,5 / (7, 9,5, 11,5) / [16, 18, 21, 25] / 27, 29 cm ab dem Armausschnitt.

Nun die Musterpartie nach der Strickschrift arbeiten. Zur besseren Übersicht sind in der Strickschrift 12 Maschen dargestellt, es handelt sich jedoch um einen Rapport von nur 6 M.

Für die richtige Farbdominanz die dominante Farbe (Musterfarbe, hier Weiß) links führen, die nicht dominante Farbe (Grundfarbe, hier Blau) rechts (bei beidhändiger Strickweise: Musterfarbe linke Hand, Grundfarbe rechte Hand).

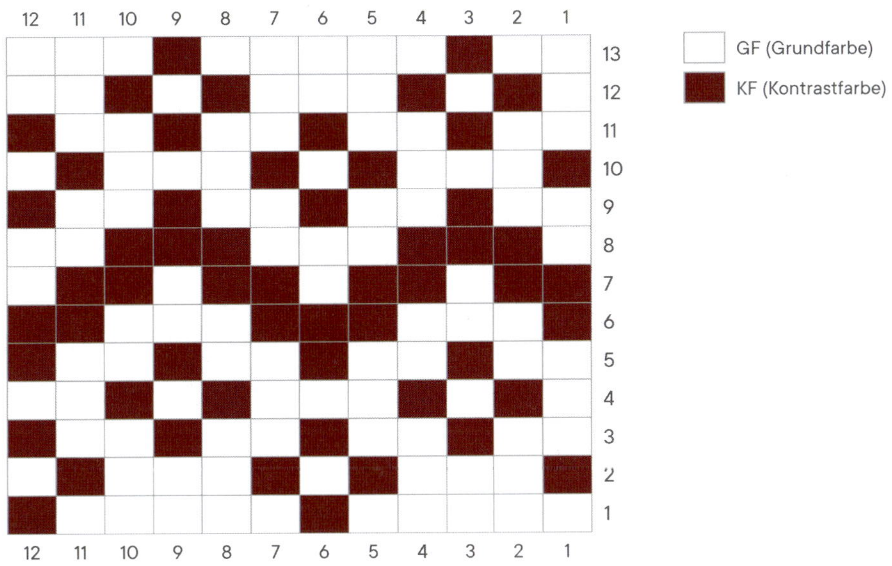

ANMERKUNG

Wenn Sie in der Jacquardtechnik fester stricken als gewöhnlich, verwenden Sie zum Stricken der Musterpartie die nächstgrößere Nadelstärke.

Den Faden der Kontrastfarbe abschneiden und in der Grundfarbe 2 Rd re str.

Zu den Nadeln Nr. 3,5 wechseln. 2 / (2, 2,5, 2,5) / [3, 3, 3, 3] / 3, 3 cm im Rippenmuster 1/1 (1 M re, 1 M li) str. Die Maschen locker abketten.

Ärmel

Mit Nadeln Nr. 3,75 werden die stillgelegten Ärmelmaschen aufgenommen und unter dem Arm zusätzliche Maschen angeschlagen: Die 38 / (38, 40, 43) / [44, 46, 48, 50] / 52, 54 Ärmelmaschen zurück auf die Nadel heben.

Gut zu wissen

Nach dem Aufnehmen der Maschen unter dem Arm entsteht zwischen den stillgelegten Maschen und den beidseits des Armausschnitts aufgenommenen Maschen häufig ein Loch. Es gibt zwei Möglichkeiten, um dieses Problem zu beheben:

- Ganz zum Schluss das Loch mit einem der zu vernähenden Fäden zunähen.
- 2 oder 4 zusätzliche Maschen aufnehmen und in der bzw. den folgenden Runde(n) so viele Maschen abnehmen, bis die angegebene Maschenzahl wieder erreicht ist (siehe unten unter „Abnahmerunde"). Diese Methode würde ich empfehlen.

1 MM für den Rundenanfang setzen.

Ab der Mitte des Armausschnitts 2/(2, 2, 2)/[3, 3, 3, 3]/3, 3 M anschlagen (von rechts nach links). Die 38/(38, 40, 43)/[44, 46, 48, 50]/52, 54 Ärmelmaschen re str, dann am Armausschnitt 2/(2, 2, 3)/[3, 3, 3, 3]/3, 3 M anschlagen.

Es liegen nun 42/(42, 44, 48)/[50, 52, 54, 56]/58, 60 M auf der Nadel.

2 Runden re stricken.

Abnahmerunde: 1 M re, 2 M re zus, re M bis 3 M vor Rd-Ende, abh abh re verschr zus, 1 M re (= 2 M abgenommen).

Diese Abnahmerunde noch 3/(3, 3, 4)/[4, 5, 5, 5]/6, 6-mal alle 3/(3,5, 3,5, 3,5)/[4, 3,5, 4, 5]/5, 5 cm wh, die Runden dazwischen stets glatt re str.

Es liegen nun 34/(34, 36, 38)/[40, 40, 42, 44]/44, 46 M auf der Nadel.

Glatt rechts weiterstricken, bis der Ärmel ab dem Armausschnitt 12/(14, 17, 17,5)/[20, 23,5, 26, 31]/35, 37 cm lang ist.

Zur kleineren Rundnadel wechseln und 2/(2, 2,5, 2,5)/[3, 3, 3, 3]/3, 3 cm im Rippenmuster 1/1 (1 M re, 1 M li) str. Die Maschen locker abketten (siehe Anhang S. 136).

Den 2. Ärmel ebenso arbeiten.

Fertigstellung

Fäden mit der Wollnadel vernähen. Löcher unter dem Arm mit einigen Stichen schließen. Den Pullover auf die fertigen Maße spannen, sodass das Jacquardmuster zur Geltung kommt.

Fertige Maße Helvellyn

Die angegebenen Maße sind Richtwerte und hängen von der individuellen Maschenprobe ab.

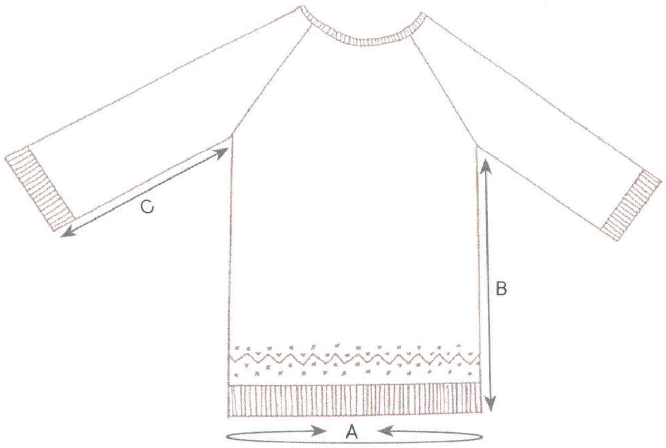

Größe	A Brustumfang	B Rumpflänge ab Armausschnitt	C Ärmellänge ab Armausschnitt
3 MONATE	44,5 cm	15,5 cm	16 cm
6 MONATE	47 cm	16 cm	18 cm
12 MONATE	52 cm	18 cm	20,5 cm
18 MONATE	55 cm	20 cm	21 cm
24 MONATE	60 cm	24 cm	23 cm
4 JAHRE	62,5 cm	26 cm	26,5 cm
6 JAHRE	68 cm	29 cm	29 cm
8 JAHRE	70,5 cm	33 cm	34 cm
10 JAHRE	73 cm	35 cm	38 cm
12 JAHRE	76 cm	37 cm	40 cm

Pullover Bowfell

Bowfell ist ein Damenpullover mit einem Jacquardmuster, das sich gut für Anfänger eignet, für Fortgeschrittene jedoch immer noch interessant ist. Auf der Rückseite müssen keine Fäden gekreuzt werden, und pro Runde werden maximal zwei Farben verwendet. Dies ist das perfekte Projekt für alle Jacquard-Anfänger, die mit einem Erwachsenenmodell beginnen möchten.

WOLLE UND MATERIAL

- **Wolle der Garnstärke Sport**
  - Grundfarbe (GF): 980, 1 030 / (1 150, 1 200, 1 250) / [1 300, 1 350, 1 400] Meter
  - Kontrastfarbe (KF): 100, 100 / (120, 120, 150) / [150, 150, 150] Meter
- Rundnadel Nr. 3,5 für die Rippenbündchen
- Rundnadel Nr. 3,75 für Rumpf und Ärmel
- Rundnadel Nr. 4 für das Jacquardmuster (optional: nur wenn Sie dazu neigen, bei Jacquardmustern deutlich fester zu stricken)
- Maschenmarkierer
- Wollfäden zum Stilllegen der Maschen
- 1 Wollnadel

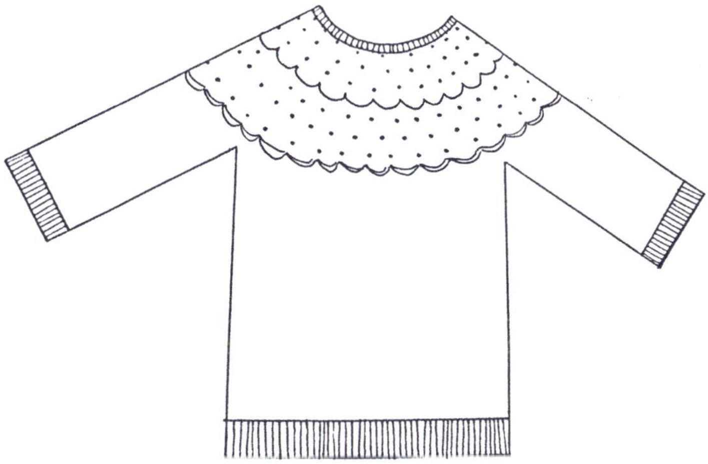

GRÖSSEN

85, 92 / (98, 105, 110) / [115, 122, 128] cm BU (Brustumfang, am fertigen Modell gemessen)

Empfohlene Bewegungszugabe: zwischen 0 und 10 cm

MASCHENPROBE (10 x 10 cm)

24 M x 34 R glatt rechts in Runden mit Nadeln Nr. 3,75 (oder nach Bedarf andere Nadelstärke)

Anleitung

Halsausschnitt und Passe

Mit Nadeln Nr. 3,5 in der Kontrastfarbe (KF) 96, 100 / (108, 112, 120) / [124, 128, 128] Maschen im Kreuzanschlag anschlagen. Die Maschen zur Runde schließen und den Rundenbeginn, der zwischen Rückenteil und linkem Ärmel liegt, mit einem MM markieren.

5 Rd im Rippenmuster 2/2 (2 M re, 2 M li) stricken.

Folgende Runde: Zu den Nadeln Nr. 3,75 wechseln und 1 Rd glatt re str.

1 weitere Rd glatt re str, dabei gleichmäßig über die gesamte Rd verteilt 14, 15 / (17, 18, 15) / [16, 17, 22] M zunehmen (am besten li gen Zun arbeiten, siehe Anhang S. 136).

Es liegen nun 110, 115 / (125, 130, 135) / [140, 145, 150] M auf der Nadel.

0, 2 / (3, 5, 5) / [5, 5, 5] Rd glatt re str.

Nach der für Ihre Größe passenden Strickschrift weiterarbeiten, dabei entweder mit Nadeln Nr. 3,75 fortfahren oder zu Nadeln Nr. 4 wechseln (nur wenn Sie bei Jacquardmustern fester stricken): Den Rapport, also die 14 M der Strickschrift, über die gesamte Rd wh. Es müssen 22, 23 / (25, 26, 27) / [28, 29, 30] Rapporte pro Runde sein.

ANMERKUNG

Wenn Sie gemäß der Strickschrift eine Masche zunehmen (re oder li gen Zun, siehe Anhang S. 136), diese stets aus dem Querfaden der Grundfarbe (nicht der Kontrastfarbe) herausstricken und die neue Masche ebenfalls in der Grundfarbe stricken.

Hier eine Übersicht der Gesamtmaschenzahlen nach jeder in der Strickschrift angegebenen Zunahmerunde:

	BU 85–105	BU 110–128
3. Rd:	176, 184 / (200, 208)	(216) / [224, 232, 240]
13. Rd:	242, 253 / (275, 286)	(297) / [308, 319, 330]
16. Rd:	264, 276 / (300, 312)	(324) / [336, 348, 360]
36. Rd:	308, 322 / (350, 364)	(378) / [392, 406, 420]

Am Ende der Strickschrift liegen also 308, 322 / (350, 364, 378) / [392, 406, 420] M auf der Nadel.

Mit Nadeln Nr. 3,75, 1 Rd re str, dabei für die Markierung der Ärmel 2 MM setzen wie folgt: 154, 161 / (175, 182, 189) / [196, 203, 210] M re, MM1, 94, 100 / (108, 116, 120) / [126, 134, 142] M re, MM2, re M bis Rd-Ende.

Verkürzte Reihen: deutsche Methode mit Doppelmaschen (DM)

1. Re M bis 5 M nach dem M1, die Arbeit wenden und eine verkürzte Reihe mit DM stricken (siehe Anhang S. 136).
2. Li M bis 5 M nach dem M2, die Arbeit wenden, den Faden vor die Arbeit legen und 1 DM arbeiten.
3. Re M bis 5 M vor der vorigen DM, die Arbeit wenden, 1 DM arbeiten.
4. Li M bis 5 M vor der vorigen DM, die Arbeit wenden, den Faden vor die Arbeit legen, 1 DM arbeiten.
5. Re M bis 5 M vor der vorigen DM, die Arbeit wenden, 1 DM arbeiten.
6. Li M bis 5 M vor der vorigen DM, die Arbeit wenden, den Faden vor die Arbeit legen, 1 DM arbeiten.

Verwendetes Garn: Ulysse von De Rerum Natura, Farben Sel und Lagon (Größe: Brustumfang/BU 85 cm, mit 5 cm Bewegungszugabe gestrickt)

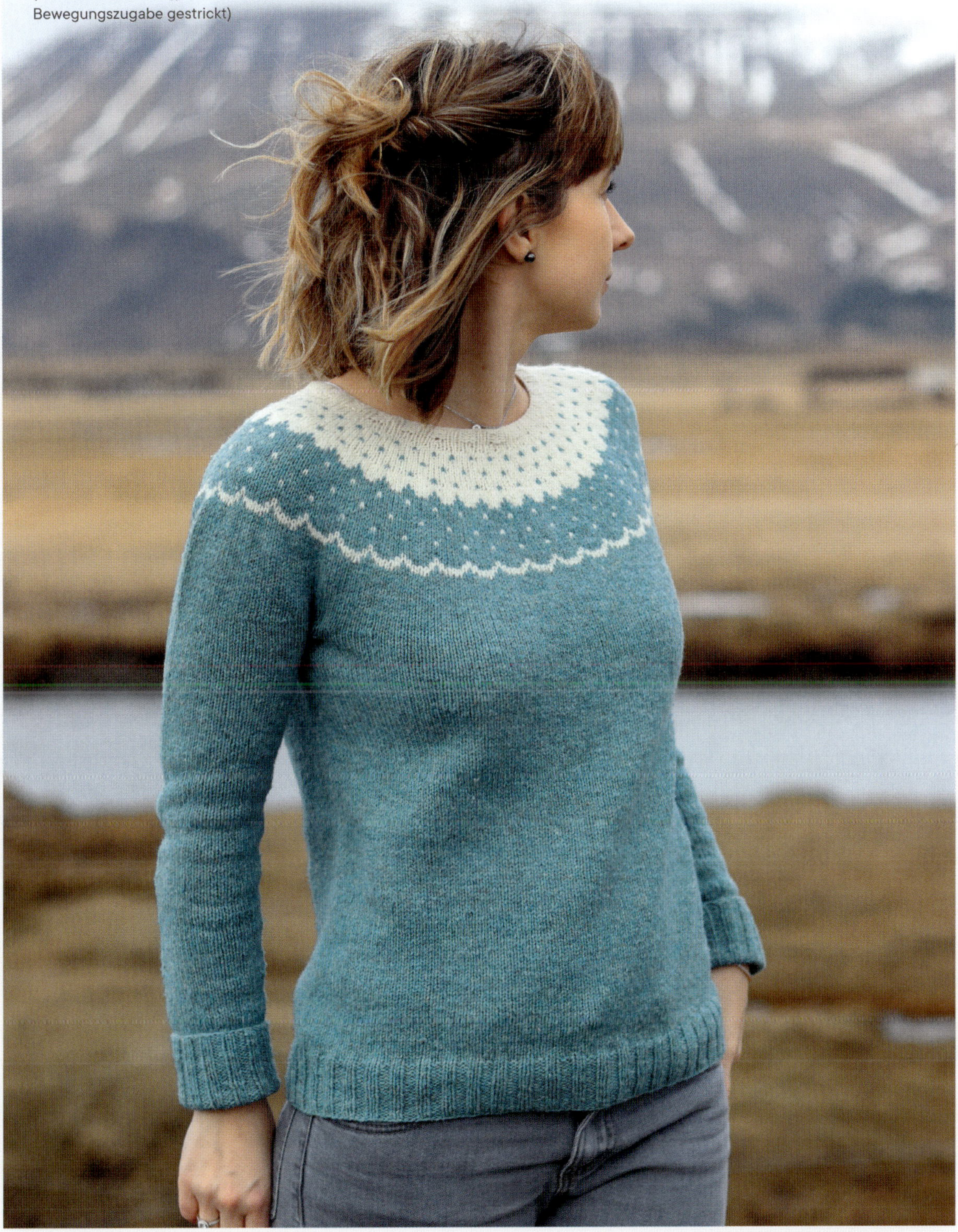

7. Re M bis 5 M vor der vorigen DM, die Arbeit wenden, 1 DM arbeiten.

8. Li M bis 5 M vor der vorigen DM, die Arbeit wenden, den Faden vor die Arbeit legen, 1 DM arbeiten.

9. Re M bis zum MM am Rundenanfang.

10. 1 weitere Runde re str, dabei alle DM der verkürzten Reihen wie eine einzelne M abstricken und MM1 und MM2 entfernen.

1, 1 / (4, 6, 3) / [6, 8, 8] Rd glatt re str.

Maschen aufteilen für Ärmel und Rumpf

Runde zum Stilllegen der Maschen: 94, 100 / (108, 116, 120) / [126, 134, 142] M re (Rückenteil), 60, 61 / (67, 66, 69) / [70, 69, 68] M stilllegen (Ärmel), unter dem Arm 8, 10 / (10, 10, 12) / [12, 12, 12] M anschlagen, 94, 100 / (108, 116, 120) / [126, 134, 142] M re (Vorderteil), 60, 61 / (67, 66, 69) / [70, 69, 68] M stilllegen (Ärmel), unter dem Arm 8, 10 / (10, 10, 12) / [12, 12, 12] M anschlagen.

Rumpf

Für den Rumpf liegen nun 204, 220 / (236, 252, 264) / [276, 292, 308] M auf der Nadel.

Den Rumpf glatt rechts gerade weiterstricken bis zu einer Länge von 33, 34 / (34, 35, 35) / [35, 37, 37] cm ab dem Armausschnitt (oder 5 cm weniger als die gewünschte Gesamtlänge).

Zu Nadeln Nr. 3,5 wechseln und 5 cm im Rippenmuster 2/2 (2 M re, 2 M li) str. Die Maschen locker abketten (siehe Anhang S. 136).

Ärmel

Mit Nadeln Nr. 3,75 werden die stillgelegten Ärmelmaschen aufgenommen und unter dem Arm zusätzliche Maschen angeschlagen: 60, 61 / (67, 66, 69) / [70, 69, 68] Ärmelmaschen zurück auf die Nadel heben.

1 MM für den Rundenanfang setzen und ab der Mitte des Armausschnitts 4, 5 / (5, 5, 6) / [6, 6, 6] M anschlagen (von rechts nach links). Die 60, 61 / (67, 66, 69) / [70, 69, 68] Ärmelmaschen re str, dann am Armausschnitt 4, 5 / (5, 5, 6) / [6, 6, 6] M anschlagen.

Es liegen nun 68, 71 / (77, 76, 81) / [82, 81, 80] M auf der Nadel.

Abnahmerunde: 1 M re, 2 M re zus, re M bis 3 M vor Rd-Ende, abh abh re verschr zus, 1 M re (= 2 M abgenommen).

Diese Abnahmerunde noch 9, 10 / (11, 11, 13) / [12, 11, 11]-mal alle 3,5, 3 / (3, 3, 2,5) / [2,5, 3, 3] cm.

Gut zu wissen

Nach dem Aufnehmen der Maschen unter dem Arm entsteht zwischen den stillgelegten Maschen und den beidseits des Armausschnitts aufgenommenen Maschen häufig ein Loch. Es gibt zwei Möglichkeiten, um dieses Problem zu beheben:

- Ganz zum Schluss das Loch mit einem der zu vernähenden Fäden zunähen.
- 2 oder 4 zusätzliche Maschen aufnehmen und in der bzw. den folgenden Runde(n) so viele Maschen abnehmen, bis die angegebene Maschenzahl wieder erreicht ist (siehe oben unter „Abnahmerunde"). Diese Methode würde ich empfehlen.

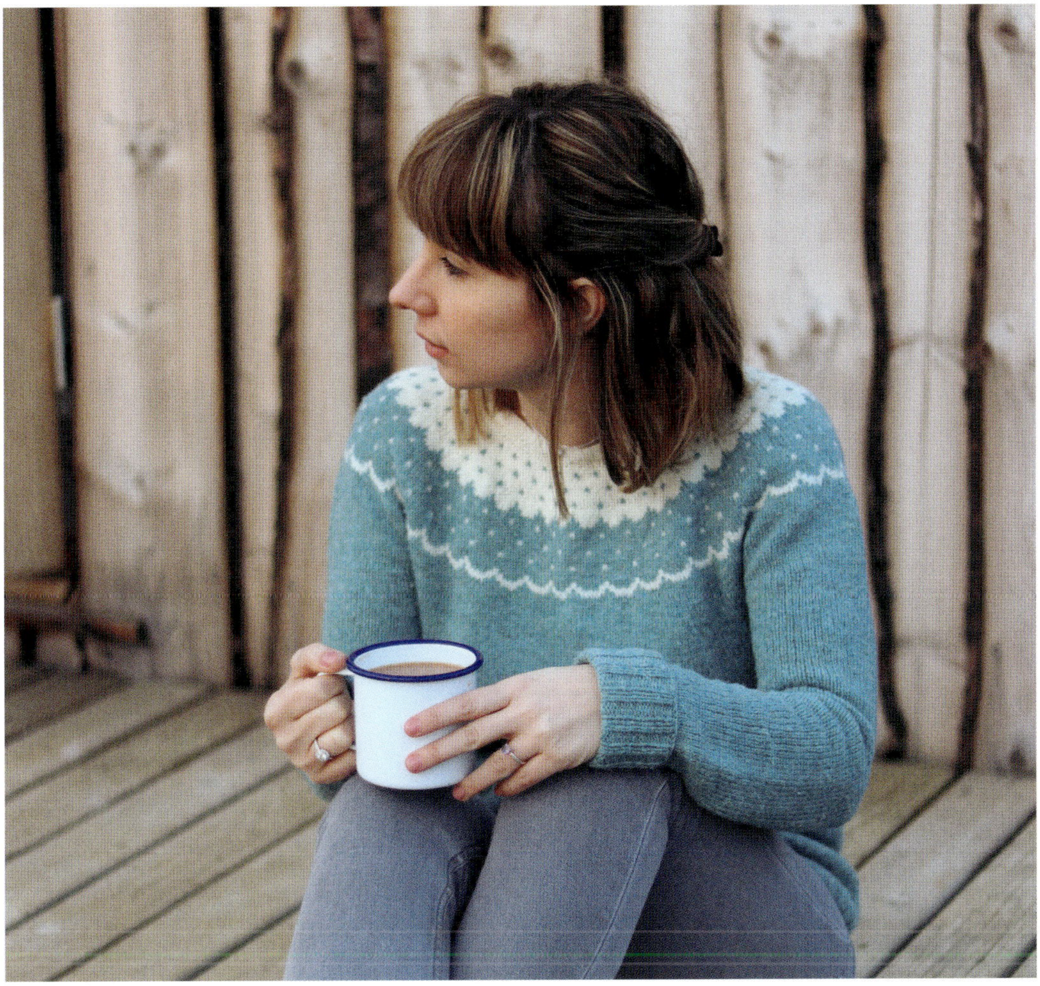

Für BU 92, 98, 110 und 122 cm, 1 Rd re str., dabei 1 M abnehmen wie folgt: 1 M re, 2 M re zus, re M bis Rd-Ende.

Es liegen nun 48, 48 / (52, 52, 52) / [56, 56, 56] M auf der Nadel.

Glatt rechts weiterstricken, bis der Ärmel ab dem Armausschnitt 37 cm lang ist (oder 10 cm kürzer als die gewünschte Gesamtlänge). Die Gesamtlänge des Ärmels laut Anleitung ist 47 cm. Mit einmal umgeschlagenem Bündchen ist der Ärmel 42 cm lang.

Zur Nadel Nr. 3,5 wechseln und 10 cm im Rippenmuster 2/2 (2 M re, 2 M li) str. Die Maschen abketten. Den 2. Ärmel ebenso arbeiten.

Fertigstellung

Mithilfe der Wollnadel die Fäden vernähen. Den Pullover auf die fertigen Maße spannen, sodass das Jacquardmuster zur Geltung kommt. Die Ärmelbündchen einmal umschlagen.

Strickschriften für das Jacquardmuster

- KF (Kontrastfarbe)
- GF (Grundfarbe)
- Z Zunahme KF
- Z Zunahme GF
- Keine Masche

BU 85–105

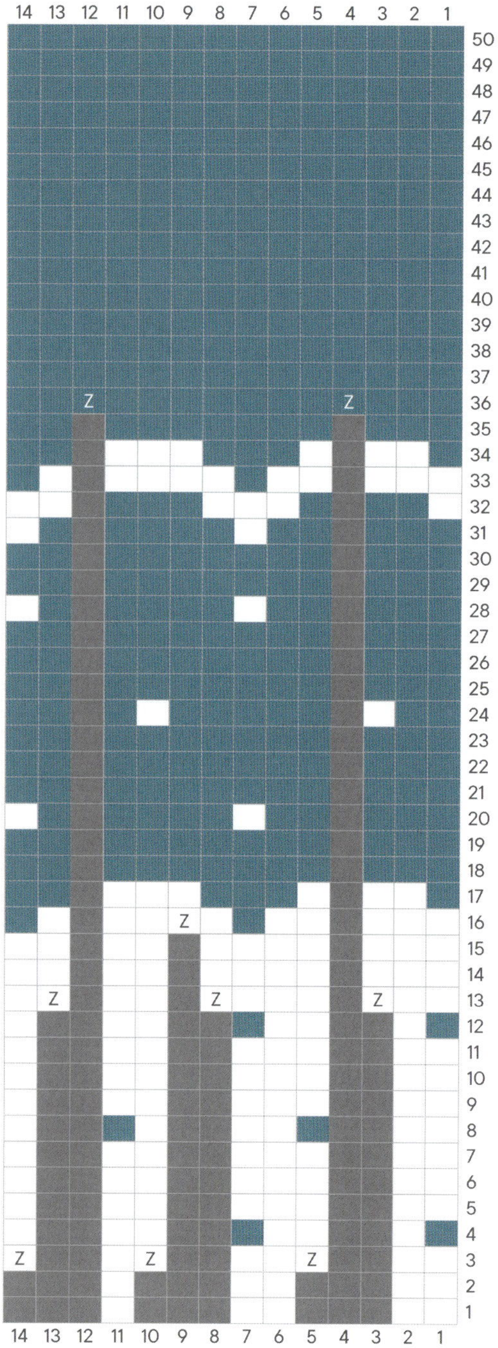

Größe/BU 110–128

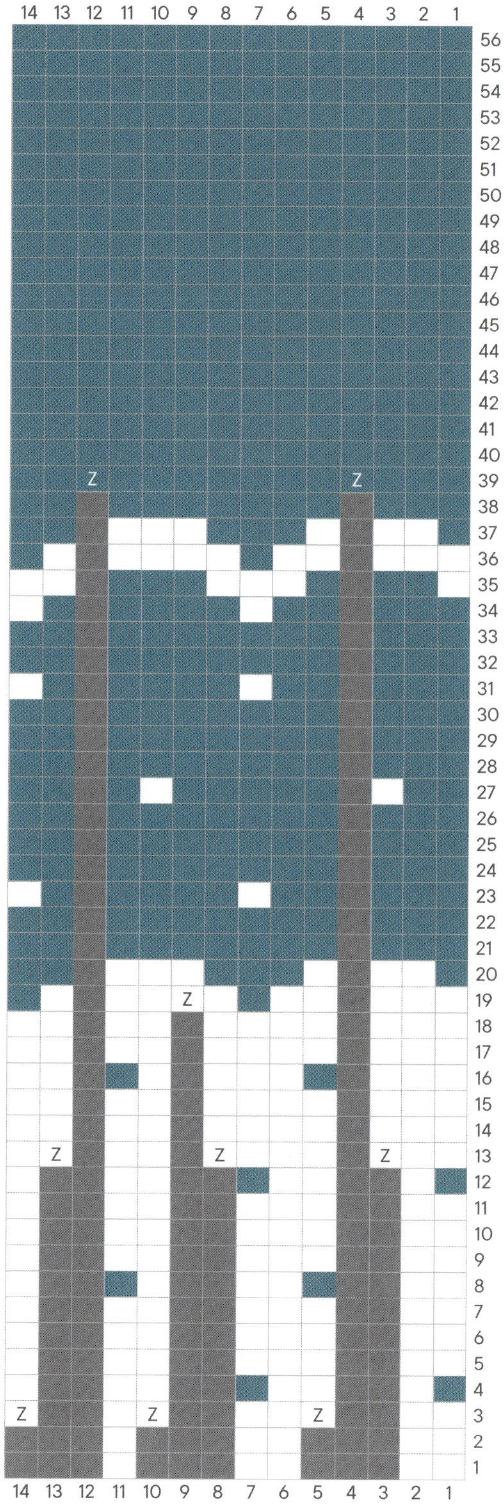

Fertige Maße Bowfell

Die angegebenen Maße sind Richtwerte und hängen von der individuellen Maschenprobe ab.

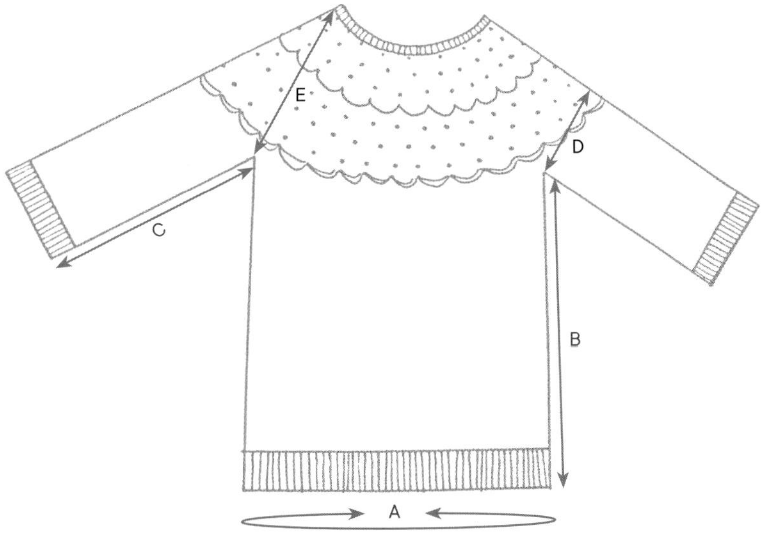

GRÖSSE (BU gerundet)	**A** Brustumfang (BU)	**B** Rumpflänge ab Armausschnitt	**C** Ärmellänge ab Armausschnitt	**D** Ärmelweite	**E** Höhe der Passe (inkl. Halsbündchen)
85	85 cm	38 cm	42 cm	28,3 cm	21 cm
92	91,7 cm	39 cm	42 cm	29,6 cm	21,8 cm
98	98,3 cm	39 cm	42 cm	32,1 cm	23 cm
105	105 cm	40 cm	42 cm	32 cm	24 cm
110	110 cm	40 cm	42 cm	34 cm	25 cm
115	115 cm	40 cm	42 cm	34 cm	26 cm
122	121,7 cm	42 cm	42 cm	34 cm	26,5 cm
128	128,3 cm	42 cm	42 cm	34 cm	26,5 cm

Pullover Scafell

Auch bei diesem Damenpullover müssen auf der Rückseite keine Fäden gekreuzt werden – in einigen Runden wird jedoch mit drei Fäden gleichzeitig gestrickt. Man sollte die Jacquardtechnik also schon gut beherrschen, bevor man sich an dieses Modell wagt. Der Pullover hat eine breite gemusterte Rundpasse, einen geraden Rumpf und an Ärmeln und Taille breite gerippte Bündchen.

WOLLE UND MATERIAL

- **Wolle der Garnstärke Sport**
  - Grundfarbe (GF): 860, 940 / (1 050, 1 140, 1 280) / [1 365, 1 400, 1 440] Meter
  - Kontrastfarbe (KF): 150 Meter pro Kontrastfarbe
- Rundnadel Nr. 3,5 für die Rippenbündchen
- Rundnadel Nr. 3,75 für Rumpf und Ärmel
- Rundnadel Nr. 4 für das Jacquardmuster (optional: Nur wenn Sie dazu neigen, bei Jacquardmustern deutlich fester zu stricken)
- Maschenmarkierer
- Wollfäden zum Stilllegen der Maschen
- 1 Wollnadel

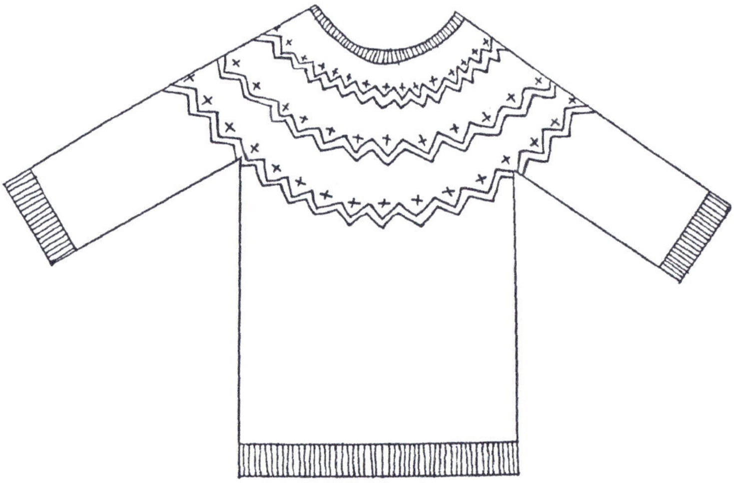

GRÖSSEN

85, 92 / (98, 105, 110) / [116, 123, 129] cm BU (Brustumfang, am fertigen Modell gemessen)

Empfohlene Bewegungszugabe: zwischen 0 und 10 cm

MASCHENPROBE (10 x 10 cm)

24 M x 34 R glatt rechts in Runden mit Nadeln Nr. 3,75 (oder nach Bedarf andere Nadelstärke)

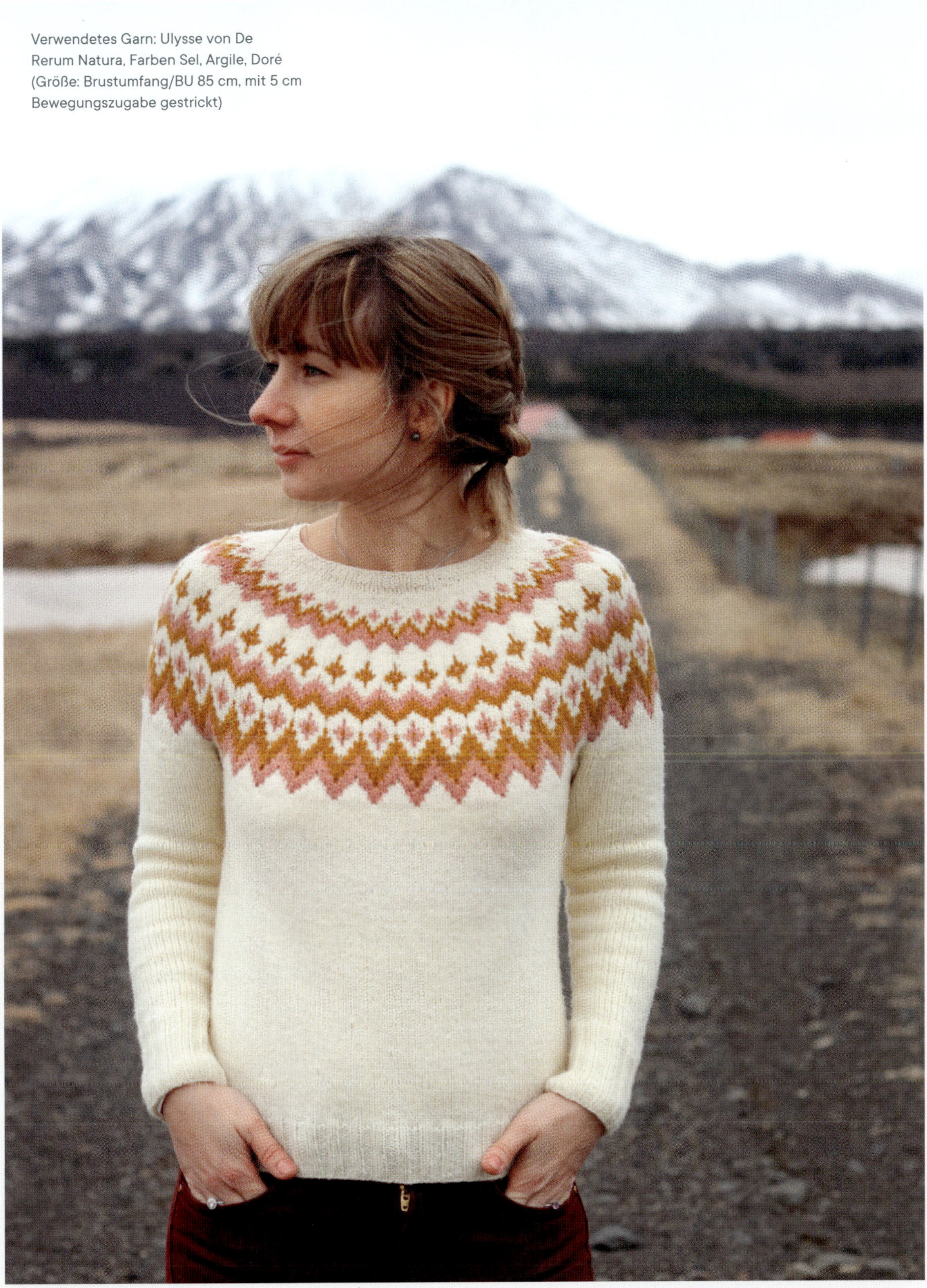

Verwendetes Garn: Ulysse von De Rerum Natura, Farben Sel, Argile, Doré (Größe: Brustumfang/BU 85 cm, mit 5 cm Bewegungszugabe gestrickt)

Anleitung

Halsausschnitt und Passe

Mit Nadeln Nr. 3,5 in der Grundfarbe (GF) 92, 100 / (108, 112, 120) / [124, 128, 128] Maschen im Kreuzanschlag anschlagen. Die Maschen zur Runde schließen und den Rundenbeginn, der zwischen Rückenteil und linkem Ärmel liegt, mit einem MM markieren.

5 Rd im Rippenmuster 2/2 (2 M re, 2 M li) stricken.

Folgende Runde: Zu den Nadeln Nr. 3,75 wechseln und 1 Rd glatt re str.

1 weitere Rd glatt re str, dabei gleichmäßig über die gesamte Rd verteilt 3, 0 / (2, 3, 0) / [1, 2, 7] M zunehmen (am besten li gen Zun arbeiten, siehe Anhang S. 136).

Es liegen nun 95, 100 / (110, 115, 120) / [125, 130, 135] M auf der Nadel.

0, 0 / (1, 2, 2) / [4, 4, 4] Rd re str.

Nach der für Ihre Größe passenden Strickschrift weiterarbeiten, dabei entweder mit Nadeln Nr. 3,75 fortfahren oder zu Nadeln Nr. 4 wechseln (nur wenn Sie bei Jacquardmustern fester stricken): Den Rapport, also die 16 M der Strickschrift, über die gesamte Rd wh. Es müssen 19, 20 / (22, 23, 24) / [25, 26, 27] Rapporte pro Runde sein.

ANMERKUNG

Wenn Sie gemäß der Strickschrift eine Masche zunehmen (re oder li gen Zun, siehe Anhang S. 136), diese stets aus dem Querfaden der Grundfarbe (nicht der Kontrastfarbe) herausstricken und die neue Masche ebenfalls in der Grundfarbe stricken.

Hier eine Übersicht der Gesamtmaschenzahlen nach jeder in der Strickschrift angegebenen Zunahmerunde:

BU 85–105 cm

2. Rd: 152, 160 / (176, 184)

6. Rd: 190, 200 / (220, 230)

9. Rd: 228, 240 / (264, 276)

19. Rd: 266, 280 / (308, 322)

25. Rd: 304, 320 / (352, 368)

BU 110–129 cm

3. Rd: (192) / [200, 208, 216]

8. Rd: (240) / [250, 260, 270]

13. Rd: (288) / [300, 312, 324]

23. Rd: (336) / [350, 364, 378]

29. Rd: (384) / [400, 416, 432]

Am Ende der Strickschrift liegen also 304, 320 / (352, 368, 384) / [400, 416, 432] M auf der Nadel.

Mit Nadeln Nr. 3,75 1 Rd re str, dabei für die Markierung der Ärmel 2 MM setzen wie folgt: 152, 160 / (176, 184, 192) / [200, 208, 216] M re, MM1, 94, 100 / (108, 116, 120) / [128, 136, 142] M re, MM2, re M bis Rd-Ende.

Verkürzte Reihen: deutsche Methode mit Doppelmaschen (DM)

1. Re M bis 5 M nach dem M1, die Arbeit wenden und eine verkürzte Reihe mit DM stricken (siehe Anhang S. 136).
2. Li M bis 5 M nach dem M2, die Arbeit wenden, den Faden vor die Arbeit legen und 1 DM arbeiten.
3. Re M bis 5 M vor der vorigen DM, die Arbeit wenden, 1 DM arbeiten.
4. Li M bis 5 M vor der vorigen DM, die Arbeit wenden, den Faden vor die Arbeit legen, 1 DM arbeiten.
5. Re M bis 5 M vor der vorigen DM, die Arbeit wenden, 1 DM arbeiten.

6 Li M bis 5 M vor der vorigen DM, die Arbeit wenden, den Faden vor die Arbeit legen, 1 DM arbeiten.

7 Re M bis 5 M vor der vorigen DM, die Arbeit wenden, 1 DM arbeiten.

8 Li M bis 5 M vor der vorigen DM, die Arbeit wenden, den Faden vor die Arbeit legen, 1 DM arbeiten.

9 Re M bis zum MM am Rundenanfang.

10 1 weitere Runde re str, dabei alle DM der verkürzten Reihen wie eine einzelne M abstricken und MM1 und MM2 entfernen.

0, 0 / (2, 5, 5) / [7, 8, 8] Rd re str.

Maschen aufteilen für Ärmel und Rumpf

Runde zum Stilllegen der Maschen: 94, 100 / (108, 116, 120) / [128, 136, 142] M re (Rückenteil), 58, 60 / (68, 68, 72) / [72, 72, 74] M stilllegen (Ärmel), unter dem Arm 8, 10 / (10, 10, 12) / [12, 12, 12] M anschlagen, 94, 100 / (108, 116, 120) / [128, 136, 142] M re (Vorderteil), 58, 60 / (68, 68, 72) / [72, 72, 74] M stilllegen (Ärmel), unter dem Arm 8, 10 / (10, 10, 12) / [12, 12, 12] M anschlagen.

Rumpf

Für den Rumpf liegen nun 204, 220 / (236, 252, 264) / [280, 296, 308] M auf der Nadel. Den Rumpf glatt rechts gerade weiterstricken bis zu einer Länge von 33, 34 / (34, 35, 35) / [35, 37, 37] cm ab dem Armausschnitt (oder 5 cm weniger als die gewünschte Gesamtlänge).

Zu Nadeln Nr. 3,5 wechseln und 5 cm im Rippenmuster 2/2 (2 M re, 2 M li) str. Die Maschen locker abketten (siehe Anhang S. 136).

Ärmel

Mit Nadeln Nr. 3,75 werden die stillgelegten Ärmelmaschen aufgenommen und unter dem Arm zusätzliche Maschen angeschlagen: Die 58, 60 / (68, 68, 72) / [72, 72, 74] Ärmelmaschen zurück auf die Nadel heben.

1 MM für den Rundenanfang setzen und ab der Mitte des Armausschnitts 4, 5 / (5, 5, 6) / [6, 6, 6] M anschlagen (von rechts nach links). Die 58, 60 / (68, 68, 72) / [72, 72, 74] Ärmelmaschen re str, dann am Armausschnitt 4, 5 / (5, 5, 6) / [6, 6, 6] M anschlagen.

Es liegen nun 66, 70 / (78, 78, 84) / [84, 84, 86] M auf der Nadel.

Abnahmerunde: 1 M re, 2 M re zus, re M bis 3 M vor Rd-Ende, abh abh re verschr zus, 1 M re (= 2 M abgenommen).

Diese Abnahmerunde noch 10, 10 / (12, 12, 13) / [13, 11, 12]-mal alle 2,5, 2,5 / (2, 2, 2) / [2, 2,5, 2] cm wh, die Runden dazwischen stets glatt re str.

Gut zu wissen

Nach dem Aufnehmen der Maschen unter dem Arm entsteht zwischen den stillgelegten Maschen und den beidseits des Armausschnitts aufgenommenen Maschen häufig ein Loch. Es gibt zwei Möglichkeiten, um dieses Problem zu beheben:

+ Ganz zum Schluss das Loch mit einem der zu vernähenden Fäden zunähen.
+ 2 oder 4 zusätzliche Maschen aufnehmen und in der bzw. den folgenden Runde(n) so viele Maschen abnehmen, bis die angegebene Maschenzahl wieder erreicht ist (siehe oben unter „Abnahmerunde"). Diese Methode würde ich empfehlen.

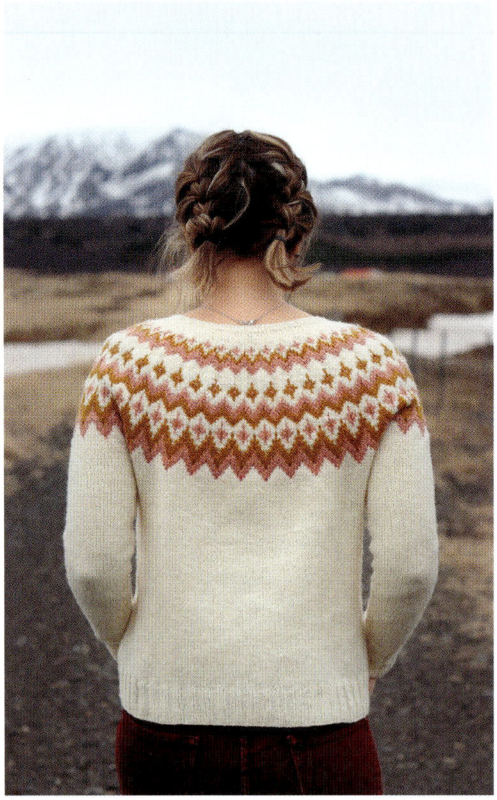

Es liegen nun 44, 48 / (52, 52, 56) / [56, 60, 60] M auf der Nadel.

Glatt rechts weiterstricken, bis der Ärmel ab dem Armausschnitt 32 cm lang ist (oder 10 cm kürzer als die gewünschte Gesamtlänge). Die Gesamtlänge des Ärmels laut Anleitung ist 42 cm.

Zur Nadel Nr. 3,5 wechseln und 10 cm im Rippenmuster 2/2 (2 M re, 2 M li) str. Die Maschen abketten. Den 2. Ärmel ebenso arbeiten.

Fertigstellung

Mithilfe der Wollnadel die Fäden vernähen. Den Pullover auf die fertigen Maße spannen, sodass das Jacquardmuster zur Geltung kommt.

Fertige Maße Pullover Scafell

Die angegebenen Maße sind Richtwerte und hängen von der individuellen Maschenprobe ab.

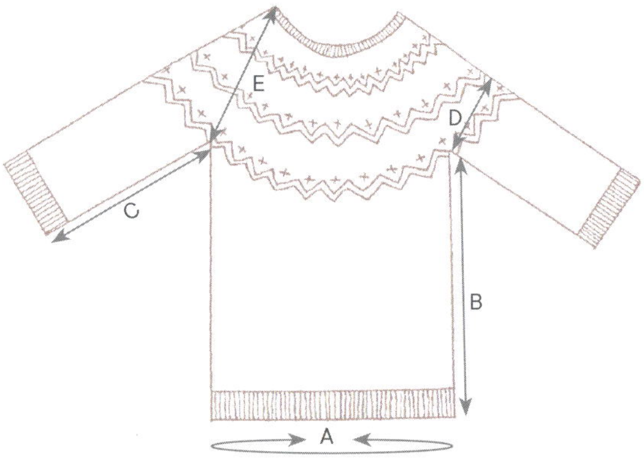

GRÖSSE (BU gerundet)	**A** Brustumfang (BU)	**B** Rumpflänge ab Armausschnitt	**C** Ärmellänge ab Armausschnitt	**D** Ärmelweite	**E** Höhe der Passe (inkl. Halsbündchen)
85	85 cm	38 cm	42 cm	27,5 cm	21,8 cm
92	91,7 cm	39 cm	42 cm	29,2 cm	21,8 cm
98	98,3 cm	39 cm	42 cm	32,5 cm	22,6 cm
105	105 cm	40 cm	42 cm	32,5 cm	23,8 cm
110	110 cm	40 cm	42 cm	35 cm	25 cm
116	116,7 cm	40 cm	42 cm	35 cm	26,2 cm
123	123,3 cm	42 cm	42 cm	35,5 cm	27,3 cm
129	128,5 cm	42 cm	42 cm	35,8 cm	27,3 cm

Strickschriften von Pullover und Jacke Scafell

GF (Grundfarbe)	Z Zunahme
KF1 (Kontrastfarbe 1	Keine Masche
KF2 (Kontrastfarbe2)	

BU 85–105

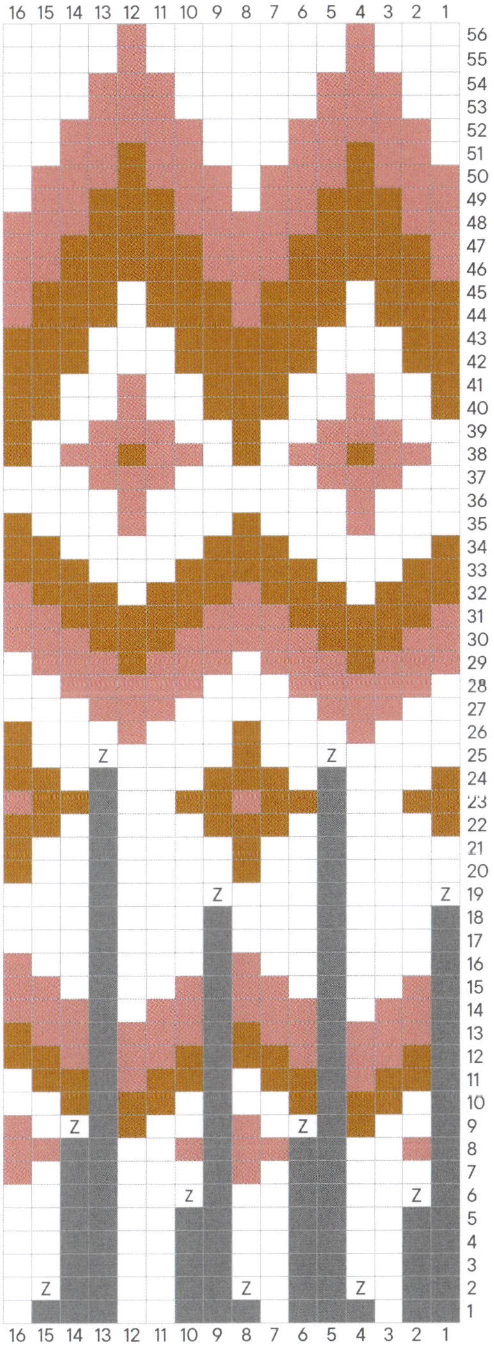

BU 110–129

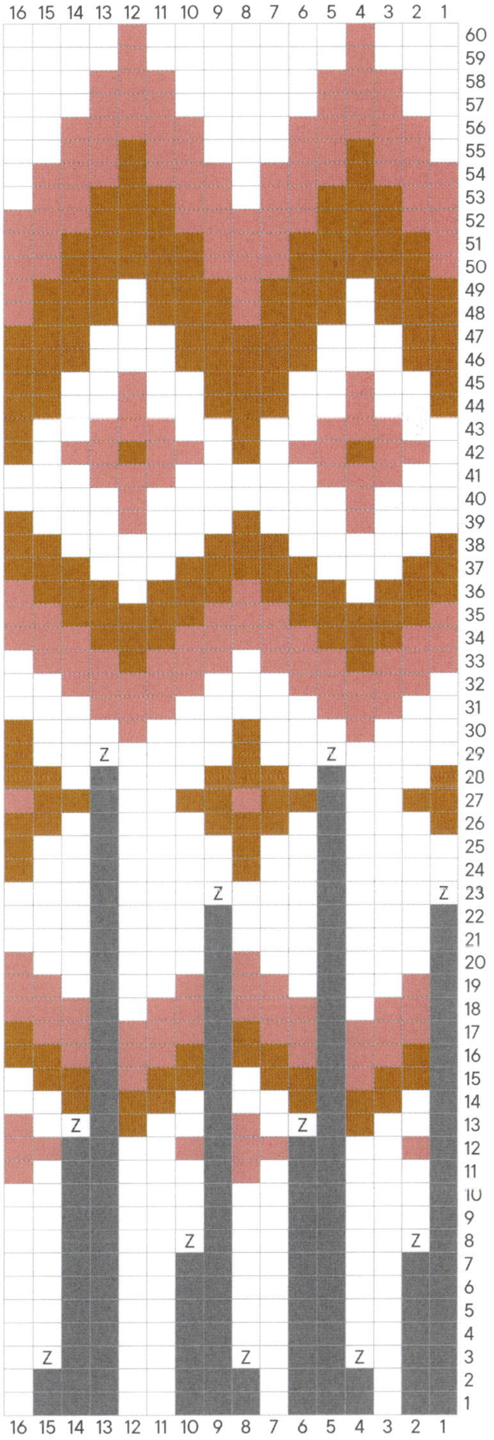

Jacke Scafell

Dieses Modell ist die Jackenvariante des gleichnamigen Pullovers. Es wird mithilfe der Steek-Technik von oben nach unten rundgestrickt und dann aufgeschnitten, um es in eine Jacke zu verwandeln. Wie der Pullover ist auch die Jacke gerade geschnitten und hat eine gemusterte Rundpasse sowie an Ärmeln und Saum breite Bündchen im 2/2-Rippenmuster.

WOLLE UND MATERIAL

- **Wolle der Garnstärke Sport**
  - Grundfarbe (GF): 900, 1 000 / (1 100, 1 200, 1 300) / [1 400, 1 450, 1 500] Meter
  - Kontrastfarbe (KF): 150 Meter pro Kontrastfarbe
- Rundnadel Nr. 3,5 für die Rippenbündchen
- Rundnadel Nr. 3,75 für Rumpf und Ärmel
- Rundnadel Nr. 4 für das Jacquardmuster (optional: nur wenn Sie dazu neigen, bei Jacquardmustern deutlich fester zu stricken)
- Maschenmarkierer
- Wollfäden zum Stilllegen der Maschen
- 1 Wollnadel

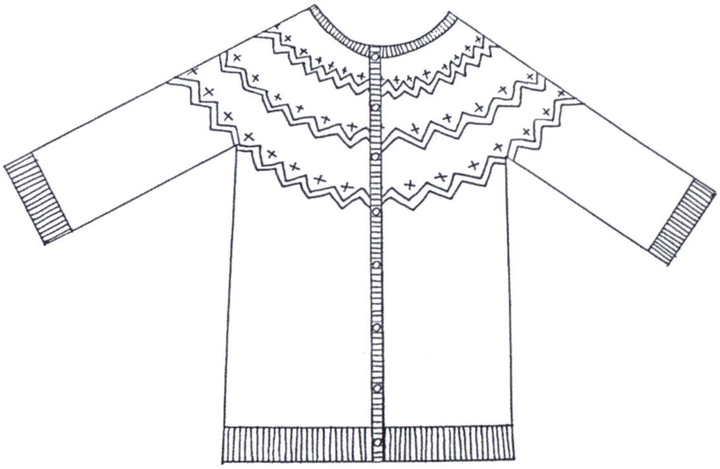

GRÖSSEN

85, 92 / (98, 105, 110) / [116, 123, 129] cm BU (Brustumfang, am fertigen Modell gemessen)

Empfohlene Bewegungszugabe: zwischen 0 und 10 cm

MASCHENPROBE (10 x 10 cm)

24 M x 34 R glatt rechts in Runden mit Nadeln Nr. 3,75 (oder nach Bedarf andere Nadelstärke)

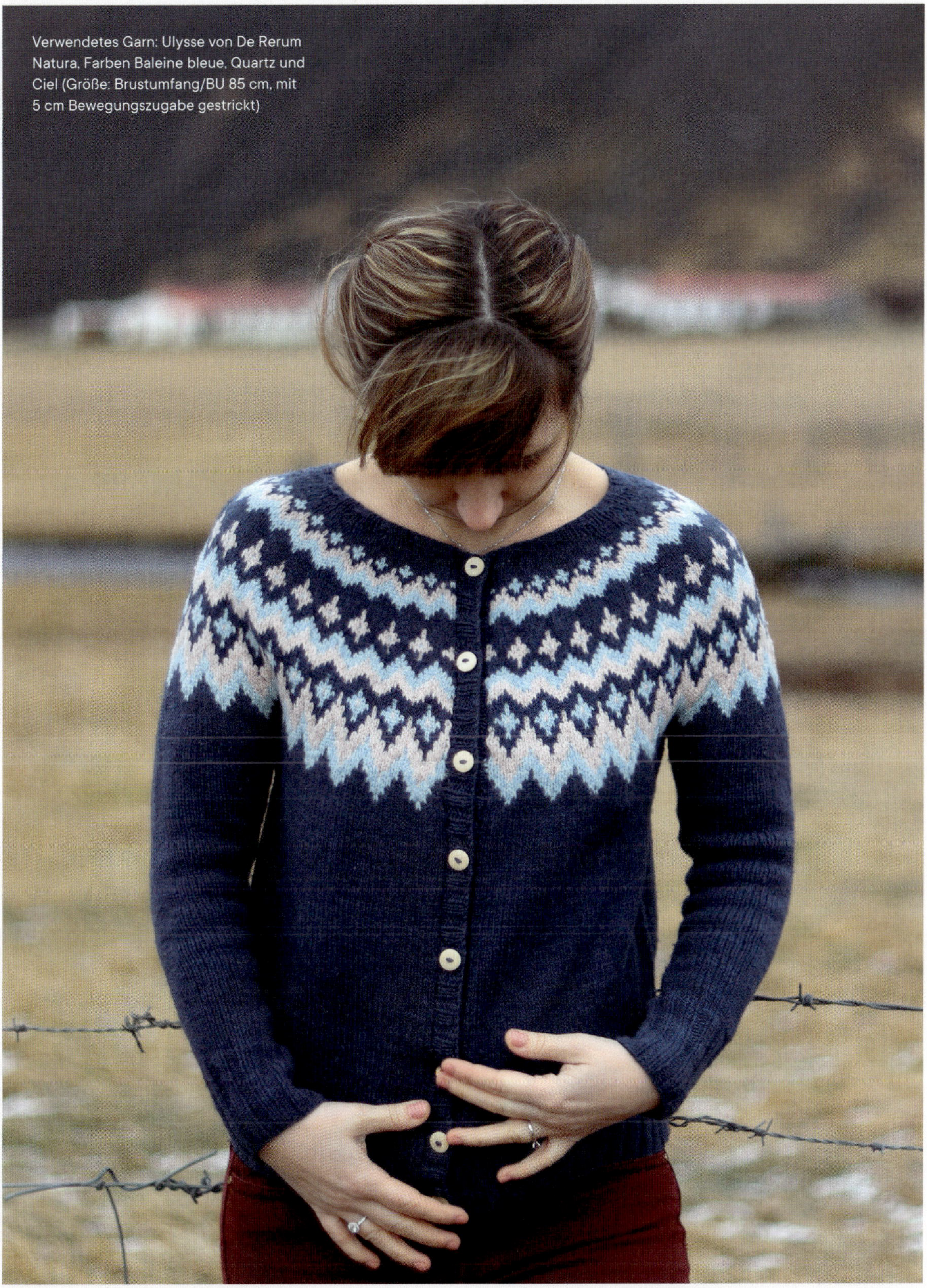

Verwendetes Garn: Ulysse von De Rerum Natura, Farben Baleine bleue, Quartz und Ciel (Größe: Brustumfang/BU 85 cm, mit 5 cm Bewegungszugabe gestrickt)

Anleitung

Halsausschnitt und Passe

Mit Nadeln Nr. 3,5 in der Grundfarbe (GF) 97, 105 / (113, 117, 125) / [129, 133, 133] Maschen im Kreuzanschlag anschlagen. Die Maschen zur Runde schließen und den Rundenbeginn, der an der vorderen Mitte liegt, mit einem MM markieren.

Runde zur Platzierung der Steek-Maschen: 3M re, MMs (S1), im Rippenmuster 2/2 (2 M re, 2 M li) bis 2 M vor Rd-Ende str, MMs (S2), 2 M re.

Die 5 Maschen zwischen den Maschenmarkierern sind die Steek-Maschen. Sie werden immer rechts gestrickt. Der Rundenanfang liegt an der 3. (also der mittleren) Steek-Masche.

4 Rd im Rippenmuster 2/2 (2 M re, 2 M li) str; dabei die Steek-Maschen zwischen den MM (S1 und S2) stets rechts stricken.

Zu Nadeln Nr. 3,75 wechseln und 1 Rd re str.

1 weitere Rd glatt re str, dabei gleichmäßig über die gesamte Rd verteilt 3, 0 / (2, 3, 0) / [1, 2, 7] M zunehmen (am besten li gen Zun arbeiten, siehe Anhang S. 136).

Auf der Nadel liegen nun 95, 100 / (110, 115, 120) / [125, 130, 135] M plus die 5 Steek-Maschen zwischen den Maschenmarkierern.

Achtung: Diese 5 Steek-Maschen werden bei den folgenden Angaben von Maschenzahlen nicht mitgezählt!

0, 0 / (1, 2, 2) / [4, 4, 4] Rd re str.

Nach der für Ihre Größe passenden Strickschrift weiterarbeiten (siehe S. 129), dabei entweder mit Nadeln Nr. 3,75 fortfahren oder zu Nadeln Nr. 4 wechseln (nur wenn Sie bei Jacquardmustern fester stricken als gewöhnlich): Den Rapport, also die 16 M der Strickschrift, über die gesamte Rd wh. Es müssen 19, 20 / (22, 23, 24) / [25, 26, 27] Rapporte pro Runde sein.

ANMERKUNG

Wenn Sie gemäß der Strickschrift eine Masche zunehmen (re oder li gen Zun, siehe Anhang S. 136), diese stets aus dem Querfaden der Grundfarbe (nicht der Kontrastfarbe) herausstricken und die neue Masche ebenfalls in der Grundfarbe stricken.

Achtung: Die ersten 3 und die letzten 2 Maschen der Runde sind die Steek-Maschen. Sie werden nicht im Jacquardmuster gestrickt; vielmehr werden die Fäden der Kontrastfarben stets durch Überkreuzen eingewebt, sodass sie möglichst dicht am Rundenanfang (also in der Mitte der Steeks) liegen und lange Spannfäden auf der Rückseite vermieden werden. Auf diese Weise werden beim Durchschneiden der Steeks alle Fäden – auch die kontrastfarbigen – mit durchgeschnitten.

Hier eine Übersicht der Gesamtmaschenzahlen nach jeder in der Strickschrift angegebenen Zunahmerunde:

BU 85–105 cm

2. Rd: 152, 160 / (176, 184)

6. Rd: 190, 200 / (220, 230)

9. Rd: 228, 240 / (264, 276)

19. Rd: 266, 280 / (308, 322)

25. Rd: 304, 320 / (352, 368)

BU 110–129 cm

3. Rd: (192) / [200, 208, 216]

8. Rd: (240) / [250, 260, 270]

13. Rd: (288) / [300, 312, 324]

23. Rd: (336) / [350, 364, 378]

29. Rd: (384) / [400, 416, 432]

Am Ende der Strickschrift liegen also 304, 320 / (352, 368, 384) / [400, 416, 432] M auf der Nadel.

Mit Nadeln Nr. 3,75 1 Rd re str, dabei für die Markierung der Ärmel 2 MM setzen wie folgt: nach dem MM (S1) 47, 50 / (54, 58, 60) / [64, 68, 71] M re, MM1, 210, 220 / (244, 252, 264) / [272, 280, 290] M re, MM2, re M bis Rd-Ende.

Zur Erinnerung: MM (S1) und MM (S2) sind die Maschenmarkierer zur Begrenzung der Steek-Maschen, die Maschenmarkierer MM1 und MM2 dienen hingegen der Markierung für die verkürzten Reihen in Höhe der Ärmel.

Verkürzte Reihen: deutsche Methode mit Doppelmaschen (DM)

1. Re M bis 5 M nach dem M2, die Arbeit wenden und eine verkürzte Reihe mit DM stricken (siehe Anhang S. 136).
2. Li M bis 5 M nach dem M1, die Arbeit wenden, den Faden vor die Arbeit legen und 1 DM arbeiten.
3. Re M bis 5 M vor der vorigen DM, die Arbeit wenden, 1 DM arbeiten.
4. Li M bis 5 M vor der vorigen DM, die Arbeit wenden, den Faden vor die Arbeit legen, 1 DM arbeiten.
5. Re M bis 5 M vor der vorigen DM, die Arbeit wenden, 1 DM arbeiten.
6. Li M bis 5 M vor der vorigen DM, die Arbeit wenden, den Faden vor die Arbeit legen, 1 DM arbeiten.
7. Re M bis 5 M vor der vorigen DM, die Arbeit wenden, 1 DM arbeiten.
8. Li M bis 5 M vor der vorigen DM, die Arbeit wenden, den Faden vor die Arbeit legen, 1 DM arbeiten.
9. Re M bis zum MM am Rundenanfang; dabei alle DM der verkürzten Reihen wie eine einzelne M abstricken und MM1 und MM2 entfernen.
10. 1 weitere Runde re str, dabei alle DM der verkürzten Reihen wie eine einzelne M abstricken und MM1 und MM2 entfernen.

0, 0 / (2, 5, 5) / [7, 8, 8] Rd re str.

Maschen aufteilen für Ärmel und Rumpf

Runde zum Stilllegen der Maschen: Nach dem MM (S1) 47, 50 / (54, 58, 60) / [64, 68, 71] M re (Vorderteil), 58, 60 / (68, 68, 72) / [72, 72, 74] M stilllegen (Ärmel), unter dem Arm 8, 10 / (10, 10, 12) / [12, 12, 12] M anschlagen, 94, 100 / (108, 116, 120) / [128, 136, 142] M re (Vorderteil), 58, 60 / (68, 68, 72) / [72, 72, 74] M stilllegen (Ärmel), unter dem Arm 8, 10 / (10, 10, 12) / [12, 12, 12] M anschlagen, re M bis Rd-Ende.

Rumpf

Für den Rumpf liegen nun 204, 220 / (236, 252, 264) / [280, 296, 308] M auf der Nadel (die 5 Steek-Maschen werden dabei nicht mitgezählt).

Den Rumpf glatt rechts gerade weiterstricken bis zu einer Länge von 33, 34 / (34, 35, 35) / [35, 37, 37] cm ab dem Armausschnitt (oder 5 cm weniger als die gewünschte Gesamtlänge).

Zu Nadeln Nr. 3,5 wechseln und 5 cm im Rippenmuster 2/2 (2 M re, 2 M li) str wie folgt: 3 M re, MM (S1) abh, im Rippenmuster 2/2 (2 M re, 2 M li) str bis 2 M vor Rd-Ende, MM (S2) abh, 2 M re. Wie am Halsbündchen werden die Steek-Maschen stets rechts gestrickt. Die Maschen locker abketten (siehe Anhang S. 136).

Gut zu wissen

Nach dem Aufnehmen der Maschen unter dem Arm entsteht zwischen den stillgelegten Maschen und den beidseits des Armausschnitts aufgenommenen Maschen häufig ein Loch. Es gibt 2 Möglichkeiten, um dieses Problem zu beheben:

+ Ganz zum Schluss das Loch mit einem der zu vernähenden Fäden zunähen.
+ 2 oder 4 zusätzliche Maschen aufnehmen und in der bzw. den folgenden Runde(n) so viele Maschen abnehmen, bis die angegebene Maschenzahl wieder erreicht ist (siehe unten unter „Abnahmerunde"). Diese Methode würde ich empfehlen.

Ärmel

Mit Nadeln Nr. 3,75 werden die stillgelegten Ärmelmaschen aufgenommen und unter dem Arm zusätzliche Maschen angeschlagen: Die 58, 60 / (68, 68, 72) / [72, 72, 74] Ärmelmaschen zurück auf die Nadel heben. 1 MM für den Rundenanfang setzen und ab der Mitte des Armausschnitts 4, 5 / (5, 5, 6) / [6, 6, 6] M anschlagen (von rechts nach links). Die 58, 60 / (68, 68, 72) / [72, 72, 74] Ärmelmaschen re str, dann am Armausschnitt 4, 5 / (5, 5, 6) / [6, 6, 6] M anschlagen.

Es liegen nun 66, 70 / (78, 78, 84) / [84, 84, 86] M auf der Nadel.

Abnahmerunde: 1 M re, 2 M re zus, re M bis 3 M vor Rd-Ende, abh abh re verschr zus, 1 M re (= 2 M abgenommen).

Diese Abnahmerunde noch 10, 10 / (12, 12, 13) / [13, 11, 12]-mal alle 2,5, 2,5 / (2, 2, 2) / [2, 2,5, 2] cm wh, die Runden dazwischen stets glatt re str.

Es liegen nun 44, 48 / (52, 52, 56) / [56, 60, 60] M auf der Nadel.

Glatt rechts weiterstricken, bis der Ärmel ab dem Armausschnitt 32 cm lang ist (oder 10 cm kürzer als die gewünschte Gesamtlänge). Die Gesamtlänge des Ärmels beträgt laut Anleitung 42 cm.

Zur Nadel Nr. 3,5 wechseln und 10 cm im Rippenmuster 2/2 (2 M re, 2 M li) str. Die Maschen abketten. Den 2. Ärmel ebenso arbeiten.

Steeken

Die Maschen entweder durch Häkeln oder mit der Nähmaschine sichern (siehe S. 89).

Achtung! Wenn Sie die Häkelmethode wählen, unbedingt zuerst mit der Nähmaschine eine Naht entlang des Jacquardmusters anbringen, da bei diesem Modell bis zu 3 Farben in einer Runde verwendet werden. Mit der Häkelmethode können nur maximal 2 Fäden gleichzeitig gesichert werden.

Zuerst auf der einen Seite sichern, dazu jeweils das linke Glied der 3. und das rechte Glied der 2. Masche fassen. Dann zur Befestigung auf der anderen Seite jeweils das rechte Glied der 3. und das linke Glied der 4. Masche fassen.

Mit einer kleinen Schere die Arbeit genau in der Mitte der 3. Masche durchschneiden.

Knopfleisten

Für die rechte Knopfleiste die Maschen von der Außenseite entlang der ersten Steek-Reihe unmittelbar hinter dem Maschenmarkierer aufnehmen, dabei etwa 2 Maschen auf 3 Reihen aufnehmen. Für das Rippenmuster muss die Gesamtmaschenzahl durch 4 teilbar sein. 2 Reihen im Rippenmuster 2/2 (2 M re, 2 M li) str.

3. R (Rückreihe): Maschenmarkierer für die Position der Knopflöcher anbringen. Den 1. und letzten MM jeweils etwa 2–3 M vom Rand entfernt setzen, die übrigen MM in gleichmäßigem Abstand dazwischen platzieren.

Knopfloch stricken: 2 M vor der markierten Masche 2 M li zus str, 1 Umschlag; das Gleiche an jedem MM wh. Je nach Größe werden etwa 6 oder 7 Knopflöcher benötigt.

5 R im Rippenmuster 2/2 (2 M re, 2 M li) str, in der folg. R (Rückreihe) die Maschen abketten, wie sie erscheinen.

Für die linke Knopfleiste von der Außenseite der Jacke die Maschen entlang der letzten Steek-Reihe unmittelbar vor dem Maschenmarkierer aufnehmen. Dieselbe Maschenzahl aufnehmen wie auf der rechten Seite. 8 R im Rippenmuster 2/2 (2 M re, 2 M li) str, in der 9. R (Rückreihe) die M abketten, wie sie erscheinen.

Fertigstellung

Mithilfe der Wollnadel die Fäden vernähen. Die Jacke auf die fertigen Maße spannen, sodass das Jacquardmuster zur Geltung kommt. Die Knöpfe annähen.

Fertige Maße Jacke Scafell

Die angegebenen Maße sind Richtwerte und hängen von der individuellen Maschenprobe ab.

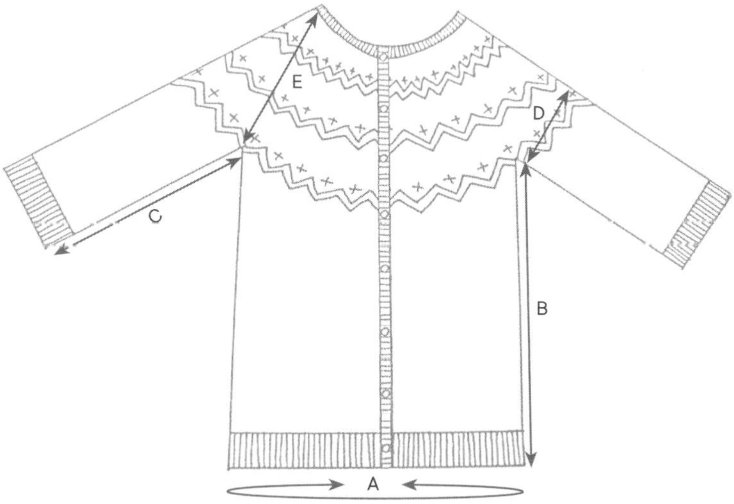

GRÖSSE (BU gerundet)	A Brustumfang (BU)	B Rumpflänge ab Armausschnitt	C Ärmellänge ab Armausschnitt	D Ärmelweite	E Höhe der Passe (inkl. Halsbündchen)
85	85 cm	38 cm	42 cm	27,5 cm	21,8 cm
92	91,7 cm	39 cm	42 cm	29,2 cm	21,8 cm
98	98,3 cm	39 cm	42 cm	32,5 cm	22,6 cm
105	105 cm	40 cm	42 cm	32,5 cm	23,8 cm
110	110 cm	40 cm	42 cm	35 cm	25 cm
116	116,7 cm	40 cm	42 cm	35 cm	26,2 cm
123	123,3 cm	42 cm	42 cm	35,5 cm	27,3 cm
129	128,5 cm	42 cm	42 cm	35,8 cm	27,3 cm

Anhang

IN DEN ANLEITUNGEN VERWENDETE MUSTER UND TECHNIKEN

Rundgestricktes Rippenmuster

Rippenmuster 1/1

1. Rd: *1 M re, 1 M li*, von * bis * fortlaufend wh. Diese Runde so oft wiederholen, bis die in der Anleitung angegebene Höhe in cm erreicht ist.

Rippenmuster 2/2

1. Rd: *2 M re, 2 M li*, von * bis * fortlaufend wh. Diese Runde so oft wiederholen, bis die in der Anleitung angegebene Höhe in cm erreicht ist.

Zunahmen

Re gen Zun: nach rechts geneigte Zunahme.

Mit der Spitze der linken Nadel von hinten den Querfaden zwischen der zuletzt gestrickten und der folgenden Masche aufnehmen und die so entstandene Masche durch das vordere Maschenglied abstricken, sodass sie gedreht (verschränkt) wird.

Li gen Zun: nach links geneigte Zunahme.

Mit der Spitze der linken Nadel von vorn den Querfaden aufnehmen und diese Masche durch das hintere Maschenglied abstricken.

Abnahmen

2 M re zus: 2 Maschen rechts zusammenstricken.

Abh abh re verschr zus: 2 M nacheinander rechts abheben, zurück auf die linke Nadel heben, rechts verschränkt zusammenstricken (= das englische „ssk“).

Verkürzte Reihen: deutsche Methode mit Doppelmaschen

Verkürzte Reihen ermöglichen es, auf einer Seite einer Strickarbeit mehr Reihen zu stricken als auf der anderen. Während mehrerer Reihen wird nicht mehr rundgestrickt, sondern in Hin- und Rückreihen.

Die Hin- und Rückreihen müssen auf bestimmte Art und Weise gearbeitet werden, damit an den Wendepunkten kein Loch entsteht.

Bei den Modellen in diesem Buch werden verkürzte Reihen eingesetzt, um an der Rückenpartie mehr Reihen zu stricken als vorn. So wird der Halsausschnitt vorn tiefer und das Kleidungsstück ist angenehmer zu tragen.

Verkürzte Reihen werden in zwei Schritten gearbeitet: zuerst an einer Hinreihe, dann an einer Rückreihe.

Bis zur in der Anleitung genannten Masche rechts stricken, die Arbeit wenden. Mit dem Arbeitsfaden vor der Arbeit die erste Masche links abheben (wie zum Linksstricken von der linken auf die rechte Nadel heben). Den Arbeitsfaden leicht nach hinten ziehen, bis auf der Nadel zwei Maschenglieder erscheinen, und den Faden wieder nach vorn legen.

Maschen elastisch abketten

Für einen elastischen Abschluss die Maschen mit einer dickeren als der bisher verwendeten Stricknadel abketten, wie sie erscheinen.

Es gibt noch einige andere Methoden, für die Sie im Internet problemlos Video-Tutorials finden können (die Technik von Elizabeth Zimmerman, Jeny's Surprisingly Stretchy Bind Off oder auch das italienische Abketten).

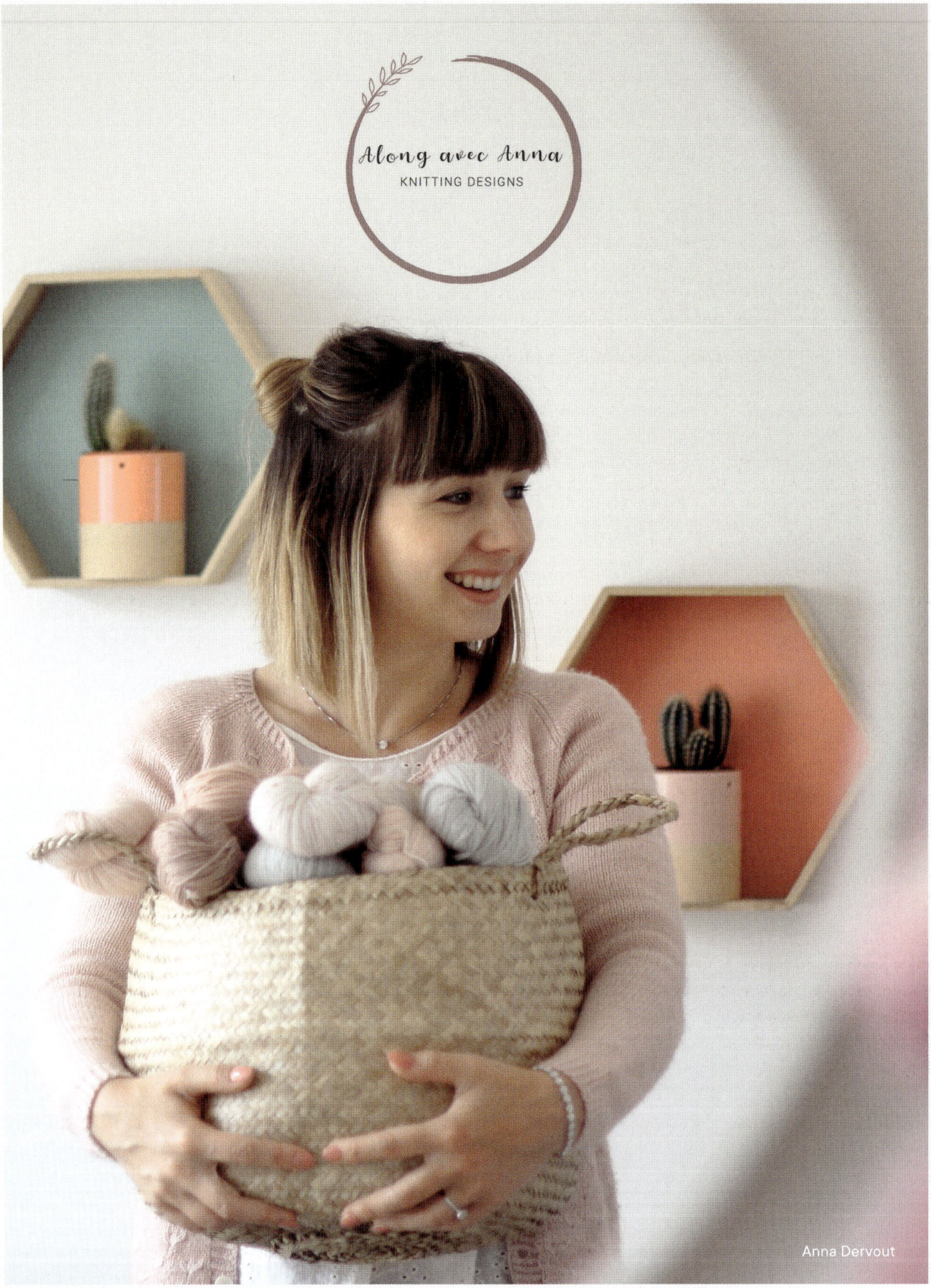

Anna Dervout

Anna Dervout – Along avec Anna

Das Handarbeiten und ich – diese Geschichte beginnt in meiner Kindheit. Unzählige Stunden habe ich mit meinen Cousinen auf dem Dachboden meiner Großmutter (dem „Nähzimmer") verbracht und in dem Berg an Stoffen oder den Stoffresten, die meine Mutter mitbrachte, herumgekramt. Unzählige Stunden habe ich genäht, von Hand oder mit der Maschine, und so ist meine Liebe zum Handarbeiten entstanden, die ich mal mehr, mal weniger ausgeprägt bis heute in mir trage.

Das Stricken kam erst viel später, nämlich 2015, als ich mit meiner Tochter schwanger war. In meiner Jugend habe ich zwar auch versucht, auf geraden Stricknadeln Schals zu stricken, aber damals ist der Funke noch nicht übergesprungen. Erst als ich schwanger war und inmitten meiner Freundinnen aus Montreal dasaß, die allesamt nähen und grandios stricken können, bekam ich wirklich Lust darauf. Sie haben mir beigebracht, wie „modernes" Stricken geht, mir gezeigt, welche schönen rundgestrickten Anleitungen auf Ravelry zu finden sind und was für wundervolle handgefärbte Wollgarne es gibt ... und eine neue Leidenschaft war geboren. Diese Leidenschaft nimmt heute in meinem Leben einen breiten Raum ein, und ich habe die Stricknadeln seither quasi nicht mehr aus der Hand gelegt.

Aus meinem Blog Along avec Anna, den ich im Dezember 2013 begonnen habe, um meine Nähprojekte mit anderen zu teilen, wurde 2015 ein Näh- und Strick-Blog. Wenig später entstand mein Podcast auf Youtube. In meinem Blog stelle ich also meine Näh- und Strickprojekte vor und biete Tutorials an. Meine Anleitungen kann man auf der Webseite Ravelry kaufen.

Das Entwerfen eigener Strickanleitungen kam nach zwei Jahren intensiven Strickens ein bisschen wie von selbst. Ich hatte Ideen und Wünsche – und das Bedürfnis, diese zu Papier zu bringen. Die Anleitung zum Cardigan Dandelion erschien im August 2017 und fand solchen Anklang, dass ich beschloss weiterzumachen. So ist meine Leidenschaft zu meinem Beruf geworden – was könnte ich mir Schöneres wünschen?

Ich habe das Glück, dass viele Gleichgesinnte mir folgen und mich bei meinen verschiedenen Projekten unterstützen. Ihnen verdanke ich, dass ich heute diese Zeilen schreiben kann.

Im Netz:

Blog: www.alongavecanna.com
Instagram: @along.avec.anna
Facebook: @alongavecanna
YouTube: Along avec Anna
Ravelry: Anna Dervout
Patreon: Along avec Anna

Dank

Danke an Aude, meine Verlegerin, die an dieses Projekt geglaubt und mir vertraut hat. Danke für die Ratschläge und für deine Freundlichkeit. Danke an Armelle und Sophie für das Korrekturlesen.

Danke an Solenn von De Rerum Natura, an Pauline und Tristan von Lain'amourée und an Christine von trÍScote, die bereit waren, Partner dieses Projekts zu werden, und die daran geglaubt haben, dass meine Entwürfe geeignet sind, um ihre Garne wunderbar zur Geltung zu bringen.

Danke an meine Freundinnen aus Montreal: Audrey, Amélie, Mélina, Ariane und Perrine, die in mir die Liebe zum Stricken geweckt und mir eine Menge beigebracht haben. Ich verdanke euch so viel!

Danke an meine Patreon-Abonnenten, die mich durch ihre Kommentare oder durch Testen meiner Anleitungen bei diesem Buchprojekt unterstützt haben. Danke für euer Engagement! Ein ganz besonderes Dankeschön an Maude und Amélie, die mir geholfen haben, die Kindermodelle in diesem Buch zu stricken, sowie an Pauline und Delphine, die mir für die Fotos ihre Version von Bowfell und Helvellyn zur Verfügung gestellt haben.

Danke an meine Familie, vor allem an meine Mama, für eure Unterstützung im Alltag. Danke an Anne H. für die Beratung zu Beginn dieses Projekts. Danke an meine Freundinnen Elise D. (meine Freundin aus Belgien), Sandra, Elise D. (meine Freundin aus Nantes) und Caroline für das Korrekturlesen und die Unterstützung. Danke an Lise für die vielen Tipps und unsere bereichernden Gespräche. Und ein dickes Dankeschön an meine Cousine Klaire für die Strickschriften und die Hilfe bei einigen Fotos. Du bist immer für mich da, wenn ich dich brauche!

Danke an dich, Harry, für dein Engagement seit Beginn meines Blogs, für deine fantastischen Fotos der Modelle und für alles, was du im Alltag für mich tust. Danke an meine kleine Alice, die mich jeden Tag inspiriert und (mehr oder weniger) bereit ist, für meine Werke Model zu spielen.

Schließlich noch danke an alle, die mir folgen, ob in meinem Blog, auf Patreon, Instagram, Ravelry oder Youtube, und die mich bei meinen verschiedenen Projekten unterstützen. Dank euch habe ich das Glück, dieses Buch schreiben zu können.

Partnerfirmen und Bezugsquellen

DE RERUM NATURA

„Weil ich davon träumte, schöne und gute Wolle in den Fingern und auf der Haut meiner Kinder zu haben, weil ich davon überzeugt bin, dass wir, wenn wir uns an schönem Garn auf unseren Nadeln freuen wollen, vor der unbekannten Herkunft von Waren, vor der katastrophalen CO_2-Bilanz und der zweifelhaften Tierhaltung für unsere Wolle nicht die Augen verschließen müssen, weil ich engagierte Züchter und Hersteller kennengelernt habe, die andere Wege gehen wollen, weil ich fest daran glaube, dass wir, wenn wir mit Kopf, Herz und Hand etwas erschaffen, dazu beitragen können, diese Welt ein bisschen besser zu machen."

de rerum natura

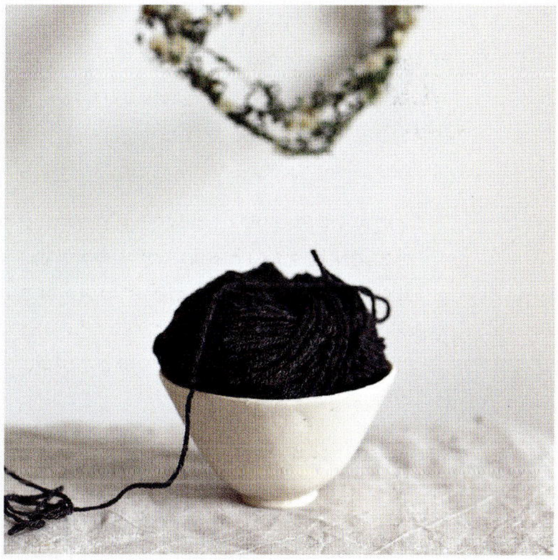

De Rerum Natura ist eine französische Marke, die seit 2013 Strickgarne produziert und dabei besonderen Wert auf ressourcenschonende, nachhaltige und regionale Herstellung legt. Alle Garne werden in Frankreich und (bei einigen Produktionsschritten) Italien aus reinen Naturfasern hergestellt (Wolle der Rasse Merino d'Arles aus kbT, Wolle vom schwarzen Merinoschaf aus Portugal, Leinen aus kbA, Seide).

Ökologisch und nachhaltig, weich und schön zu stricken und zu tragen: Diese Garne sind eine Neuinterpretation der Landwolle und ein Beitrag zu einer Zukunft mit Schafen in den Bergen, mit kleinen, florierenden Spinnereien und jeder Menge glücklicher Strickfans ...

Die Garne von De Rerum Natura können direkt auf der Webseite der Marke bestellt werden, sind jedoch auch in ausgewählten Onlineshops erhältlich.

De Rerum Natura : dererumnatura.fr

Yarn over Berlin: yarnoverberlin.de

wollen berlin: wollen-berlin.de

mylys: www.mylys.de

Umgarnt: www.umgarnt.de

LAIN'AMOURÉE

« Weichheit in Farbe »

Lain'amourée ist ein Hersteller handgefärbter Wollgarne. Alle Garne werden von Pauline und Tristan im französischen Loiretal mit Liebe selbst gefärbt.

Traumhafte Weichheit ist hier Programm, das Ganze in einer Palette von Pastellfarben und aus edlen Naturfasern, von Merinowolle über Seide und Baby-Alpaka bis hin zu selteneren Qualitäten wie Yakwolle oder Baby-Kamelhaar.

Jede der angebotenen Farben erzählt eine Geschichte – so kann man beim Stricken seine Fantasie spielen lassen und ein paar Träume mit in die Maschen zaubern.

Die Garne von Pauline und Tristan sind direkt auf der eigenen Webseite erhältlich. Das Wollgeschäft Loop in London führt eine Auswahl.

Lain'amourée: www.lainamouree.com

Loop London: Loop, 15 Camden Passage, The Angel, London N1 8EA, Großbritannien
www.loopknittingshop.com

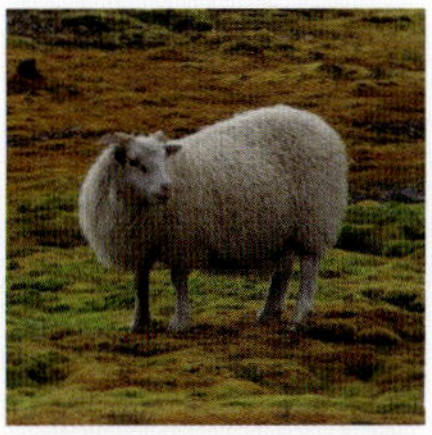

trÍScote

TRÍSCOTE

Im Jahr 2004 lernte Christine, die Gründerin von trÍscote, Island kennen. Da sie schon immer viel gestrickt hatte, war sie sofort verliebt in die Farben der isländischen Wolle, in die Jacquardmuster und die ohne Nähte gestrickten Pullover.

Einige Jahre später, 2011, führte Christines Liebe zu Island und der isländischen Strickkunst zur Gründung von trÍScote. Seither hat sich das Angebot vergrößert: Erhältlich sind vor allem die isländische Wolle Lopi und die Garne des dänischen Herstellers Filcolana, aber auch andere wunderschöne und seltene Qualitäten sowie Strickzubehör und Stricksets mit Anleitung.

Außer dem Onlineshop **www.triscote.fr** tragen auch Workshops auf Veranstaltungen rund um das Thema Island dazu bei, die isländische Strickkunst weiter zu verbreiten.

Die französischsprachige Ausgabe dieses Buches erschien 2019 unter dem Titel
Tricoter le jacquard en rond bei Éditions Eyrolles

Abbildungen (Strickschriften): Klaire Jamsworth

Fotografien: Anna Dervout

Design Layout und Satz: Julie Simoens

Aus dem Französischen von der MCS Schabert GmbH, München,
– www.mcs-schabert.de – unter Mitarbeit von Kartrin Marburger (Übersetzung).

Bibliografische Information der Deutschen Nationalbibliothek
Die Deutsche Nationalbibliothek verzeichnet diese Publikation in der Deutschen Nationalbibliografie; detaillierte bibliografische Daten sind im Internet über http://dnb.dnb.de abrufbar.

Printed in Germany

www.stiebner.com

ISBN-13: 978-3-8307-2087-4

Wir produzieren unsere Bücher mit großer Sorgfalt und Genauigkeit. Trotzdem lässt es sich nicht ausschließen, dass uns in Einzelfällen Fehler passieren. Unter www.stiebner.com/errata/2087-4.html finden Sie eventuelle Hinweise und Korrekturen zu diesem Titel. Möglicherweise sind die Korrekturen in Ihrer Ausgabe bereits ausgeführt, da wir vor jeder neuen Auflage bekannte Fehler korrigieren. Sollten Sie in diesem Buch einen Fehler finden, so bitten wir um einen Hinweis an verlag@stiebner.com. Für solche Hinweise sind wir sehr dankbar, denn sie helfen uns, unsere Bücher zu verbessern.